Ulrike Keding

Die heimliche Freiheit

Ulrike Keding

Die heimliche Freiheit

Eine Reise zu Irans starken Frauen

HERDER

FREIBURG · BASEL · WIEN

© Verlag Herder GmbH, Freiburg im Breisgau 2020
Alle Rechte vorbehalten
www.herder.de

Karte: Peter Palm, Berlin
Satz: Daniel Förster
Herstellung: GGP Media GmbH, Pößneck

Printed in Germany

ISBN Print 978-3-451-38569-8
ISBN E-Book 978-3-451-81944-5

Meinen Gastgeberinnen gewidmet

Mein Buch ist Alina, Aurelia, Dina, Elham, Farzane, Fatima, Kimia, Malihe, Mehrdokht, Melika, Nasrin, Sharzad, Shahin, Rahil, Rashida, Raya, Yara, Yasaman sowie Abdulrahman, Farid, Kambiz, Karim, Masoud, Mohsen, Vahid und Saaed gewidmet.

Ihre Namen sind zumeist geändert. Sie alle haben mir ein Dach über dem Kopf beschert und mir ihr Land gezeigt. Wir sind zu Freundinnen und Freunden geworden. Sie haben mich in ihre Lebensgeschichten eingeweiht. Ich danke ihnen für ihr Vertrauen.

Dieses Buch ist allen jungen Menschen von Iran gewidmet, die im Aufbruch sind und das Gesicht dieses Landes prägen werden.

Inhalt

Mein Blick hinter den Schleier

Monolog einer jungen Iranerin

In der Oase Fahrazad. April 2019, mitten in der Wüste Dascht-e Kavir: Abends sitzen wir ums Feuer. Mit einer Iranerin komme ich ins Gespräch. Im Mittelpunkt steht der Arabische Frühling, die Serie von Protesten gegen Diktaturen in der islamischen Welt. In Iran begann die Grüne Revolution im Jahr 2009 schon ein Jahr zuvor.

Die junge Iranerin war dabei, als die größten Massenproteste in ihrer Heimat seit der Islamischen Revolution 1979 ausbrachen. Rund zwei Millionen Menschen warfen ihrem amtierenden Präsidenten Mahmud Ahmadinedschad Wahlbetrug vor. Er war als Sieger gegen den prominenten Oppositionsführer und Reformer Hussein Mussawi aus den Präsidentschaftswahlen hervorgegangen. Internationale Wahlbeobachter waren nicht zugelassen.

Die Iranerinnen standen in den vordersten Reihen bei den Demonstrationen gegen die gefälschten Wahlergebnisse. Meine Gesprächspartnerin war mit zum Azadi Square in Teheran gezogen, dem Platz der Freiheit: »Wir Frauen sind die Mutigsten gewesen.« Ihr Protest wurde niedergeschlagen, nicht aber ihr rebellischer Geist. »Frühling« sei es immer noch in Iran, meint die dreißigjährige Reiseleiterin:

»Manchmal kann ich nicht glauben, was die Ausländer über uns Iraner denken. Als ich einen Amerikaner vom Flugplatz abholte, wartete er ernsthaft auf ein Kamel, das ihn ins Hotel bringen sollte. Er konnte nicht fassen, dass wir schon Autos oder gar Smartphones besitzen. Dann fragte er nach dem Chauffeur. Ich sagte ihm, ich, eine Frau, würde ihn durch ganz Iran fahren. Das konnte er sich ebenso wenig vorstellen.

Als ich eine Touristin am Flughafen begrüßte, wollte sie als Erstes ein Gewehr kaufen. Es denken erschreckend viele Menschen, in Iran wären nur Terroristen und sie könnten gleich erschossen werden. Es ist unglaublich, welch negativen Einfluss die Massenmedien auf die Menschen im Westen haben. Alle Touristen, die mit Vorurteilen über Iran angereist kamen, sind mit einem völlig veränderten, positiven Bild über mein Heimatland zurückgekehrt.

Ich habe eine italienische Feministin durch ganz Iran geführt. Sie interviewte einen Geistlichen zum Kopftuchgebot. Die Italienerin trieb ihn so in die Ecke, dass er keine Begründung mehr dafür wusste, warum wir Frauen das Kopftuch tragen müssen. Ich habe das Interview gefilmt, konnte es ihr jedoch nicht herausgeben. Wenn sie es auf YouTube gesetzt hätte, wäre ich im Gefängnis gelandet. Sie wäre in den Westen geflogen und in die Freiheit. Wir müssen hierbleiben. Warum kümmert sie sich nicht um die Frauenrechte in ihrem Land?

Früher haben auch die Christinnen ihre Haare bedeckt. Habt ihr jemals die Heilige Jungfrau Maria ohne Schleier gesehen? Hat sich jemals jemand beklagt, dass die Heilige Jungfrau Maria Kopftuch trägt?!

Das Kopftuch in Iran: Wir sind es gewöhnt, wir müssen es tragen, obwohl wir es nicht wollen. Wir müssen es ertragen. Wenn die Feministin mich in einem Interview für den Rundfunk gefragt hätte, ob ich gegen das Kopftuch bin, hätte ich ihr aber gesagt: ›Ich trage das Kopftuch gerne. Denn ich lege lieber den Schleier an als im Gefängnis zu landen‹.

Es gibt zwei Gruppen von Frauen in Iran. Diejenigen, die das Kopftuch aus Überzeugung tragen, und diejenigen, die es tragen müssen. Wir sind im Volksmund die ›Schlechten Kopftuchträgerinnen‹. Dazu gehören besonders die Demonstrantinnen unserer Frauenbewegung Weißer Mittwoch. Statt ihren Kopf zu verhüllen, nageln sie ihren Schleier provokativ an Stäbe und tragen ihn als wehende Fahne durch die Straßen von Teheran. Sie haben alle Probleme mit der Moralpolizei bekommen. Es wird Jahrzehnte dauern, bis unsere Regierung das ändert.

Unsere Eltern und Großeltern haben in der Islamischen Revolution für die Freiheit gekämpft. Viele von ihnen mussten mit ihrem Leben bezahlen, aber sie sind betrogen worden. Weil der anfangs verehrte Imam Khomeini eine neue, ins Gegenteil verkehrte Diktatur über uns verhängt hat, die den geschönten Namen Islamische Republik trägt.

Wir, die Töchter und Söhne der Islamischen Revolution, sind aber zugleich die Internet-Generation. Wir wissen genau, was in der Welt ›drüben‹ im Westen passiert. Auch die Regierung weiß es. Sie lässt uns eine gewisse Freiheit.

Viele von uns wollen in den Westen. Natürlich denken sie, es sei das Paradies. Sie wissen nicht, wie es wirklich ist. Ich habe fünf Jahre in Deutschland gelebt. Mein Vater ist in Hamburg berufstätig gewesen. Ich habe viele einsame Menschen dort gesehen. Die Kehrseite im Westen ist die soziale Isolation. Bei uns sind Familie und Freunde noch Werte.

Alle Gäste, die ich durch mein Heimatland begleitet habe, tragen eine Friedensbotschaft für Iran in die Welt hinaus. Denn sie erzählen, wie warmherzig und offen die Iraner sie empfangen haben.

Iran hat die große Fähigkeit, Frieden zu stiften. Es tut uns Iranern in der Seele weh, dass unser Land das Image hat, die Achse des Bösen zu sein. Ich bin glücklich, als Reiseleiterin dieses Vorurteil umkehren zu können. Denn unsere Kultur lehrt uns das Gegenteil: die Liebe, die Gastfreundschaft und den Frieden.«

Zwischen Courage und Selbstzweifel

Nach Iran bin ich mit großer Unbefangenheit gefahren. Der Geheimdienst der Islamischen Republik ist einer der stärksten der Welt. Die bange Frage von Freunden und Familie, ob mir im Mittleren Osten als allein reisender Journalistin nicht etwas geschehen könnte, habe ich mir nicht im Geringsten gestellt. Auch vor einer Terrorattacke hatte ich keine Angst. Mein Abenteuergeist hat mich gegen den Strom der Vorurteile schwimmen lassen.

Während ich meine Koffer packe und berichte, wohin die Reise geht, stelle ich erstaunt fest, dass Iran vor allem bei den deutschen Frauen auf die Kopftuchdebatte reduziert wird: »Wenn ich ein Kopftuch anziehen muss, reise ich da nicht hin.«

»Warum müssen Ausländerinnen in Iran Kopftuch tragen, während Musliminnen bei uns den Hidschab anbehalten dürfen?«, hallt es von einer anderen Frau vorwurfsvoll zurück. Dauernd begegnen mir im deutschen Alltag Vorurteile. Ob ich keine Angst hätte? Eine diffuse Vorstellung von »Verhaftung als Journalistin« oder »Erschossen-Werden« bei Terrorattacken kursiert.

Die westliche Stimmung gegen muslimische Gesellschaften hat sich angesichts islamistischer Terrorakte zugespitzt. Kaum eine Region ist so oft in den Medien wie der Mittlere Osten: In Syrien, Afghanistan und dem Jemen herrscht Krieg – im Gegensatz zu Iran. Damit ist es eines der wenigen Länder im Mittleren Osten, das ich überhaupt noch bereisen kann. Der Islamische Staat (IS) ist mit dem Irak und Syrien bis März 2019 in jahrelangem Krieg gewesen, aber Iran konnten sie nicht angreifen.

Der IS hat sich an Irans starke, gut bewaffnete Revolutionsgarde nicht herangetraut. Die iranische Armee bekämpft Daesh überall. So nennen die Iraner die Dschihadisten, die Kämpfer des »Heiligen Krieges«. Obwohl Iran den IS in Syrien an der Seite Präsident Baschar al-Assads bekämpft hat, gab es kaum Terroranschläge im eigenen Land. Die Grenzen Irans sind unter starker Kontrolle. Der strenge Geheimdienst macht es den rund um den Globus agierenden Dschihadisten unmöglich, ins Land einzudringen. Genau dieser Geheimdienst hätte sich auch gegen mich wenden können. Als Journalistin bin ich undercover durchs Land getourt, ohne Pressevisum. Ansonsten hätte ich dieses Buch nicht schreiben können. Ich hätte ständig unter Beobachtung gestanden. Mein Mikro lasse ich zu Hause. Zu verdächtig ist es. Zu groß die Gefahr, dass es am Flughafen entdeckt werden könnte. Stattdessen nutze ich mein integriertes Aufnahmegerät im Smartphone und eine Menge Notizbücher.

Zum ersten Mal sehe ich mich mit der iranischen Staatsmacht schon auf deutschem Boden konfrontiert. Beim Visumsantrag verschweige ich die Adressen meiner Gastgeberinnen, die ich nur aus dem Netz kenne. Couchsurfing ist in Iran illegal. Auf keinen Fall will ich sie in die Bredouille bringen.

Der Konsulatsbeamte in Frankfurt am Main schaut mir tief in die Augen: »Wie merkwürdig, dass Sie in sechs Wochen nur in zwei Hotels wohnen«, wundert er sich. »Ich habe die anderen Unterkünfte noch nicht buchen können«, fällt mir in der Schrecksekunde ein. Er winkt mich durch. Ein Stein fällt mir vom Herzen. Er hat wohl keinen Verdacht geschöpft. Eine strikte Überwachung sieht jedenfalls anders aus. Der Beamte hätte eine lückenlose Liste mit vorgebuchten Unterkünften von mir verlangen können. Das Iranische Ministerium für Staatssicherheit hätte die Einhaltung dieser Angaben leicht kontrollieren können.

Vor meiner Abreise habe ich mich entsprechend eingekleidet, nachdem ich mich in Sachen passender Garderobe bei einem iranischen Teppichhändler zu Hause hatte beraten lassen. Bei einer türkischen Schneiderin ließ ich mir einen bodenlangen Baumwollrock nähen. Im türkischen Viertel in meiner Heimatstadt kaufte ich einen blauseidenen, cremeweißen und grünen Schal und drei lange Blusen bis zu den Knien. Der Ladenbesitzer aus Istanbul strahlte von einem Ohr zum anderen und begrüßte mich als seinen »Stammgast«. In seiner muslimischen Mode ziehe ich durch den Orient, schlendere über Straßen, Moscheen, Höfe und Basare und besuche Iranerinnen und Iraner, die Fremden ihre Türen öffnen.

Journalistin hinter Gittern?

Aschura ist ein landesweiter Volkstrauertag. Die Schiiten feiern Imam Husseins Todestag weitaus größer als seinen Geburtstag. In Ardabil sind die Straßen gesperrt. Zehntausende von Menschen säumen den Trauerzug, der sich durchs Zentrum bewegt. Schluchzende Musliminnen sitzen an den Straßenrändern. Sie trauern über ihren vor über 1300 Jahren verstorbenen Märtyrer.

Ausgerechnet mitten in diesem Menschengewühl nimmt mich die iranische Staatsgewalt unter schärfste Beobachtung. Als ich die Trauerzeremonie fotografiere, stoppt mich ein Polizist. Aus ist es nun mit den Bildern von Reitern in Kettenhemden. Sie stellen die Ermordung des Prophetenenkels Hussein in der Schlacht von Kerbela im Jahr 680 nach.

Der Polizist will meinen Pass sehen. Ich habe ihn nicht dabei. Ihn nicht mitzunehmen war keine gute Idee. Jetzt verfolgt der Beamte meine Gastgeberin Aurelia und mich auf Schritt und Tritt. Wir versprechen, ihm den Pass vorzulegen. Er notiert sich Aurelias Handynummer. Über Couchsurfing verlieren wir kein Wort. Dreimal telefoniert er ihr nach. Aurelia macht sich Sorgen. Es könnte herauskommen, dass sie Ausländer übers Internet einlädt. Was, wenn sie ihre Stelle verliert?

Was, wenn der Polizist meine Notizbücher kontrolliert – und mich inhaftiert? Plötzlich wird es mir unheimlich. Wir holen meinen Pass und zeigen ihn dem Polizisten. Er studiert ihn ausführlich. Mit einem Lächeln lässt er mich ziehen. Laut höre ich die Musliminnen weinen. Wie hypnotisiert stiere ich auf den Trauerzug.

Angst, von den iranischen Behörden verhaftet zu werden, hatte ich nie. Nur bei einer Busdurchsuchung an der Grenze zu Kurdistan geriet ich in eine brenzlige Situation. Ich bin die Einzige unter dreißig Passagieren, die ein Polizist kontrolliert. Er verschwindet mit meinen Papieren. Plötzlich fühle ich alle Aufmerksamkeit der Businsassen auf mich gerichtet. Erstmals steigen sorgenvolle Gedanken in mir auf. Hat der Geheimdienst mich doch überwacht?

Der Polizist lässt auf sich warten. Die Minuten zerrinnen nur langsam. Meine Nerven liegen blank. Was, wenn ich hinter Gittern lande? Nach einer halben Ewigkeit erscheint er wieder. Gnädig gibt er mir meinen Pass zurück. Hätte er meinen Laptop gecheckt und mein Manuskript entdeckt, wäre ich dran gewesen. Meine Aufzeichnungen liegen ungeschützt und leicht zu finden auf der Festplatte.

Das Nuklearabkommen

In Iran bin ich Zeugin der Ära vor und nach Amerikas Ausstieg aus dem Nuklearabkommen. Der Atomvertrag wurde 2015 zwischen Iran und den E3+3-Staaten, nämlich den europäischen Nationen Deutschland, Frankreich und Großbritannien sowie Russland, China und den USA abgeschlossen. Er sah den Abbau der Wirtschaftssanktionen des Westens vor. Im Gegenzug unterschrieb Iran, nicht atomar aufzurüsten. Der historische Vertrag hatte in Iran die Wende gebracht. Er war einer der wichtigsten Meilensteine zur Öffnung der islamischen Gesellschaft. Das Nuklearabkommen ließ Annäherung zwischen dem Westen und Iran erwarten. Ziel war es, die Wirtschaftsbeziehungen zwischen Iran, Europa und den USA auszubauen.

Bereits im November 2016 bin ich durch das Land gereist, als das Atomabkommen gerade ein knappes Jahr in Kraft ist. Die Hoffnung der Menschen ist groß. Der Tourismus boomt. Die Hotels in Teheran sind ausgebucht. Der Abschluss des Atomabkommens hatte einen Reiseboom in den im Dornröschenschlaf versunkenen Iran ausgelöst. 2017 bereisten nach einer iranischen Statistik noch 5,2 Millionen Touristen das Land am Persischen Golf. Kurz nach Trumps Ausstieg im Mai 2018 sank die Zahl bereits um rund eine Million Reisende. Vor allem die Europäer blieben aus.

Iran wollte bis 2025 rund 20 Millionen westliche Touristen ins Land locken. 1600 Hotelkomplexe mit der Unterstützung westlicher Investoren waren geplant. Das waren die ehrgeizigen Ziele der politischen Führung. Amerika hat ihnen einen Strich durch die Rechnung gemacht.

Im Mai 2018 kündigt US-Präsident Trump das Nuklearabkommen auf, gerade als ich für eine deutsche Zeitung in Teheran berichte. Die Enttäuschung der Iraner sitzt tief. Durch die von Amerika auferlegten Sanktionen wird die Bevölkerung in eine schwere Wirtschaftskrise gestürzt. Ein Jahr später stehen die Hotels in der Hauptstadt bereits nahezu leer. Der Touristenstrom bleibt aus. Die westlichen Geschäftsleute haben das Land verlassen.

Bei meiner ersten Reise nach Iran im Jahr 2016 spürte ich diese Aufbruchsstimmung der Iraner. Sie bauten auf ihren Aufschwung, nachdem über ein Jahrzehnt zwischen den Weltmächten verhandelt worden war. Dagegen kommt in allen Gesprächen nach Amerikas Ausstieg ihre Sorge zum Ausdruck, dass die iranische Wirtschaft nach unten driftet und sie nun erst recht keine Arbeit mehr finden. Für die Akademiker, die ihre Stellen verloren haben, ist die Krise ein zusätzlicher Grund, auszuwandern. Sie fürchten die unsichere Situation in ihrer Heimat. Viele Frauen wagen auch alleine den Sprung ins Ausland.

Zurück in Deutschland. Der Vertrag vom Verlag liegt auf dem Tisch. Nun heißt es, sich erneut auf wochenlange Reisen quer durch das Land zu begeben. Bei allem anfänglichen Elan – plötzlich befallen mich zermürbende Selbstzweifel. Wie wird das alles werden in dem riesigen Land, das mehr als dreimal so groß ist wie Deutschland? Ganz alleine in der Wüste, auf den Straßen, in den Bussen und Zügen? Wie komme ich an? Wer holt mich ab? Abends sitze ich alleine im Hotel. Wer bringt mich morgens zum Busbahnhof? Ich »couchsurfe« wieder, entscheide ich mich spontan. »Meine Gastgeberinnen kümmern sich um mich«, denke ich pragmatisch.

Entschlossen schiebe ich meine Zweifel beiseite. Die Menschen in Iran sind mein Ziel, in den Städten, auf dem Land, in der Wüste oder in den Bergen. Nicht ihren Sehenswürdigkeiten gilt mein eigentliches Interesse, sondern ihrer Lebensart, ihrer Einstellungen, ihrem Seelenleben. »Du wirst nicht einsam bleiben«, spreche ich mir selbst Mut zu: »Eher bleibst du in Deutschland alleine als in Iran.« Wer würde mich bei mir zu Hause im Bus spontan zu sich einladen? Niemand. In Iran, da bin ich mir sicher, wird es mir gewiss wieder glücken.

Die Gastfreundschaft ist in Iran eine jahrtausendealte Sitte. Der Gast gilt als Geschenk und Freund Gottes. Indem der Gast geehrt wird, wird auch Gott geehrt. Von Hospitality Club über Couchsurfing bis Homestay: Durch die unzähligen Internet-Plattformen lebt die internationale Gastfreundschaft in einer Weise auf, wie es zuvor niemals möglich war.

Couchsurfing bei den Nomaden

Eine besondere Herausforderung ist meine Reise zu den Nomaden. Wie soll ich zu ihnen Zugang finden? Die wandernden Völker leben im Zelt. Couchsurfing via Internet ist nicht möglich. Hier hilft mir ein glücklicher Zufall: Ich finde Farzane im Netz. Die Südiranerin aus der Millionenstadt Schiraz mit nomadischem Blut in den Adern nimmt mich zu ihrer Qaschqai-Familie in den Bergen mit. Ich werde bei Nomaden im Zelt wohnen: »Kann es nicht erwarten, dich zu treffen. Sei willkommen in unserem ›Land der Gastfreundschaft‹.« Ihre Einladung verleiht mir Sicherheit. Als ich am nächsten Morgen aufwache, sind zum ersten Mal nach drei Wochen meine Ängste vor der Reise ins Ungewisse verschwunden.

Ein weiterer Lichtblick: Hossein aus der Wüste hat geschrieben. Per WhatsApp hat er geantwortet, nach einer Woche. Ich bin überrascht, wie gut die Iraner digital vernetzt sind – bis in die letzte Oase. Schlagartig schwinden meine Selbstzweifel. Meine Angst, verlassen in der Wüste zu stehen, mutterseelenalleine quer durch Iran zu reisen, nimmt mit jeder WhatsApp-Nachricht ab, die ich aus dem »Land der Gastfreundschaft« erhalte.

Wie komme ich in die Dascht-e Kavir? Die Safari durch die Wüste muss ich von der Großstadt Yazd aus anpeilen. Wieder befällt mich Beklommenheit. Wie wird das werden? Zu Hause in Deutschland langes Warten auf ein Echo meiner angemailten Gastgeberinnen. Aus Isfahan und Hamedan meldet sich kein Mensch. Von meiner anfänglichen Devise, nur zwei Frauen pro Stadt anzuschreiben, muss ich abkommen und kontakte an einem Tag fünf bis acht Iranerinnen pro Metropole. Als ich am nächsten Morgen mindestens fünfzehn Antworten aus dem Mittleren Osten in meinem E-Mail-Account vorfinde, habe ich das Gefühl, als läge mir die Welt zu Füßen. Aus meiner Not der Selbstzweifel wird eine Tugend. Überrascht studiere ich die interessanten Profile der jungen »Frauen von Welt«, die ihre Couch zum Übernachten anbieten.

Es gibt kaum eine Bühne, auf der sich die junge iranische Generation besser darstellt als auf den Couchsurfing-Plattformen. Auf Selbstporträts, Hochzeits-, Familien- und Reisefotos präsentieren sich die jungen Iranerinnen ihren Gästen aus der ganzen Welt. Mit wenigen Zeilen schreiben sie, was ihnen wichtig ist, offenbaren Facetten ihres Charakters und werden zu Autorinnen ihrer eigenen Biografie.

Hinter dem Schleier

Mein Blick hinter den Schleier führt ein gänzlich neues Bild der modernen Frau in Iran vor Augen: Es widerspricht dem westlichen Klischee der Muslimin mit Kopftuch am Kochtopf. Ausbruch aus der Enge, Aufbruch nach Europa, Loslösung vom traditionellen Familienbild und Karriereorientierung bestimmen die Einstellung der modernen Iranerin. Trotz islamischer Doktrin: Die Iranerinnen verstehen es, sich ihre Freiheiten zu nehmen.

Mutig, unabhängig, gebildet und stark: Mit einem Lächeln setzt die Iranerin sich über die starren Regeln der muslimischen Gesellschaft hinweg und geht unbeirrt ihren Weg. Sie darf nicht singen – und nimmt dennoch im Keller Chansons auf. In Frankreich lässt sie davon CDs produzieren. Sie darf nicht ohne die Erlaubnis des Ehemanns reisen, also zieht sie es vor, gar nicht erst zu heiraten.

Mullah-Diktat, unterdrückte Frauen, Journalisten hinter Gittern: Kaum ein Land ist im Westen von solch düsteren Vorurteilen überladen wie Iran. Und gerade das reizt mich. Gerade in diesen Teil des Orients will ich ziehen und erfahren, wie es wirklich ist.

Ich habe mich auf die Reise begeben, die Menschen dieses Landes in ihren vier Wänden kennenzulernen. Ich will herausfinden, wie sie fühlen, denken, lachen und trauern. Frei von jeglichen Vorbehalten gegenüber Kopftuch, Frauenrolle oder Islam-Doktrin wohne ich zu Hause bei iranischen Familien. Dabei entwickeln sich besonders vertrauliche Gespräche von Frau zu Frau. Barfuß auf dem Perserteppich: Mit verschleierten und nicht verschleierten Frauen trinke ich Tee, übernachte auf kunstvollen Teppichen der Nomadinnen oder tausche mich mit überzeugten Regimekritikerinnen aus. Zu ihrem Schutz habe ich ihre Namen geändert. Mein Buch bietet einen Einblick in die Mentalität und Lebensweise der Iranerinnen und ihrer Ehemänner, Söhne, Väter, Brüder und Freunde.

Wir im Westen haben das Gefühl, ganz Iran verberge sich hinter einem großen Schleier, einem Riesentschador, geheimnisvoll und nicht zu durchschauen. Wir sehen in Iran ein archaisches Patriarchat, das die Iranerin unter das Kopftuch zwingt. Doch sind es gerade die Frauen, die sich den Verboten der herrschenden Männerriege geschickt entziehen.

Dies gilt besonders für das gebildete städtische Milieu der Mittel- und Oberschicht. Fast siebzig Prozent der Studierenden in Iran sind Frauen. Der Anteil der Professorinnen liegt weit höher als in Deutschland. Frauen stellen ein Drittel aller Arbeitskräfte. Sie müssen sich ihre gesetzliche Gleichberechtigung noch erkämpfen, die wir Europäerinnen längst haben. Sie ziehen daraus Konsequenzen: Die offene Rebellion gegen den Staat – mit allen Risiken, die damit verbunden sind. Die stille Rebellion im Alltag, nicht provokativ, aber dennoch mit Überzeugung. Die Auswanderung. Ihre Freiheiten nehmen sich die Frauen zumeist im Geheimen – aus Selbstschutz. Ihr Traum von einem Leben in Europa ist groß. Diese Iranerinnen machen zunehmend kein Geheimnis mehr daraus, dass sie das Kopftuchgebot nur äußerlich annehmen, ohne es innerlich zu akzeptieren.

Ihnen stehen regimetreue Musliminnen gegenüber, die leidenschaftlich um ihren Schleier ringen. Warum verteidigen sie ihren »Schutzumhang« aufs Äußerste? Die Tschador-Trägerinnen, mit denen ich auf dem Perserteppich sitze, kämpfen darum, ihre Identität in einer Welt zu bewahren, die sie vom Westen dominiert sehen. »Für viele Musliminnen spielt die Religion eine entscheidende Rolle zur Bewahrung ihrer persönlichen und nationalen Identität.«[1]

Iran ist ein Vielvölkerstaat. Um diesem Umstand gerecht zu werden, hatte Schah Reza Pahlavi 1935 Persien in Iran, »Land der Arier«, umgetauft. Die iranischen Arier sind die Vorfahren der mehr als elf Völker in Iran. Die Perser sind die größte Ethnie. Persisch sprechen aber nur 41 Millionen Iraner als Muttersprache, das ist etwas mehr als die Hälfte der Bevölkerung. »Farsi« ist zwar die Nationalsprache, die von nahezu allen Landsleuten gelernt wird. Aber vierzig Millionen Iraner unterhalten sich zu Hause auf Aseri-Türkisch, Kurdisch oder Arabisch sowie in weiteren Regionalsprachen.

Meine Reisen haben mich zu vielen Perserinnen, aber auch zu den Familien der Kurdinnen, Aserbaidschanerinnen, Armenierinnen und zu den Qaschqai-, Chalabian- und Schahsevan-Nomaden geführt. Die Minderheiten mit ihren ausgeprägten Kulturen leben seit Ayatollah Khomeinis Machtergreifung im Jahr 1979 mit dem Regime in Konflikt. Sie wollen sich der von oben diktierten islamischen Vereinheitlichung bis heute nicht ergeben, sondern ihre Traditionen und Sprachen erhalten.

Generell gibt es ein großes Stadt-Land-Gefälle, was Bildung, Wohlstand, Hygiene, elektrische und sanitäre Einrichtungen betrifft. Dies ist ein Grund, warum das an Bodenschätzen, vor allem an Erdöl und Gas, so reiche Iran immer noch als Schwellenland gilt. Bei den Dorfbewohnern kommt der Reichtum oft nicht an. Sie leben teilweise noch ohne moderne Kanalisation und ausreichendes Stromnetz.

Nach Präsident Trumps Aufkündigung des Nuklearabkommens steht über der fortschreitenden Modernisierung Irans ein großes Fragezeichen. Aufgrund der Sanktionen, die Amerika über Iran verhängt hat, haben viele westliche Investoren das Land verlassen. Zudem hat Trumps Ausstieg das anwachsende gegenseitige Vertrauen erschüttert. Es droht der Rückfall in die überkommene westliche Anschauung, Iran könnte ein gefährlicher Staat sein, der atomar rüstet und den Persischen Golf blockiert.

Keine Frage: Die Islamische Republik entspricht nicht unseren Vorstellungen von Freiheit und Demokratie. Iran verteidigt seine Interessen in den Nachbarländern mit militärischen Mitteln. Die Medien prägen unsere Vorstellung vom iranischen Staat durch die aktuelle Berichterstattung. Hintergründe über die iranische Gesellschaft kommen zu kurz. Negativ und voller Vorbehalte ist unsere Haltung gegenüber dieser von uns als fremd empfundenen Welt. Zu Unrecht. Wenn Sie sich in diesem Buch mit mir zusammen auf Reisen quer durch das Land begeben, erfahren Sie, wie nah uns die Iranerinnen und Iraner sind. Und wie tief sich der Graben zwischen der prowestlichen Bevölkerung und ihrem islamischen Regime spaltet.

Kommen Sie mit auf meine Reise und lassen Sie sich verblüffen: Vieles von dem, was die Iranerinnen sich vorstellen, unterscheidet sich wenig von uns Frauen in Europa.

Die heimliche Freiheit:
Aufbruch nach westlichen Werten

Die Rebellin vom Weißen Mittwoch

Sie sind clever. Sie sind dynamisch. Sie haben Humor und einen umwerfenden Charme. Ihr Geist ist vom Widerstand geprägt. Sie erregen Aufruhr im Straßenbild von Iran: die jungen Rebellinnen. Sie bestimmen nicht die Politik. Noch nicht.

Sie tritt ins Remington ein. Sie zeigt mehr Haar als Schleier. Der beliebte Hauptstadt-Coffeeshop in Teheran-City ist nach der amerikanischen Schreibmaschinenmarke Remington benannt. Kaum schnappt die Tür hinter uns zu, fühlt es sich an, als sei die europäische Moderne über uns hereingebrochen. Es könnte in Berlin oder London sein – wenn nur der Schleier nicht wäre. Im Remington in der Iranshar Street trifft sich die liberale Szene von Teheran.

Sie ist Rebellin. Leise. Still. Und umso radikaler. Ihre dunklen Augen blitzen. Fällt in der U-Bahn ihr Schal vom Haar, lässt sie ihn auf ihren Schultern ruhen. Schreibt ihr ein Passagier vor, dass sie ihn wieder hochziehen muss, reagiert sie nicht: »Ich schweige. Das ist meine Art von Protest.«

Die 23-jährige Studentin hat sich dem Weißen Mittwoch angeschlossen, der landesweiten Oppositionsbewegung der Iranerinnen: »Wir schreien nicht. Wir demonstrieren nicht lautstark in der Öffentlichkeit in einer Menschentraube. Wir Frauen lassen auf den Straßen Irans schweigend unseren Schal fallen. Das ist unsere Stärke.« Die im Exil lebende Journalistin Masih Alinejad löste die Bewegung mit ihrer Online-Kampagne »My Stealthy Freedom« aus: »Meine Heimliche Freiheit«. Im Mai 2014 stellte sie ein Foto von sich auf Facebook. Mit fliegendem Haar ging sie durch London.

Der Auftakt für den Weißen Mittwoch in Iran: Im Dezember 2017 stellte sich die erste Frau unverschleiert auf die Enghelab Street in Teheran, die Revolutionsstraße. Damit war der Bann des bis dahin geheimen Widerstands gebrochen. Seitdem zeigen sich mutige Rebellinnen mitten in den Städten dem Anblick der Öffentlichkeit – und zwar ohne Kopftuch. Demonstrativ stellen sie sich auf Verteilerkästen und lassen ihren weißen Schleier vor sich am Stab baumeln. Ein deutliches Signal der Opposition. Damit riskieren sie ihre Freiheit. Sich kopftuchlos zeigen ist eine Straftat. Eine Verhaftung der Moralpolizei ist ihnen gewiss. Die Dauer des Freiheitsentzugs bleibt ungewiss.

Die Rebellinnen aber setzen noch eins drauf. Sie stellen ihr Porträt ohne Schleier – wie ihr Vorbild Alinejad – auf Facebook und protestieren so vor der Weltöffentlichkeit.

Die Plattform »Meine Heimliche Freiheit« wird von der Journalistin inzwischen aus New York gesteuert. Sie hat mehr als eine Million Follower rund um den Erdball. Dazu gehören auch männliche Anhänger. Das iranische Regime, das Presse, TV und seine Staatsbürger im Alltag kontrolliert, ist machtlos. »Wir Frauen aus Iran haben Facebook, Instagram, Twitter und Telegram – das sind unsere Waffen«, sagt Alinejad.[2]

Der Schleier ist das repräsentative Symbol, an dem sich der gesamte Protest gegen die Islamische Republik entzündet. Es herrscht eine hohe Arbeitslosigkeit, welche die Regierung nicht in den Griff bekommt. Ungefähr ein Drittel der Bevölkerung lebt unterhalb der Armutsgrenze. Dies ist seit den Sanktionen noch dramatischer geworden. Der armen Bevölkerung steht eine regimetreue und sich zusehends durch Korruption bereichernde Oberschicht gegenüber. Die Menschen begehren dagegen auf. Sie sind im Aufbruch begriffen, allen voran die Frauen.

Wie die Iranerin ihren Schleier trägt, ist variantenreich. Ihr Stil verrät, ob sie ihn gerne oder gegen ihren Willen überzieht. Der Hidschab, das traditionelle Kopftuch, umschlingt enganliegend Haupt, Hals und Schultern. Der Tschador – auf Deutsch: Zelt – ist ein schwarzer Umhang, der die Frau von Kopf bis Fuß verhüllt.

Sharzad dagegen hat eine lose Bahn Stoff am Hinterkopf übers Haar gezogen. Sie trägt einen Hauch von Schleier. Die Rebellin gehört zu den »Schlechten Kopftuchträgerinnen«. Zwei schwarze Zöpfe, in Schnecken ums Ohr gekringelt, lugen frech hervor. Der Weiße Mittwoch ist die einzige bedeutende, über soziale Medien organisierte Oppositionsbewegung in Iran: »Die Frauen wagen es, zu rebellieren. Sie sind stärker als die Männer. Unser Land wird wiederkommen.«

Sharzads Vater hatte Devisen deponiert. Als der Kurswert des Euros gestiegen sei, habe die Bank ihm sein Geld nicht zurückgegeben: »Es waren die Demonstrantinnen des Weißen Mittwoch, die gegen die Sperrung der Konten protestiert haben. Die Männer haben es nicht gewagt.«

»Die Frauen sind derzeit die lautesten Stimmen, die eine Veränderung fordern«, bestätigt Alinejad: »Das macht Hoffnung!«[3]

Durch die Sanktionen hat die Bevölkerung einen harten Existenzkampf zu überstehen: »Es ist schlimm. Fleisch ist so teuer geworden. Meine Mutter kann es kaum noch kaufen. In den Restaurants wird zum Teil sogar Hundefleisch gekocht«, berichtet die Studentin Sharzad aus ihrem Alltag in Teheran: »Die Inflation ist für uns ein Albtraum. Du schläfst eine Nacht. Dann wachst du auf – wieder sind die Preise höher.«

Die Lebenshaltungskosten sind bis zu hundert Prozent teurer geworden: von U-Bahn bis Wohnung. Iran ist ein Importland. Viele amerikanische Produkte sind auf dem Markt: »Iraner schaffen sich

Handys von Apple an, nur um zu zeigen, dass sie Geld haben«, sagt Sharzad. Auch deutsche Industrieprodukte sind begehrt. Wer es sich leisten kann, kauft Autos aus der Bundesrepublik. BMW und Mercedes gelten als Statussymbol. Nur noch wenige können sich diese Limousinen leisten: »Wenn wir 50 000 Rial gespart haben, verlieren sie über Nacht an Wert und sind nur noch die Hälfte wert. Es ist ein Schock.«

Sharzad studiert an der Universität Teheran, der Elitehochschule des Landes. Sie war Augenzeugin einer Protestaktion auf dem Campus von Frauen und Männern gegen die schlechten Verhältnisse und den Hidschab. Sie selbst hat nicht an der Demonstration teilgenommen: »Ehrlich gesagt, ich habe den Mut nicht. Ich habe Angst. Viele Studenten sind verhaftet worden. Es ist zu gefährlich.«

Was die »stille Rebellin« in ihrer Umwelt erlebt: Die meisten ihrer Mitmenschen sind gegen den Hidschab, aber noch lange nicht alle Iranerinnen: »Es sind die Frauen, die mich anschreien, wenn ich meinen Schleier in der U-Bahn fallen lasse, nicht die Männer.«

Es handele sich nicht um einen absoluten Kampf gegen den Hidschab, erklärt Masih Alinejad. Es gehe vielmehr darum, selbst wählen zu dürfen, ob man ein Kopftuch trägt oder nicht. Ihre Mutter wolle den Schleier tragen, sie hingegen will das nicht. Iran sollte für beide da sein. Laut einer Statistik aus dem Büro von Staatspräsident Hassan Rohani aus dem Jahr 2014 sind 49,8 Prozent der Iraner gegen den Hidschabzwang. Es ist davon auszugehen, dass die Zahlen inzwischen deutlich höher liegen. Doch die iranischen Frauen müssen gewaltige Mauern einreißen.

Nichts symbolisiert den islamischen Charakter des Systems so sehr wie der Schleier. Es war ausgerechnet der als Reformer bekannte Rohani, der als junger Politiker 1980 auf Geheiß von Ayatollah Khomeini das Bekleidungsgebot der Frau wieder einführte.

Die islamische Revolution von 1979 wurde von Männern angeführt. »Sie war nicht erfolgreich. Jetzt sind die Frauen dran«, meint Sharzad: »Alle sind dafür, dass die Frauen ihre Rechte bekommen, auch die Männer. Wir Iraner sind alle unter Druck, aber die Frauen am meisten.«

Rebelliert die Frau, steht für sie mehr auf dem Spiel als für den Mann. Ihre Zeugenaussage vor Gericht gilt nur die Hälfte. Sie kann sich nicht auf rechtsstaatliche Grundlagen stützen. Den Demonstrantinnen mit dem weißen Schleier geht es daher besonders um ihre juristische Benachteiligung und nicht nur um eine Bahn Stoff. Wenn sie den Schleier am Stab wedeln lassen, protestieren sie gegen die mangelnde Wertschätzung des Staates.

»Die Frau ist offiziell die Hälfte wert. Wenn du mit dem Auto eine Frau umfährst, musst du weniger Strafe zahlen als wenn du einen Mann tötest«, sagt Sharzad.

»Du hast selbst einen Bruder. Wie empfindest du es, dass du eines Tages nur die Hälfte erben wirst?«

»Es ist schon ein komisches Gefühl.«

»Per Gesetz besteht keine Gleichberechtigung. Bedeutet das auch, dass du dich im Alltag benachteiligt fühlst?«

»Nein, nicht besonders. Die meisten Studenten sind liberal und aufgeschlossen.«

Teheran sei nicht nur die Hochburg des Weißen Mittwoch, sondern auch der Weißen Hochzeit, auf Deutsch: der wilden Ehe. Natürlich alles inkognito, keiner wisse es. Sie ziehe offiziell alleine ein. Er wohne heimlich mit.

Sharzad wohnt in der Eigentumswohnung ihres Vaters. Dies beschere ihr Freiheit, sagt sie mit einem Lächeln. Sie stünde nicht unter Beobachtung ihrer Eltern, die außerhalb leben.

»Wir treffen uns im Netz«

Trotz der strengen islamischen Regeln gibt es überraschend viele Parallelen zwischen der urbanen iranischen und westlichen Gesellschaft: »Wir denken ähnlich wie die Jugendlichen in Deutschland und anderen westlichen Ländern«, sagt Sharzad.

Die junge Iranerin spricht fließend Deutsch. Gerade erst ist sie aus Berlin von einem zweimonatigen Sprachkurs zurückgekehrt: »Durchs Internet haben wir Iraner die westliche Kultur verstehen gelernt.« Dies sei ein Wandel gegenüber der Generation ihrer Mutter und Großmutter, die noch streng mit ihrer traditionellen Kultur verhaftet wären: »Es liegt vor allem daran, dass wir jungen Leute ständig in den sozialen Netzwerken chatten.«

Sharzad bestellt eine Portion Makkaroni. Im Remington ist Italian Food angesagt. Auch kulinarisch ist alles auf Europa getrimmt.

Plob. Eine Mail geht auf Sharzads Smartphone ein. Sie checkt schnell, wer ihr geschrieben hat: eine Antwort aus Deutschland über die weltweite Sprach-App italki. Auf der Plattform hat die Studentin viele internationale Kontakte mit Deutschen sowie Sprachschülern aus der ganzen Welt aufgebaut: »Wir treffen uns im Netz. So verbessere ich mein Deutsch. Wir chatten über alles Mögliche. Manchmal telefonieren wir auch über Skype miteinander.«

Das Internet spielt die entscheidende Rolle für den Aufbruch der iranischen Jugend. Die freiheitliche Bewegung ist unaufhaltsam. Sie ist am Westen orientiert. Sie lässt sich von der Staatsideologie nicht beeinflussen.

Die jungen Leute im Remington tippen emsig in ihre Laptops, einen Cappuccino neben sich, das Symbol westlicher Lebensart, im Teeland Iran etwas Besonderes. Flippig gestylt, sitzen sie an einer langen Tischreihe, die Männer hip, mit Pferdeschwanz oder Reif im Haar, die Frauen ihren Schleier hinters Ohr geklemmt oder weit nach hinten geschoben.

Das Remington erinnert an ein modernes Großraumbüro. Eine nostalgische Schreibmaschine steht in der Mitte. Ein wandgroßes Schwarz-Weiß-Foto mit Sekretärinnen in toupierten Frisuren aus der New Yorker »Remington Company« dominiert den Kaffeehaussaal. Ein junger Mann mit Schieberkäppi sitzt unter diesem Bild. Kopfhörer tragend, checkt er sein Smartphone.

Sehnsucht nach Freiheit

Sharzad, die junge Iranerin mit dem rebellischen Geist, will ihren Bachelor in Deutschland abschließen. Das ist typisch für die moderne Studentin: »Als zukünftige Künstlerin kann ich in Iran nichts erreichen. Ich wollte neulich eine Skulptur ausstellen, auf dem eine Frau nur die Schultern zeigte, sonst nichts. Der Dozent hat mir nicht erlaubt, das Kunstwerk aufzustellen. Bei uns ist es wie früher in der DDR. Nur dass Iran keine Mauern baut.«

Ihre Sehnsucht nach Freiheit ist groß. Ein Studium in Deutschland ist ihr Traum. Ob er sich erfüllt, ist ungewiss. Seit Trumps Aufkündigung des Atomabkommens sind die Einreisebestimmungen deutlich härter geworden. Derzeit bekommt sie noch nicht einmal einen Termin bei der Deutschen Botschaft, um einen Ausreiseantrag zu stellen. Sie wartet bereits wochenlang darauf. »Bei uns funktioniert alles nur mit Vitamin B und über den Schwarzmarkt«, verrät sie mit einem Lächeln.

Den Wunsch nach Freiheit bringen die Iraner überall zum Ausdruck. Doch ihre Möglichkeiten sind begrenzt – vor allem aus finanziellen Gründen. Wohlhabende haben es leichter, in den Westen auszuwandern: »Meine Freundin hat ein Visum bekommen. Ihr Vater ist steinreich. Er hat Beziehungen in internationalen Kreisen. Mit Bakschisch kommst du bei uns überallhin. Es ist den Regierungsbeamten egal, dass wir alle Iran verlassen wollen. Hauptsache, sie bekommen Geld.«

Im Flugzeug nach Schiras treffe ich eine Iranerin, die in Hannover Elektroingenieurwesen studiert. Nach drei Jahren fliegt die blond gefärbte junge Frau zum ersten Mal wieder zu ihren Eltern: »Mir geht es gut in Deutschland. Ich habe einen deutschen Freund.« Ihr Vater, ein Ingenieur, musste 8000 Euro bereitstellen, damit sie in Deutschland ein Visum bekam. Weitere 4000 Euro muss er pro Semester nachweisen: »So soll sichergestellt sein, dass wir Iraner dem deutschen Staat nicht zur Last fallen.«

Sie musste eine anspruchsvolle Sprachprüfung bestehen, sonst wäre sie an der Universität nicht zugelassen worden. Als sie Iran verließ, war es ein Abschied für immer: »Ich will nicht zurückkehren. Ich bin nicht religiös. Für Frauen ist es schwierig in Iran. Außerdem erwartet mich in Deutschland ein viel besserer Verdienst.«

Auch Sharzad würde den Bruch mit der Heimat wagen: »Ja, das nehme ich auf mich. Man lebt nur einmal. Wir wollen das Leben genießen. Das kann man in Iran nur im Geheimen. Du musst ständig aufpassen, dass dich niemand erwischt.«

Sharzads Beurteilung der Politiker ist eine Mischung aus Verachtung und Respektlosigkeit: »Sie lügen. Rohani hat uns viel Gutes versprochen. Er wollte politische Gefangene freilassen. Er hat es nicht umgesetzt.«

Als Staatspräsident kann Hassan Rohani nur so handeln, wie es ihm der oberste geistliche Führer, Ayatollah Khamenei, genehmigt: »Dominiert Khamenei den Präsidenten?«

»Sie hängen alle zusammen«, sagt Sharzad.

Was wenig bekannt ist: Der als liberal geltende Rohani hat sich selbst nie als Reformer dargestellt. Seit der Revolution von 1979 gehört er zur islamischen Regierungsspitze. Sharzad durchschaut die Zwiespältigkeit seiner Regierung: »Mehrere Politiker in Rohanis Kabinett besitzen die Green Card, die Aufenthalts- und Arbeitserlaubnis in den USA. Nur geben sie es nicht zu. Khamenei ist verrückt. Er und der Rest des Regimes wettern gegen Amerika, aber sie haben zig Milliarden Dollar in den USA gesichert. Wir stehen unter Druck wegen der Sanktionen, nicht aber die Regierungsmitglieder.«

Die iranischen Vermögenswerte in den USA sind allerdings auf Eis gelegt. US-Präsident Trump verkündete im Juni 2019 Sanktionen gegen Khamenei und Teile der Revolutionsgarden. Er verwehrte ihnen den Zugang auf ihre Konten. Am 1. August 2019 verhängte Trump auch die Sperre der Konten von Außenminister Mohammed Zarif. Dieser behauptete, er habe keine Konten in Amerika. Sein Vermögen sei ausschließlich in Iran deponiert.

Junge Frauen wie Sharzad wollen dieses Regime nicht mehr. Ihre Generation hält den Schlüssel zum Wandel. 55 Prozent der Bevölkerung in Iran sind unter dreißig Jahre alt. Sie wünschen sich Freiheit, Gerechtigkeit und Demokratie.

Die Rebellin verlässt den Coffeeshop. Schnapp. Die Tür fällt zu. Das Remington, die Insel der europäischen Moderne, liegt hinter ihr. Die junge Frau steht wieder auf den Straßen Irans, wo sie sich ihre Freiheit, die für die Europäerinnen längst selbstverständlich ist, noch erkämpfen muss.

Die Tochter der Sonne

Ihr Strahlen ist einnehmend. Sie ist eine energiegeladene und überdurchschnittlich gut aussehende junge Frau. Sie macht ihrem Namen alle Ehre: Mehrdokht, Tochter der Sonne. Klick – und noch ein Porträt von der Biochemiestudentin im Kasten. Sie ist fotogen. Nicht nur mit der Kamera, auch schreibend porträtiere ich sie im Verlauf von drei Jahren. In Teheran treffe ich sie immer wieder. Ich begebe mich auf die Spuren ihrer Entwicklung von der ambitionierten Studentin zur Wissenschaftlerin in Forschung und Lehre.

Mehrdokht steht für eine große Zahl junger Frauen in Iran, die ihr Leben nach einem westlichen Muster aufbauen: Karriere geht vor Ehe und Familiengründung. Sie sind dem Regime gegenüber kritisch eingestellt. Sie scheuen nicht davor zurück, ihr Heimatland des beruflichen Erfolgs wegen zu verlassen. Und dennoch: Ihre Wurzeln wollen sie nicht ausreißen. Der Weg zurück in ihre Heimat soll ihnen immer offenbleiben. Gemeinsam ist ihnen: der Traum von Europa.

Im Orient-Express 2016

Wir lernen uns im Bus kennen, der von Bandar-e Anzali startet, der Hafenstadt am Kaspischen Meer. Zusammen werden wir im Orient-Express nach Teheran fahren. »May I help you?«, fragt mich Mehrdokht, als ich nach meiner Sitzplatznummer Ausschau halte. Die 26-jährige Studentin findet meinen Platz. Sie sitzt eine Reihe hinter mir. Die sechs Stunden im stickigen Bus vergehen wie im Flug. Schnell bin ich mit Mehrdokht in ein spannendes Gespräch über ihr Leben verwickelt.

»Wir haben so viele Studenten in jeder Stadt. Aber wenige Arbeitsplätze. Sie suchen nur zwei Doktoranden aus. Dabei fühlen sie dir im Vorstellungsgespräch auf den Zahn, um deine religiöse Gesinnung zu erforschen. Deshalb ist es mein großer Wunsch, ein Stipendium für mein Doktorat in Europa zu bekommen.«

In Iran ist fast jeder vierte Akademiker arbeitslos. Obwohl mehr Frauen studieren als Männer, sind sie bei der Arbeitssuche immer noch benachteiligt.

»Iranerinnen haben im Ausland tatsächlich bessere Aussichten als in ihrer Heimat«, bestätigt Farifteh Tavakoli-Borazjani. Die Dozentin am Institut für Iranistik der Freien Universität Berlin schaffte selbst den Sprung nach Europa.

Mehrdokht ist dabei, ihren Master zu machen, noch in Iran. Ihr Englisch mit angloamerikanischem Akzent ist sehr gut. »Ich plane keine Heirat«, sagt die junge Frau: »Ich plane eher meine Karriere. In Iran ist es sehr populär, in Europa oder Amerika zu studieren. Der Grund: Wenn du frei denkst, musst du hier immer die religiösen Vorschriften beachten. Daran möchte ich mich nicht dauernd gebunden fühlen.«

Mehrdokht zeigt mir ein Foto von sich und ihrer Mutter auf dem Smartphone. Ich sehe eine ältere Dame mit konservativem Hidschab. Auf dem Foto legt Mehrdokht liebevoll den Arm um ihre Mutter. Die Tochter trägt ihr üppiges langwallendes Haar offen. »Meine Mutter ist religiös. Ich aber gar nicht«, plaudert Mehrdokht im Bus weiter.

»Hat deine Mutter denn nichts dagegen?«

»Nein, sie hat mich liberal erzogen. Ich soll denken und tun, was ich möchte. Ich liebe sie.«

Auf den Straßen quer durch Nord-Iran: Der Bus quält sich einen Pass hinauf. Ich schiebe den Vorhang beiseite. Am Horizont zeigen sich die Ausläufer des Elburz-Gebirges. Bizarre karge, ockerfarbene Berge. Niemand außer mir interessiert sich für die Landschaft. Die Passagiere schlummern. Die Klimaanlage ist ausgefallen. Es ist stickig. Der »Luxusbus« macht seinem Namen keine Ehre. Die Fahrt ist allerdings sehr preiswert. Für die rund 500 Kilometer weite Strecke zahle ich nur acht Euro.

»Fahren viele Ausländer im Bus nach Teheran?«, frage ich Mehrdokht.

»Nein, eigentlich nie«, antwortet sie: »Sie nehmen lieber das Flugzeug. Du siehst ja, wie es läuft. Die Klimaanlage funktioniert nicht.«

Der Bus hält lange an einer Ausweichspur. Kein Mensch weiß, warum. Alle schlafen ungerührt weiter. »Es wird langsam ermüdend«, beklagt sich Mehrdokht und hält Ausschau nach dem Busfahrer, der bei laufendem Motor spurlos verschwunden ist. Ich sehe von ferne einen Bauern auf einem Feld, der aus einem Sack Saatgut ausstreut. Maschinen hat er offensichtlich nicht zur Verfügung.

An einer Autoraststation bieten Konditorinnen ihre Spezialitäten feil. Mehrdokht will mich unbedingt auf einen Nescafé einladen. Auf keinen Fall darf ich bezahlen. Zum Kaffee probieren wir die delikatesten Teegebäcke der Provinz Qazvin: süße Träume aus Pistazien, Mandeln und Krokant. Wir sehen einem Bäcker zu, wie er das runde Fladenbrot backt, groß wie ein Mühlenrad. Mit einer langen Schaufel zieht er es aus dem glühenden Ofen. »Hübsches Mädchen!«, ruft der Bäcker Mehrdokht zu und schenkt ihr einen dampfenden Riesenfladen. Sie reißt ein Stück von dem labbrigen „Crêpe Iranienne« ab und reicht es mir. Draußen nehmen wir Platz auf einer Bank in der Sonne.

»Was machen deine Eltern beruflich?«, erkundige ich mich im lärmenden Straßenverkehr.

»Meine Eltern sind pensioniert. Sie sind beide Schuldirektoren gewesen.«

»Dann ist deine Mutter ja eine emanzipierte Frau. Sie hat zwei Kinder großgezogen und doch gearbeitet.«

»Ja.« Mehrdokht-Strahlen. »Meine Mutter war total workaholic. Sie ist Direktorin einer Grundschule gewesen. Sie hat uns aber nie vernachlässigt.«

Zurück im Bus plauschen wir über ihr Studentenleben in Teheran. Sie übernachte im Schlafsaal mit fünf Frauen. In der Sammeldusche könne sie noch nicht einmal ihre Badezimmerartikel zurücklassen. Männerbesuch sei unmöglich. Dafür hat Mehrdokht jede

Menge Verehrer und viele Rendezvous: »An der Uni ist es üblich, dass wir uns mit Männern verabreden. Letzte Woche hatte ich ein Treffen mit einem Mann. Aber er ist nicht mein Typ«, sagt sie lässig: «Er hat mich morgens vor der Vorlesung so bestürmt. Er wollte sich unbedingt mit mir verabreden. Ich interessiere mich aber nicht besonders für ihn.«

Wir kommen in Teheran am Busbahnhof an. Mehrdokht lädt mich für nächstes Wochenende nach Bandar-e Anzali ein. Nur: Da komme ich gerade her.

»Ich würde dich zu gerne wiedersehen. Du kannst bei uns wohnen. Meine Mutter würde dich zu gerne als unseren Gast willkommen heißen«, bestürmt sie mich. Fast bin ich gerührt, wie sehr sich die junge Frau um mich bemüht. Schließlich könnte die 26-Jährige meine Tochter sein. Ich lade sie ein, am Abend zusammen auszugehen. Mehrdokht schreibt mir eine Adresse auf, die im Ausgehviertel rund um die Deutsche Botschaft liegt.

Im Café de Paris, so steht es auf Mehrdokhts Zettel verheißungsvoll geschrieben, treffen wir uns. Ich bin darauf gespannt, mit meiner neuen Bekannten ins Teheraner Nachtleben auszufliegen. Ich nehme die Metro. In der Mega-Metropole ist sie immer überfüllt. U-Bahn ist U-Bahn, jedoch die iranische ist ein besonderes Erlebnis: Mullah in langem Talar mit weißem Turban und kleinem Sohn an der Hand, Frauen und Männer gemischt, obwohl es auch getrennte Abteile geben soll. Dunkel glühende Augen ringsum, tiefbraune Haut und europäisch anmutende Blässe in einer Nation.

Hier lockerer Schleier als modisches Schönheitsattribut ganz hinten über den Dutt gezogen. Er lässt blondierten Haaransatz erkennen. Dort strenger schwarzer Tschador, der die Frau fast zur Gänze verhüllt. Nirgends besser als in der U-Bahn kann man die Vielfalt der Bevölkerung in Teheran beobachten. Die Hauptstadt ist progressiv. Die freche Mode der Frauen würde man in einer konservativen Wüstenstadt wie Yazd nicht antreffen.

Im Café de Paris qualmen zwei junge Damen lässig ihr Zigarettchen. Ich schlängele mich an ihrem Tischchen vorbei, gehe durchs französische Bistro und steige die Treppen hoch in den ersten Stock. In schummrigem Licht wartet Mehrdokht bereits auf mich. Sie sitzt auf dem Sofa vor einem Aquarium voller Goldfische. Es könnte fast Paris sein, wenn die Frauen nicht Schleier trügen. Ich ziehe meinen nach unten gerutschten dunkelgrünen Seidenschal nach oben.

»Well, der Schal!«, meint Mehrdokht: »Lass dir anvertrauen, dass es für uns nie einfach ist, den Schleier zu tragen. Denn die meisten von uns glauben nicht an den Hidschab. Wir leiden wirklich unter dem Schleier, weil wir dazu gezwungen werden. Wir tragen keinen Schleier in unseren eigenen vier Wänden, weder bei Partys mit Freunden noch Hochzeiten oder Familientreffen – mit Ausnahme der gläubigen Musliminnen, die ihn freiwillig anziehen. Aber draußen werden wir ständig von der Sittenpolizei beobachtet. Ich hoffe, die Regierung wird die Pflichtverschleierung eines Tages fallen lassen. Es ist so frustrierend und störend, das ganze Leben lang ein Kopftuch tragen zu müssen, besonders bei unserem heißen Wetter im Sommer!«

Der Kellner serviert uns eine Tarte au chocolat und einen französischen Traum aus Mousse aux noisettes. Dann nimmt er sein Silbertablett und verschwindet wieder.

»Ich selbst wurde von der Moralpolizei verhaftet«, flüstert Mehrdokht plötzlich, obwohl uns außer den Goldfischen niemand hören kann, »weil ich Kleider trug, die sich in den Augen der Regierung nicht gehören. Aber was ich trug, war so normal, nämlich Jeans, Kopftuch und eine lange Bluse, die bis kurz über die Knie reichte. Wir nennen sie in Iran Manteau. Du hast bestimmt all die Frauen gesehen mit ihren langen Kleidern und Mänteln.«

»Wie hat sich denn die Verhaftung abgespielt?«, frage ich gespannt. Eine leichte Rauchwolke qualmt zu uns herüber. »Und was hatte die Sittenpolizei an deinen Klamotten auszusetzen?«

»Nun, an jenem Tag bin ich die Straße mit meiner Freundin entlanggegangen. Dann hielt ein Polizeiwagen an und ...«, Mehrdokht fängt plötzlich an so zu kichern, dass sie nicht weitersprechen kann, »... und sie erklärten mir, meine Bluse sei zu kurz. Es war so komisch, weil sie ernsthaft glaubten, ich müsste meine Beine mindestens bis unter die Knie bedecken. Obwohl wir Jeans trugen. Sie haben mich und meine Freundin deswegen verhaftet, und viele andere Mädchen. Sie brachten uns zur Polizeistation und klagten uns an, wir hätten uns kriminell verhalten. Sie haben uns erst freigelassen, nachdem unsere Familien und Freunde lange Kleider gebracht hatten.«

Mehrdokht nimmt ein Stück Tarte au chocolat zu sich. Sie ist keineswegs niedergeschlagen, im Gegenteil: Wieder lacht sie Tränen. Amüsiert höre ich ihr zu.

»Und weißt du, das Komische ist: gerade heute. Kaum komme ich nach Hause, treffe ich meine Zimmerkameradin im Studentenheim. Sie erzählt mir, sie sei vor zwei Tagen verhaftet und gerade wieder freigelassen worden. Sie hat sich so sehr gefürchtet. Aber dann haben wir uns kaputtgelacht, weil alles so lächerlich und verrückt ist. Verhaftet zu werden, weil du Klamotten trägst, die du vollkommen angemessen findest!« Mehrdokht rollt verächtlich ihre Augen. »Tatsache ist: Es ist alles so nervig, aber trotzdem ist es so wahnsinnig komisch. Ich lebe hier und dennoch hätte ich nie gedacht, dass mir jemals so etwas passieren würde. Ich werde mich auch nie daran gewöhnen können.«

»Glaubst du nicht, es ist lockerer geworden seit der Öffnung unter Präsident Rohani?«, frage ich Mehrdokht.

»Die höchste Macht bei uns hat nicht der Präsident. Der geistliche Führer hat die höchste Autorität: Ayatollah Ali Khamenei, der Nachfolger von Revolutionsführer Khomeini. Bei jedem Präsidentenwechsel erfahren wir einen Wandel, jedoch nicht an der Basis, sondern eher politisch. Rohani hat Reformen veranlasst, hat mit dem Westen kommuniziert und die Nuklearverhandlungen geführt.

Dem Kopftuchgebot liegt aber ein Gesetz zugrunde, und dies ändert sich nicht mit einem neuen Präsidenten. Die Moralpolizei steht auch nicht unter Rohanis Leitung, sondern unter Beobachtung des religiösen Führers. Khamenei ist auf Lebenszeit ernannt. So bleibt uns der Schleier überm Haar und bis zu den Knöcheln.«

Mehrdokht zwinkert mir zu. Sie zückt ihr Smartphone. Darin zeigt sie mir allerdings kein Selbstporträt von sich im Tschador, sondern ganz das Gegenteil: die Studentin im rot-weiß-gepunkteten Minikleid vorm Weihnachtsbaum. Hat sie der Sittenpolizei im christlichen Wohnzimmer ein Schnippchen geschlagen?

»Es ist eine Weihnachtsparty bei meiner Freundin, die zugleich Iranerin und Deutsche ist«, erzählt Mehrdokht. »Armenier waren natürlich auch zu Gast. Es ist ja ihr Weihnachten, weil sie Christen sind. Viele Armenier leben in Iran. Sie sind unsere lieben Freunde.«

Dschulfa, das armenische Viertel am Stadtrand von Isfahan, kommt mir in den Sinn. Es ist geprägt von den orientalisch anmutenden Riesenkuppeln, die vom christlichen Kreuz gekrönt sind. 25 000 Armenier leben in Dschulfa, 100 000 im ganzen Land. Sie werden in Iran nicht verfolgt. Das Zusammenleben mit der armenisch-christlichen Minderheit ist friedlich.

Der Kellner bringt uns zwei Gläser dampfenden Tee. Mehrdokht legt nach iranischer Sitte ein hauchdünnes Kandisplättchen zum Süßen in ihren Mund: »Die Weihnachtsparty war toll! Wir hatten eine Menge Spaß mit Nikolaus und Tanzen und Sekt.«

Die verbotene Party unterm Weihnachtsbaum: Alkohol gibt es in der Öffentlichkeit noch nicht einmal in sehr guten Hotels. Auch der Tanz ist für die Frau öffentlich untersagt. Heimlich, im eigenen Heim, wagt sie es, sich ihre Freiheiten zu nehmen.

»Ist deine Freundin Christin – oder warum hat sie eine Weihnachtsparty ausgerichtet?«, frage ich Mehrdokht.

»Nein, sie ist keine Christin. Sie hat Weihnachten einfach in Erinnerung an ihre Zeit in Deutschland gefeiert. Sie ist laut ihrem Ausweis Muslimin. Aber ich denke, sie glaubt überhaupt nicht an eine

Religion. Du kannst dich im Iran aber nicht als areligiös erklären. Das ist gefährlich, weil die Religion bei uns eine politische Angelegenheit ist. Du wirst verurteilt, wenn du dich zu keiner Religion bekennst.«

Der Traummann – Teheran 2018

Mehrdokht hat es geschafft: Sie ist Assistentin an der Elite-Universität Schahid Beheschti in Nord-Teheran geworden. Sie hat sich auf dem heftig umkämpften akademischen Arbeitsmarkt durchgesetzt – mit viel Fleiß und ausgezeichneten Noten. Der Preis dafür ist hoch. Täglich arbeitet sie zwölf bis dreizehn Stunden an einem Forschungsprojekt, das die Heilungschancen von Krebs erhöhen soll: »Ich möchte mein Leben dem Laboratorium widmen.«

Die ehrgeizige Naturwissenschaftlerin trägt schwarzen Pflicht-Hidschab auf dem Campus. Streng umhüllt er ihren Hals. Sie schmuggelt mich am Pförtner vorbei, der uns gutmütig vorüberziehen lässt. Denn eigentlich müssen Ausländer um Genehmigung bitten, wenn sie eine iranische Universität betreten wollen.

Mehrdokht ist nervös. Zügigen Schrittes schleust sie mich an den erdrückend-monumentalen Khomeini-Khamenei-Fresken am Hauptgebäude vorbei und führt mich über einen wenig frequentierten Seitenweg zum Institut für Biomedizin. Der Hügel ist steil. Die Schahid-Beheschti-Universität liegt an den Ausläufern des Elburz-Gebirges. Vor dem Jura-Pavillon treffen wir fünf Freundinnen von Mehrdokht. Strahlendes Lächeln vor der Kamera, doch auf keinen Fall darf ich das Foto veröffentlichen.

»Du musst in Teheran leben, wenn du Karriere machen willst. Dieses Ziel habe ich vor Augen. Ich verfolge es ernsthaft.« Mehrdokht hat es unter die ersten drei Wissenschaftlerinnen geschafft, die sich in Deutschland um ein Promotionsstipendium beim Max-Planck-Institut bewerben können. Doch nur auf eine fällt die Wahl. Die Biomedizinerin zieht ihren weißen Kittel über. Dann geht sie ins

Labor, um ihre Forschungsmäuse zu untersuchen. Die Tür schlägt zu. In diesen heiligen Hallen bin ich nicht zugelassen.

Morgens um 5.30 Uhr klingelt bei ihr der Wecker. Um Mitternacht geht sie ins Bett: »Das Leben in Teheran ist anstrengend. Wenn du nicht in aller Frühe aufstehst, hast du nichts vom Tag.« Mit öffentlichen Verkehrsmitteln braucht sie zweieinhalb Stunden zur Uni. Mit dem Campusbus quer durch die Neun-Millionen-Metropole dauert es »nur« eineinhalb Stunden. »Ich schlafe nicht.« Sie zwinkert mit den Augen.

Mehrdokht wohnt mit ihrem achtzigjährigen Onkel zusammen. Als Mohammed Witwer wurde, bat er seine Nichte, zu ihm zu ziehen. »Ich hätte lieber mit meiner Freundin ein Apartment geteilt. Aber ich kann es nicht aushalten, jemanden alleine zu lassen, der mich braucht.« Mohammed, ein freundlicher älterer Herr, der einen Schuhladen besitzt, kocht für uns ein opulentes Abendessen. Wir sitzen an einem wuchtigen eckigen Tisch in seiner geräumigen Wohnung mit bevorzugter Lage gegenüber der Britischen Botschaft. Sein Bad wäre in einer deutschen Stadt nicht mehr zu vermieten. Dafür unterhält er eine große Bibliothek. Ringsum stapeln sich die Bücher auf Regalen bis zur Decke, darunter viele Werke der demokratisch orientierten Literatur.

Mohammed gehörte zu den Männern, die 1979 gemeinsam mit der sozialistischen Frauenbewegung auf die Straße gingen, um gegen den Schah zu protestieren. Damals ahnte er noch nicht, dass die Islamische Revolution seiner Gesellschaft das Gegenteil von Freiheit und Gleichheit bringen würde: »Wir kamen vom Regen in die Traufe.«

Mohammed, der wagemutige Zeitzeuge der Islamischen Revolution spricht Persisch, während er uns seinen geschmorten Gurken-Huhn-Auflauf serviert. Seine Frau habe nie in der Küche gestanden. Er habe immer gekocht, entpuppt er sich als äußerst modern. Mehrdokht übersetzt.

Einen festen Freund hat sie momentan nicht: »Ich mag Männer. Dauernd habe ich Rendezvous. Aber unsere Kultur und die traditionelle Haltung vieler iranischer Männer sind ein Problem für mich. Wenn ich sie heiraten würde, könnten sie mir verbieten zu reisen, zu studieren, zu arbeiten, sogar auszugehen.«

Nicht nur die Ehe, vor allem eine Scheidung kann für eine Frau schwerwiegende Folgen haben. Sie muss ihr Kind abgeben, wenn es sieben Jahre alt ist. Schon zu Zeiten der Islamischen Revolution, aber auch heute solidarisieren sich männliche Iraner mit der Frauenbewegung. »Wir kämpfen gemeinsam für die Rechte der Frauen«, berichtet Mehrdokht: »Dennoch beunruhigen mich die Gesetze. Bei aller Toleranz der jungen Männer – ich habe trotzdem Angst, dass sie unsere Situation missbrauchen. Denn das Gesetz steht hinter ihnen.«

Nach dem Essen spielt sie eine Weile Klavier, während Mohammed abräumt. Hier herrschen keine patriarchalischen Verhältnisse, denke ich, als der Onkel uns lächelnd Tee bringt. Meine Gastgeberin bittet mich nebenan ins Wohnzimmer, wo wir auf riesigen verschnörkelten Sofas sitzen, die an den Wänden aufgereiht sind.

»In unserem Alter sind die meisten nicht religiös. Ich liebe einen jungen Mann, aber er ist sehr religiös, und das ist ein echtes Problem für mich«, vertraut Mehrdokht mir plötzlich an: »Er lebt den Islam nach den gängigen Regeln: Frauen tragen Kopftuch, kein Alkohol, kein Tanz, aber er geht zu Partys. Also bin ich hin- und hergerissen, ob ich mich auf ihn einlassen soll.« Sie nippt an ihrem Teeglas. Der Onkel räumt die Küche auf.

»Meine Mutter nennt mich Perfektionistin, weil ich zu hohe Ansprüche an die Männer stelle. Ich habe übrigens nichts gegen Religiöse. Im Gegenteil. Religion ist keine Barriere zwischen Menschen, geschweige denn in meiner Familie. Ich habe muslimische Eltern, die mich niemals zu ihrem Glauben gezwungen haben. Ich möchte kein Geld und keinen Luxus. Ich wünsche mir einfach einen gutgesinnten, liberalen, sozialen und nicht allzu konservativen Mann. Ein Doktor der Architektur hat mich gefragt, ob ich seine Freundin werden wolle. Aber ich habe gespürt: Ich werde nicht glücklicher mit ihm, als wenn ich alleine bleibe. Er ist Doktor und das hat ihm gereicht. Aber ich wünsche mir einen abenteuerlustigen Mann. Ich bin glücklich alleine und ich mag mein Single-Leben.«

Eineinhalb Jahre später mailt mir Mehrdokht, dass sie ihren »Traummann« gefunden habe. Beide planen nun die Auswanderung zusammen.

Der Onkel stellt eine Vase frischer Rosen auf den Lieblingssitzplatz seiner verstorbenen Ehefrau. Zur Gedenkfeier ein Jahr nach ihrem Tode hat Mohammed fünfzig Verwandte aus ganz Iran eingeladen. »Das ist wenig«, meint Mehrdokht. »Normalerweise reisen hundert bis zweihundert Gäste zu unseren Gedenkfeiern an, um unsere Toten zu ehren.«

»Warum habt ihr in Iran eigentlich immer so viele Sofas in euren Wohnzimmern aufgestellt?« Mohammed bietet mir einen Keks an.

»Unsere Familien sind so groß. Damit alle Platz haben. Zur Hochzeit meines Bruders kamen fünfhundert Personen. Es ist unsere Pflicht, noch die entfernteste Cousine einzuladen und deren Kinder.«

In Iran ist es ganz normal, dass eine Nichte bei ihrem Onkel wohnt. Fast alle Ledigen leben mit ihren Familien zusammen. Aber auch Paare ohne Trauschein teilen sich eine Wohnung, obwohl es verboten ist. »Sie verheimlichen es nicht vor den Verwandten, aber sie würden es nie dem Professor erzählen.«

»Und dem Vermieter?«, erkundige ich mich.

»Es ist immer möglich, wenn du ihm nur einen Stapel Extrascheine auf den Tisch legst.«

Normalerweise besucht Mehrdokht alle zwei bis drei Wochenenden ihre Eltern in Bandar-e Anzali am Kaspischen Meer. Das sind immerhin fast 500 Kilometer, die sie im klapprigen Bus zurücklegen muss. Dieses Wochenende widmet sie mir ihre Zeit. Wir brechen nach Darband auf, dem beliebten Freizeitziel der Teheraner in den Bergen. Wir nehmen die U-Bahn.

»Wenn du vom Max-Planck-Institut ausgewählt wirst, hast du dann kein Heimweh?«, frage ich Mehrdokht.

»Natürlich, besonders weil wir so an unseren Familien hängen!«

Rund sieben Millionen Iraner leben über die ganze Welt verstreut. Es gibt keine Nation, von der so viele Menschen im Ausland leben. Von den USA, Kanada, Deutschland oder der Türkei aus sind sie mit ihren Familien und Freunden extrem gut vernetzt. Das World Wide Web bietet ihnen die beste Möglichkeit, mit ihrer Heimat in ständiger Verbindung zu bleiben.

Teheran in der U-Bahn. Vom Zentrum aus dauert es vierzig Minuten in die Berge. Mehrdokht sitzt neben mir: »Ich liebe mein Land, aber es ist in Händen von Politikern, die wir nicht mögen. Wir sind so modern, aber die Regierung tut nichts dafür, um unser Image aufzupolieren.«

Wir steigen an der Metro-Station Tadschrisch aus. Auf der langen Rolltreppe blicke ich zurück: Hier eine im Ohr Gepiercte, dort eine rosa Gefärbte, ganz hinten ein Mann mit Sonnenbrille. Die junge Generation in der Megametropole gibt sich schrill. Sie fällt neben den schwarz Vermummten doppelt ins Auge.

In Darband, dem nördlichsten Stadtviertel von Teheran: Am Fuß der Berge steht die Seilbahn still. Unsere Wanderung führt uns an mit schillernd bunten Essigfrüchten belegten Ständen vorbei. »Im Orient muss immer alles bunt sein.« Mehrdokht lacht.

Wir kaufen in Zuckerwasser eingelegte Walnüsse, während wir den idyllischen Bergpfad hochpilgern. Nichts mehr vom Großstadtsmog und Straßenverkehr. Darband ist eine pulsierende Idylle, ein Naherholungsgebiet für Einheimische, die sich vom Teheran-Stress erholen wollen. Am reißenden Gewässer, das am Felsmassiv hinunterdonnert und streckenweise zum imposanten Wasserfall wird, wandern wir durch die Schlucht den steinigen Pfad nach oben. Von ferne sehen wir Kletterer, die mit Seil und Pickel die steilen Felsen erklimmen. Bergwandern und Klettern ist ein äußerst populäres Hobby von Frauen und Männern in dem gebirgigen Land.

Unser Weg ist gesäumt von mit prachtvollen Blumenrabatten geschmückten Terrassenrestaurants, die in den Berg gebaut sind. Emsige Kellner bringen überbordende Kebab-Platten. Putzmänner spülen die Terrassen mit dem Schlauch, sodass sie durch den Wasserfilm in der Sonne glänzen. Liebespaare geben sich am Flussufer ein Stelldichein. Cliquen lässiger junger Leute sitzen auf Teppichterrassen neben dem reißenden Bergbach zusammen. Sie feiern ihr Wochenende und trinken Tee oder essen Kebab mit Reis. Dies ist der einzige Ort, wo ich einzelne Frauen gänzlich unverschleiert sehe. In Darband wird das Land zum Paradies. »Willkommen in Iran«, ruft mir eine freundliche junge Frau vom Teppich aus zu, als ich an ihr vorüberspaziere.

Bei unserer Rast im traditionellen Restaurant sitzen auch wir auf dem Teppich. Mehrdokht hat aus der Speisekarte ausgewählt. Endlich kann ich mich bei ihr revanchieren. Schließlich ist sie drei Tage lang mit mir durch Teheran gezogen und hat mich bei sich zu Hause bewirtet: »Wir sind so isoliert im Mittleren Osten. Wir leben in Feindschaft mit unseren Nachbarn Saudi-Arabien und Israel. Leider. Deshalb geben wir unser Bestes, wenn Fremde in unser Land kommen. Bei unseren Freunden und in unseren Familien suchen wir unseren Zusammenhalt.«

Die Nachwuchskarrierefrau – Teheran 2019

Ein Jahr später: Inzwischen ist Mehrdokht von der Universität zu einem Teheraner Top-Unternehmen gewechselt. Sie scheint auf dem besten Wege, eine Karrierefrau zu werden. An zwei Tagen telefonieren wir gegen 17 Uhr. Beide Male kann sie mich abends nicht treffen, weil sie wegen Geschäftspartnern aus Indien bis 20 Uhr im Büro bleiben muss. Bei meinem dritten Anruf um 18 Uhr ist sie gerade im »Meeting«.

Sie startet morgens um acht und hört abends um 20 Uhr auf. Für ihren Zwölf-Stunden-Job verdient die 29-jährige Biomedizinerin nur umgerechnet 135 Euro. Mit ihrem Gehalt liegt sie rund ein Drittel über der Armutsgrenze: »Wenn es sich um ein Spitzenunternehmen handelt, wollen viele junge Leute bei ihnen arbeiten. Sie nutzen uns aus.«

Miete muss sie nicht bezahlen. Die Familie nimmt sie auf. Weil ihr Onkel wieder geheiratet hat, ist sie ins Haus ihrer 56-jährigen Cousine umgezogen.

Mehrdokht hat den angestrebten Platz beim Max-Planck-Institut in Deutschland verfehlt. Doch Aufgeben ist nicht ihre Sache. Nach wie vor bewirbt sie sich um ein Promotionsstipendium. Europa bleibt ihr Ziel. Amerika dagegen löst bei ihr eine Horrorvorstellung aus.

Die Visabestimmungen für Muslime wurden verschärft: »Ich fürchte mich davor, meine Eltern und meine Familie nicht wiedersehen zu können. Wegen Trumps Muslim-Bann habe ich eine solche Angst davor. Meine Freunde in den USA können seit über fünf Jahren ihre Eltern nicht mehr treffen, weil ihre Väter und Mütter kein Visum mehr bekommen. Sie selbst haben nur eine einzige Aufenthaltserlaubnis in den USA. Das bedeutet, dass sie nicht hin- und herreisen können.«

Mehrdokht möchte einen solchen Bruch mit der Heimat nicht auf sich nehmen. Sie will immer nach Iran zurückkehren können. Die junge Wissenschaftlerin mit ausgezeichneten Noten hatte ein Angebot von der Princeton University. Sie nahm es nicht an. Sogar gegen den Willen ihrer Eltern, die in Iran oft schmerzhafte Trennungen zugunsten einer vielversprechenden Zukunft ihrer Kinder auf sich nehmen.

»Ich habe die Hoffnung, dass Trumps Tage gezählt sind«, meint Mehrdokht: »Er heizt eine agitatorische antimuslimische Stimmung an. Ich hoffe, dass der nächste US-Präsident von einer intelligenten, differenzierten und demokratischen Politik geprägt ist. Er sollte an das Werk Obamas anknüpfen, im Sinne des Nuklearabkommens aufeinander zugehen und Frieden schaffen.«

Mehrdokhts Firma kooperiert nun mit indischen Geschäftspartnern, nachdem europäische Unternehmen Teheran verlassen haben.

Die beruflich voll eingespannte Nachwuchswissenschaftlerin hat abends eine Stunde Zeit.

Auf dem Dachrestaurant in der Mofatteh Street wird noch Lamm angeboten. Zu Zeiten der Sanktionen ist Fleisch aber ein fast unerschwingliches Gut für die Bevölkerung geworden. Der Wert der iranischen Währung im Vergleich zum Dollarkurs hat extrem verloren. Die Waren sind teuer geworden: »Die Sanktionen betreffen jeden Aspekt unseres Lebens«, berichtet Mehrdokht. »Du merkst es an kleinen Dingen. Plötzlich findest du im Supermarkt nicht mehr dein französisches Lieblingsshampoo.

Es ist eine schwere Bürde für uns, dass die iranischen Unternehmen bankrottgehen und viele Menschen ihre Arbeit verlieren, weil so gut wie niemand außerhalb Irans noch mit uns zusammenarbeiten darf.«

Bahareh Mirza-Agha – für Männer tabu

Vahdat in Teheran-City: Vor dem Konzerthaus drängelt sich eine riesige Menschentraube durch den Eingang. In dem Trubel ergattert Mehrdokht die letzten zwei Tickets für uns auf dem Schwarzmarkt. »Ich liebe Mirza-Aghas Lieder, weil sie Hayedeh imitiert, unsere große Chansonette vor der Revolution. Meine Eltern haben immer ihre Platten zu Hause gespielt, und ich kenne ihre Chansons in- und auswendig.«

Bahareh Mirza-Agha ist es zum ersten Mal gelungen, in Vahdat aufzutreten. Der berühmte Konzertsaal ist normalerweise die Heimat der Teheraner Symphoniker. Das Orchester spielt europäisches Repertoire vor gemischtem Publikum. Aber die Chansonsängerin Mirza-Agha ist für Männer tabu: »Sie hat trotzdem viele Verehrer.« Mehrdokht muss lächeln.

Die südiranische Künstlerin mit der pechschwarzen Mähne pflegt auf Instagram einen Account. Das ist alles, was sie an Werbung bringen darf. Sie bekommt weder Presse noch einen TV-Auftritt. Heimlich, im Keller, nimmt sie ihre iranischen Chansons auf. Ihr Name darf noch nicht einmal auf dem Cover stehen.

Im Foyer müssen wir unsere Smartphones abgeben, damit nur ja nichts von dem »illegalen Konzert« gefilmt werden kann. Dabei kommen wir mit der Illustratorin Malihe Mohseni ins Gespräch. Sie darf ihren Namen auf das Cover der Mirza-Agha setzen, weil sie es entwirft. Die CDs iranischer Sängerinnen, auf denen diese inkognito bleiben, werden in Frankreich produziert: »Wir sind ein Verbund von 33 Iranerinnen. Es ist dumm, dass die Frauen bei uns nicht singen dürfen.«

Viel Stärke und eisernen Willen müssen die Sängerinnen anwenden, um den Mullahs die Stirn zu bieten. Trotzdem schaffen sie es, die Barrieren zu überwinden und ihre künstlerische Karriere in Iran zu verwirklichen. In einem Schattendasein trotzen die im Land verbliebenen Sängerinnen dem System nach dem Motto »Jetzt erst recht«. Sie werden von den Frauen als Idole der Freiheit gefeiert.

Frenetischer Beifall für Bahareh Mirza-Agha: Rund 1300 Zuschauerinnen füllen das festliche Vahdat-Theater. In ganz Iran habe ich nie so viele Frauen auf einmal gesehen. Die Chansonette versprüht in wechselnden nostalgischen Abendroben und westlichen Hutkreationen ihren Charme. Sie tritt mit ihrer zehnköpfigen Frauen-Band auf. Die Musikerinnen an Schlagzeug, Trommeln und E-Gitarre erscheinen in rosafarbenem Hosenanzug plus Udo-Lindenberg-Hütchen. Schrill. Sämtliche Künstlerinnen: ohne Schleier.

Die Mirza-Agha kündigt am Mikro an, es sei das erste Konzert einer Sängerin auf dieser berühmten Hauptstadtbühne. Es sei sehr schwierig gewesen, als Frau das Vahdat mieten zu dürfen. Sie sei so froh, dass sie die Hürde überwunden habe. Tosender Beifall braust los. Die Frauen jubeln ihr zu, ihrem Idol der Freiheit. Sie pfeifen durch die Zähne, erheben sich von den roten Plüschsesseln, schwenken ihre Kopftücher, feiern die Mirza-Agha. Sie solidarisieren sich mit ihr, einer Künstlerin auf ihrem Weg zum Erfolg, einer Symbolfigur auf dem steinigen Pfad zu ihrer eigenen Freiheit.

Mehrdokht und ich applaudieren ihr aus der dritten Reihe zu. Die Künstlerin hat sich durchgesetzt. Sie ist eine Diva: »Die Imame haben Angst, dass sich die Männer in die Sängerin verlieben«, mache ich einen Witz. Mehrdokht kichert.

Auch Tänzerinnen sollen im islamischen Regime von Männeraugen ferngehalten werden. Dass sie vor Frauen im Vahdat auftreten dürfen, ist eine Pioniertat der Mirza-Agha. In ihren schillernd-bunten Kostümen führen sie die lokalen Tänze der iranischen Regionen vor – vom arabischen bis zum kurdischen Volk. Die Künstlerinnen zeigen Irans kulturellen Reichtum im Vielvölkerstaat.

Khomeini und Khamenei blicken auf den »verbotenen Abend« im Theater herab. Ihre Porträts hängen links und rechts über der Bühne: »Du kannst die Symbolfiguren der Dummheit da oben am Vorhang sehen«, flüstert Mehrdokht mir zu: »Wir haben so viele Traditionen, und nur wegen diesen Verrückten – alles geblockt. Es macht mich ganz traurig. Am liebsten würde ich weinen.«

Die Chirurgin und ihr Hausmann

»Die Ladys in Iran sind sehr stark in unserer Gesellschaft. Die Männer hören auf sie. Sie gehorchen ihnen sogar. Das ist der Grund, warum ich sie Prinzessinnen nenne. Sie werden von uns verehrt und geachtet. Es ist nicht so, wie die Fremden denken, dass sie unterdrückt sind, nur weil sie Hidschab tragen. Das ist ein Vorurteil.«

Saeed Alizadeh aus Tabriz

Die größte Überraschung: Sogar der Hausmann hat in Iran Einzug gehalten.

Der Hausmann – ein Zukunftsmodell?

Sie gehört zu den Spitzenärztinnen ihres Landes. Sie ist die Karrierefrau. Er ist der Hausmann. »Ich bin der einzige in Iran«, sagt er mit souveränem Lächeln. »Unsere Kultur ist nicht darauf ausgerichtet.«

Noch nicht?

Vor einer Generation wäre es noch undenkbar gewesen, dass Iranerinnen Führungspositionen bekleiden oder sich in akademischen Berufen selbständig machen. Jetzt könnte der Hausmann selbst in Iran zum Zukunftsmodell werden.

Er kocht für uns Sieben-Kräuter-Gemüse. Er kümmert sich um die elfjährige Tochter. Der Hausmann rückt mehr und mehr in meinen Fokus. Denn ich habe naturgemäß in den drei Tagen, in denen ich bei dem Ärzteehepaar wohne, mehr mit ihm zu tun – weil er schlicht und ergreifend zu Hause ist. »Meine Umwelt erkennt meine Rolle an und akzeptiert sie. Niemand mokiert sich darüber. Es ist mein Leben. Ich bin zufrieden damit.«

Morgens treffe ich ihn in der Küche beim Frühstück, das er uns zubereitet hat. Seine Frau ist bereits in aller Frühe in die Praxis geeilt.

»Glaubst du, dass der Hausmann in Iran eine Zukunft hat?«

»Niemals«, meint er: »In Iran ist es eine Norm, dass der Mann draußen arbeitet und die Frau im Haus bleibt. Nur wenn die Einkommen niedrig sind, verdienen die Frauen dazu.«

Sharzad, die Kunststudentin aus Teheran, mit der ich telefoniere, kann es kaum glauben: »Ein Hausmann? In Iran? Er ist eine Ausnahme. Unsere Gesellschaft ist Mann-dominiert. Ein Hausmann gilt in unserem Land als eine demontierte Persönlichkeit.«

Jetzt noch ist der Ehemann der Chirurgin, der die traditionelle Rollenverteilung auf den Kopf gestellt hat, eine Rarität. Aber in der nächsten Generation schon würden die jungen Powerladys von Iran einen Hausmann hellauf begrüßen: »Ich würde mich sehr freuen. Ich mag keinen Haushalt führen. Ich möchte auch keinen iranischen Mann heiraten.« Sharzad kichert am Telefon.

»Warum nicht?«

»Unsere Männer denken, sie sind perfekt. Das gehört zu unserer Kultur, nur weil sie ein Mann sind. Sie wissen alles. Sie sind klug. Sie sind die Besten und Stärksten«, sagt sie mit spöttischem Unterton, »aber das kann ich nicht nachvollziehen.«

»Dann könntest du ja einen deutschen Hausmann heiraten.«

Wir brechen beide in Gelächter aus.

»In Iran sind Kinder und Haushalt immer noch das Gebiet der Frau, selbst wenn sie arbeitet«, sagt Sharzad. »Aber immer mehr junge Iraner ziehen ins Ausland. Im Westen lernen die Männer, dass es ihrer Macht keinen Abbruch tut. In meinem Alter noch nicht, aber in der nächsten Generation kann ich mir den iranischen Hausmann gut vorstellen.«

Der Hausmann vom Persischen Golf ist früher Augenarzt gewesen. Er ist überaus clever und hat einen intelligenten Humor. Mit Sicherheit ist er kein Pantoffelheld. Er will, dass er und seine Frau anonym bleiben. Weder der Name noch der Wohnort des Ärzteehepaars sollen veröffentlicht werden. Er fürchtet den iranischen Geheimdienst: »Sie finden uns. Sie durchleuchten alles.« Das Regime akzeptiere zwar Couchsurfing, dennoch sind die Online-Plattformen gefiltert: »Wir umgehen es, indem wir VPN nutzen – eine Spezialsoftware.«

Seine Frau ist es, die Gäste online ins Haus holt. Sie wird als Erste aus der Familie nach Deutschland gehen, wenn es ihr gelingt, die Sprachprüfung zu bestehen. Iranische Ärzte haben in Deutschland einen guten Ruf. Sie finden eine Stelle. Ihr größtes Problem ist die Sprache.

»Woher kannst du so gut Deutsch?«, chatte ich noch in Europa mit der 45-jährigen Iranerin.

»Ich lerne deine Sprache seit eineinhalb Jahren. Ich habe vor, in Deutschland als Ärztin zu arbeiten.«

Für meine Gastgeberin lege ich einen Einkaufszettel an: CD »Deutsch für Ausländer« und »Die kleine Hexe« für ihre Tochter, das beliebte deutsche Kinderbuch von Otfried Preußler plus dazugehörigem Film.

Die berufstägige Mutter mit Henna-Stich im mittellangen Haar holt mich in Turnschuhen vom Bus ab. Sie ist ungeschminkt und hat eine sympathische, unprätentiöse Ausstrahlung.

In Iran merke ich schnell: Ihr Deutsch ist mäßig. Bei jedem dritten Satz versteht sie mich nicht. Auch wenn sie mit mir nahezu fehlerfrei korrespondiert – unsere Gespräche auf Deutsch sind schleppend. Ihre Motivation zum Couchsurfen ist klar: Sie lädt nur deutsche Gäste zu sich ein, sie möchte mit ihnen Konversation üben.

Die Ärztin mit Privatpraxis am Persischen Golf muss als erste Voraussetzung ein Sprachexamen bestehen, um an deutschen Kliniken angenommen zu werden. Im Gästeapartment, das sie wohl auch als Arbeitszimmer nutzt, entdecke ich eine lange Liste mit medizinischem Fachvokabular auf ihrem Schreibtisch.

Sie ist Onkologin, also Fachärztin für Krebskrankheiten. Für Operationen überweist sie ihre Patienten in ein privates Krankenhaus. Operationen führt sie ausschließlich dort durch.

Medikamentennot

»Wir haben seit dem Ausstieg aus dem Nuklearabkommen große Probleme. Die Medikamentenzufuhr aus Amerika und Europa ist zu knapp«, berichtet die Onkologin. »Die Anschaffungspreise steigen ins Astronomische. Gegen Krebs bekommst du fast gar nichts mehr. Manche Leute sterben, weil sie die Medikamente nicht kriegen. Es ist schon hart.« Die USA sind weltweit die führende Nation in der Medizin: »Unser Medizinstudium ist komplett amerikanisiert. Wir lernen es aus übersetzten US-Büchern«, sagt ihr Ehemann.

»Und das, obwohl die USA und Iran verfeindet sind«, werfe ich ein.

»Die Wissenschaft ist unabhängig von der Politik.«

Nicht nur Medikamente, auch Ultraschall- und Operationsgeräte werden aus Amerika bezogen. Am besten sind Teherans Kliniken mit US-Equipment ausgestattet. »Auch Stents, die Implantate für lebenswichtige Herzoperationen, beziehen meine Kollegen der Kardiologie aus Amerika«, berichtet die Ärztin. »Stents sind nach Trumps Ausstieg sehr teuer geworden. Sie werden meist auf dem Schwarzmarkt gehandelt.«

»Über den Schwarzmarkt werden die US-Produkte zum vierfachen Preis in Iran verkauft. Die Dealer haben Vorteile, die Patienten die Nachteile vom Wirtschaftskrieg mit Amerika. Wir können die Menschen in zwei Klassen teilen, arm und reich«, sagt ihr Ehemann. »Die Politiker verdienen nicht übermäßig, aber sie haben andere Quellen, an ihr Geld zu kommen. Die Korruption bestimmt das ganze Land. Rohani ist aber okay.«

Iran werde von zwei Regierungen geführt: erstens dem gewählten Staatspräsidenten Rohani, zweitens dem nicht gewählten Regime unter Khamenei, der die größte Macht habe. Seine Autorität beziehe er nicht aus dem Willen des Volkes, sondern »von Allah«. Parlament und Präsident sind ihm unterstellt. »Es ist eine hundertprozentige Diktatur. Die Revolutionswächter haben die größten ökonomischen

Quellen in der Hand, ohne Rechenschaft abzulegen«, sagt der Arzt: »Khamenei und seine Kerle pushen die Kriege. Sie geben ihre Ressourcen aus für Syrien, den Libanon und den Jemen.«

»Aber das entspricht genau dem, was US-Präsident Trump dem Regime vorwirft.«

»Stimmt, aber ich mag Trump nicht. Er denkt nicht an die iranische Bevölkerung. Die Sanktionen haben alles sehr teuer gemacht. Ich bin gegen Trump, weil die Kosten nur wegen ihm steigen. Er übt Druck auf die Bevölkerung aus, nicht auf die Regierung. Sie haben so viel Geld. Die Sanktionen betreffen sie nicht.«

Nachdem Amerika das Atomabkommen aufgekündigt hat und weniger westliche Touristen ins Land strömen, setzt Iran verstärkt auf den Medizintourismus aus dem Mittleren Osten. Iran steht an erster Stelle in puncto medizinischer Versorgung in Asien. Viele Iraker reisen über die Grenze ins Nachbarland, um sich von den renommierten Ärztinnen und Ärzten Irans behandeln zu lassen.

Früher hat die Onkologin in staatlichen Spitälern gearbeitet. Als angestellte Ärztin hat sie Erfahrung gesammelt. Ihre Arbeit ist anspruchsvoll, aber nicht zeitraubend: »Wenn ich nur drei Stunden am Tag arbeite, verdiene ich 3000 Euro im Monat.«

Ihre Praxis liegt in der Nähe ihrer Wohnung. Ihre Sekretärin ruft sie an, wenn ein Patient im Wartesaal sitzt. In einem Monat arbeitet sie durchschnittlich nur sechzig Stunden. Mit ihrem hohen Gehalt ist sie es, die die Familie ernährt: »Sie ist der Mann«, sagt ihr Ehegatte verschmitzt.

Privatärzte verdienen in Iran generell überdurchschnittlich gut. Sie gehören zur wohlhabenden Oberschicht. Die Familie bewohnt alleine ihre dreistöckige Villa. Die zwei oberen Stockwerke lassen sie leerstehen. Die Mieteinnahmen von nur 200 Euro monatlich, die sie für eine ihrer Upper-Class-Wohnungen in dem Villenviertel erzielen könnten, haben sie nicht nötig. Ihre Gäste bringen sie im möblierten Appartement im Souterrain unter. Sie haben ständig Besuch aus Deutschland.

Ihre geräumige Wohnung im Parterre hat hochwertige Bäder, was in Iran keine Selbstverständlichkeit ist. Ansonsten hat sie keinen individuellen Stil.

Das riesige Wohnzimmer ist zur Hälfte leer. Auf der linken Seite sitzt man auf dem Boden. Hier ist noch nicht einmal ein Perserteppich ausgelegt, sondern nur ein simpler, beigefarbener Teppichboden. In der rechten Hälfte, wo sich die Familie vor allem aufhält, sind moderne Sofamöbel und jede Menge Technik aufgereiht. In der Mitte der Stirnwand dominiert ein großes Fernsehgerät, auf dem ständig Deutsche Welle TV läuft.

Nach meiner Ankunft bestellt meine Gastgeberin Essen vom Restaurant um die Ecke. Sie serviert es in den Plastikbehältern auf dem Küchentisch. Alles wirkt seltsam amerikanisch.

Die elfjährige Arzttochter ist ein Computerkind. Sie sitzt neben dem Fernsehgerät vor ihrem PC und beschäftigt sich ununterbrochen mit Computerspielen. Klack. Und schon ist meine CD eingeschoben: »Die kleine Hexe« versteht sie gut. Sie lernt nämlich auch Deutsch, vor allem auf YouTube. Sie beherrscht die Sprache besser als ihre Mama.

Mit ihrer Ein-Kind-Familie liegt das Ärzteehepaar ganz im Trend der modernen iranischen Großstadtgesellschaft. Für ihre Schlankheit ließ sich die Chirurgin sogar operieren, während ihr Gatte, bar jeglicher Diätabsichten, Wampe zeigt. Die beiden zeigen ein bescheidenes Auftreten. Sie kleiden sich unauffällig sportiv.

Heute Morgen hat er, wie immer, seine Tochter mit dem Auto zur Schule gebracht. Um 15 Uhr holt er sie wieder ab. Für heute Abend habe er bereits eingekauft und vorgekocht. Nachmittags sind wir noch unter uns. Er serviert mir Tee und Zwieback.

»Vermisst du deinen Job?«, frage ich ihn.

»Nein. Ich bin eher ein ruhiger Typ. Ich bin der einzige Augenarzt von Iran, der seinen Beruf aufgegeben hat. Meine Facharztausbildung hat über zehn Jahre gedauert. Als Privatonkologin hat sie bedeutend mehr Einkommen als ich.«

Die Zukunftsträgerin wandert aus

Nach Angaben der UNESCO ist Iran weltweit von der größten Abwanderung der Akademiker betroffen.

Dem Ärzteehepaar geht es finanziell und persönlich gut. Sie ergänzen sich. Sie scheinen eine gute Ehe zu führen. Sie ist die treibende Kraft für die Auswanderung. Warum will sie auswandern?

»Der Hauptgrund: Ich möchte nicht, dass meine Tochter Hidschab tragen muss. Das Kopftuch ist ein Symbol für die Begrenzung unserer Freiheit«, antwortet sie. Wir sitzen mit ihrem Ehegatten am Küchentisch.

Die Fachärztin mit Hausmann wandert aus, weil sie ein emanzipiertes Leben für ihre Tochter wünscht. Sie nimmt sich vom Sieben-Kräuter-Gemüse, das er auf den Tisch gestellt hat. Sein Goreshte Ghorme Sabzi schmeckt ausnehmend gut. Welche Frau könnte besser vor Augen führen als diese Ärztin, dass in Iran Gleichberechtigung gelebt wird, obwohl sie rein juristisch nicht gegeben ist?

Ausgerechnet diese Frau, die alles erreicht hat, will alles aufgeben – für ihre Tochter. Denn deren Zukunft sieht sie keineswegs gesichert: »Die Regierung in Iran ist nicht dazu fähig, wirtschaftliche Stabilität zu entwickeln und genügend Arbeitsplätze zu schaffen. Die einzige Sicherheit, die wir haben, besteht darin, dass keine Bomben fallen.«

Für die Gleichberechtigung ihrer Tochter im Westen ist ihr nichts zu viel: »Bei uns kann eine Iranerin noch nicht einmal Richterin werden. Die Aussagen von uns Frauen werden vor Gericht nicht für voll genommen. Wenn ein Mann stirbt, bekommt seine Familie hundert Prozent Lebensversicherung ausbezahlt. Bei einer Frau erhalten ihre Erben nur die Hälfte.«

»Warum müsst ihr deshalb auswandern? Es gibt genügend Rebellinnen in Iran, die gegen das System protestieren«, frage ich das Ehepaar. Sie antwortet: »Vida Movahed nahm ihren Schleier als Zeichen des Protests vom Haupt und trug ihn auf einem Stab durch die

Straßen. Sie war ein oder zwei Monate in Haft. Auch die anderen Rebellinnen landeten im Gefängnis oder flohen in die Türkei oder nach Kanada.«

Die Chirurgin ist Zukunftsträgerin im islamischen Staat. Noch. Sie hat vielen Landsleuten das Leben gerettet. Rebellin ist sie nicht. Anders als Vida Movahed, die Ikone des Weißen Mittwoch aus Teheran, der Hochburg der Rebellion. Die damals 33-jährige Rebellin ist bekannt als das »Mädchen von der Enghelab-Straße«. Enghelab bedeutet Revolution auf Persisch. Am 27. Dezember 2017 riss sie auf der Hauptstraße in Teheran-City als Erste ihr weißes Tuch vom Kopf und hielt es provokativ auf einem Stab vor sich hin. Sie wurde wegen Schleierwedelns verhaftet. Inzwischen sind etliche Rebellinnen des Weißen Mittwoch ihrem mutigen Vorbild gefolgt.

Die Medizinerin ist zu arriviert, um lautstark auf den Straßen zu protestieren oder gar ihre persönliche Zukunft zu riskieren. Tatsächlich kann sie es sich als Mutter und Praxisinhaberin auch kaum leisten. Sie zieht es vor, ins Ausland abzuwandern: Das kann sie sich leisten. Schließlich ist sie finanziell abgesichert. In Deutschland hat sie Aussicht, ihre Karriere weiterzuführen. Für ihr Heimatland ist es ein Verlust.

Auswandern ist unter Akademikern im Trend. Bis zu 200 000 qualifizierte Iraner emigrieren jährlich. Die Arbeitslosigkeit zu Hause bedroht sie permanent.

Sharzads Vater, ein Elektroingenieur, will nach Kanada auswandern, nachdem er durch die Sanktionen seine Stelle verloren hat. Bei einer renommierten Schweizer Firma war er als Elektroingenieur für Solarsysteme in Iran angestellt. Nach Trumps Aufkündigung des Atomabkommens wurde die Niederlassung in Teheran aufgelöst, weil keine Bankgeschäfte mehr mit Zürich durchgeführt werden konnten. Seitdem muss der Ingenieur als Freiberufler seine vierköpfige Familie ernähren.

Die erste große Massenflucht aus Iran ereignete sich nach der Revolution von 1979. Laut einer iranischen Statistik aus dem Jahr

2012 leben 6,82 Millionen Iraner im Ausland, davon 2,8 Millionen in den USA, 410 000 in Kanada und 210 000 in Deutschland. Damit liegt die iranische Diaspora in der Bundesrepublik Deutschland im europäischen Vergleich an der Spitze – vor Großbritannien, Schweden und Frankreich. Hamburg und Köln sind mit jeweils über 20 000 Immigranten die größten iranischen Gemeinden in Deutschland. In Europa stehen Hamburg und Köln an zweiter Stelle nach London, wo rund 153 000 Iraner leben.

Über die Hälfte der Bevölkerung Irans sind jünger als dreißig Jahre. Siebzig Prozent der Iraner sind unter vierzig. Sie sind noch jung genug für einen neuen Start in der Fremde. Saeed Alizadeh ist einer der vielen Iraner, die nach Kanada ausgewandert sind.

Der 33-jährige studierte Botaniker ist mit einer Chinesin verheiratet. In Iran würde seine Ehe mit einer Buddhistin niemals akzeptiert werden. Sie könnten noch nicht einmal gemeinsam ein Hotelzimmer mieten. In einem Reisebüro in Vancouver koordiniert der Aserbaidschaner aus Tabriz Touren in sechzig Länder. Besonders propagiert er Reisen in sein Heimatland, »weil die Menschen Iran nicht kennen und ich mein Land fördern möchte«.

Alizadeh ist ein Pendler zwischen den Welten. Die Treue zu seinem Heimatland hat er bewahrt. Regelmäßig besucht er seine Familie in Tabriz. Seine Mutter musste es schweren Herzens hinnehmen, dass sie von ihrem Sohn über Kontinente hinweg getrennt ist.

Exiliranerinnen und -iraner weisen generell auf ihr hohes Bildungsniveau hin. Jeder vierte Emigrant ist in einem Vertrauensberuf beschäftigt, als Arzt, Jurist oder Architekt. Warum wollen so viele auswandern?

»Die Geschäftsleute auf dem Basar verdienen gut. Die Akademiker gehen leer aus. Aber der Regierung ist das ganz egal«, meint die Chirurgin. Die Regierung bedauere nicht den Verlust seiner Intelligenz, sondern sei eher erleichtert, die unbequemen Kritikerinnen und Kritiker des Regimes loszuwerden.

Händler und Bauern haben Arbeit. Sie hinterfragen das Regime weniger. Im Gegensatz zur Ärztin kommen sie weniger auf die Idee, ihr Land zu verlassen. Das liegt einerseits an ihrem Bildungsstand, oft sind sie noch Analphabeten. Andererseits fehlt das notwendige Geld.

Wollen Iraner aus sozial schwachen Schichten Iran entkommen, wandern sie eher in die Türkei aus. Dort leben 1,6 Millionen Iraner in unmittelbarer Nachbarschaft ihres Heimatlandes. Die Kultur der beiden Länder ist ähnlich. Viele Iraner, die Aseri und andere Turksprachen beherrschen, können sich im türkischen Alltag sofort verständlich machen. Iranische Auswanderer ziehen auch in die Nachbarstaaten am Persischen Golf sowie nach Aserbaidschan und Australien.

Die Iraner und die Willkommenspolitik

Viele Iraner wandern zwar aus, sie stellen aber relativ selten Antrag auf Asyl. 2017 wurden 2315 iranische Flüchtlinge in Deutschland aufgenommen. Im Vergleich: Aus Syrien wurden rund 495 000 Flüchtlingen Asyl gewährt.

Während der Willkommenspolitik Angela Merkels hätten viele Iraner behauptet, sie seien Syrer oder Afghanen: »Die Iraner sind Meister in diesem Fach«, sagt meine Gastgeberin: »Es gibt immer jemanden für Bakschisch, der dir einen afghanischen Pass beschafft.«

Die Ärztin will Iran nicht dauerhaft entfliehen. Sie will immer nach Iran zurückkehren können. Ihre Vision: Zwischen den Kontinenten pendeln. Das Ehepaar möchte seine Villa am Persischen Golf behalten. Sollte es der Chirurgin gelingen, eine Stelle zu bekommen, ist sie es, die in Deutschland eine Wohnung sucht, bevor er mit Tochter nachzieht – so ist der Plan des unkonventionellen Ehepaares.

Doch bis sie die deutsche Sprache fließend beherrscht, wird sie noch oft zwischen ihrem Sprachtraining in Teheran und ihrer Praxis am Persischen Golf hin- und herjetten müssen, während er sich um den Haushalt kümmert.

Starke Frauen – erfolgreich im Beruf

Malihe Mohseni – Grafikprofessorin

»Ich arbeite viel. Wenn man fleißig ist, können Frauen gute Positionen in Iran erreichen«, bestätigt Malihe Mohseni, 43-jährige Professorin für Illustration und Grafik an der Mahoor Kunstakademie in Teheran: »An der Universität waren wir Frauen in der Überzahl. Wir haben viel Freiheit in Iran. Mich hat man zur Direktorin der Kunstakademie vorgeschlagen.«

Die Professorin zog es vor, weiterhin als freischaffende Illustratorin zu arbeiten. Mit ihrer Designkunst gewann sie internationale Preise in den USA.

Die Fernsehjournalistin Zahra Shafiee, geboren 1989, tätig für Iran National Television (IRNTV), bestätigt die guten beruflichen Aussichten für Frauen: »Beim Fernsehen gibt es viele Redaktionsleiterinnen.« Selbst bei ihrem ultrakonservativen Staatssender würden Männer nicht vorgezogen. Es hänge von der Qualifikation ab.

Sie sind kreativ, autonom und setzen sich durch. Ob in der Medizin, den Medien, der Industrie oder an der Universität: In Iran sind Frauen in fast allen Bereichen die Karriereleiter bis zur oberen Führungsetage aufgestiegen – mit Ausnahme der Politik.

Eins ist ihnen gemein: Sie sind Zukunftsträgerinnen ihres Landes. Unter ihnen finden sich zugleich die scharfsinnigsten Kritikerinnen des derzeitigen Staatssystems. Ob sie Singles sind oder verheiratet: Sie versuchen die Verbindung von Berufs- und Familienleben zu meistern, ganz so, wie es auch den Frauen im Westen ergeht. Sie sind dabei den Männern oft überlegen.

Shahin Habibzadeh – Chefin von zwanzig Männern

Die freundliche vierzigjährige Managerin sitzt mir im International Hotel in Tabriz gegenüber. Sie ist auf Dienstreise in Nord-Iran.

Shahin Habibzadeh leitet die Auslandsabteilung für Vertrieb und Marketing der Iran National Steel Industrial Group (INSIG) in der Millionenstadt Ahvaz. Der Stahlkonzern hat 3000 Angestellte. Habibzadeh unterhält Handelsbeziehungen mit Indien, China, Russland, Pakistan, Afghanistan, dem Irak, Italien und Deutschland, zum Beispiel mit Mannesmann. Ein Iraner in der Bundesrepublik ist ihre Kontaktperson. Die Managerin in schwarzem, engumschlossenen Hidschab und offiziellem Manteau ist Chefin von zwanzig Männern und vier Frauen. Sie studierte Englisch und Betriebswirtschaft.

»Wie funktioniert es, dass Sie die Vorgesetzte von so vielen Männern sind?«

»Gut.« Sie strahlt. »Sie sind wie meine Brüder. In den Firmen haben Männer ein gutes Verhältnis zu Frauen, weil die islamische Moral sie lehrt, die Frauen zu respektieren.«

»Bringt es tatsächlich keinerlei Probleme in dieser männlich dominierten Welt?«

»Nein. Iran ist sehr aufgeschlossen. Es ist ein riesiger Unterschied zwischen den arabischen Ländern und meinem Heimatland. Besonders Saudi-Arabien ist sehr konservativ. Die iranischen Religiösen lassen mir als gebildeter Frau den Weg offen. Wir sind frei in unseren Ideen, frei in unserer Arbeit. Wir haben sogar Pilotinnen.«

»Andererseits hat Khamenei erst 2017 eine Fatwa erlassen, nach der Frauen noch nicht einmal Rad fahren dürfen. Wie verträgt sich denn das konservative Frauenbild mit ihrer Karriere?«

»Mein Mann hat nichts dagegen, dass ich mit vier Ingenieuren von Ahvaz nach Tabriz auf Dienstreise gehe. Wir besuchen hier ansässige indische Firmen.«

Gestern ist das Team mit dem Flugzeug angereist. Die vier Ingenieure sitzen an unserem Nachbartisch beim Frühstück. Sie spricht als Einzige fließend Englisch: »Mein Mann ist dafür, dass ich eine Führungsposition habe.«

»War es schwierig, solch eine Position zu bekommen?«

»Ja, einerseits wollen manche Firmen keine Frau. Aber andere Firmen nehmen dich gerade gerne, weil sie denken, die Frauen sind besser als die Männer.«

Vor zwölf Jahren bekam Habibzadeh bei dem Stahlkonzern ihren Chefposten. Bei der staatlichen Firma müssen die Stellen gleichmäßig an Frauen und Männer verteilt werden. Die Geschlechterquote ist vorgeschrieben. Allerdings kann der Ehemann in Iran seiner Angetrauten verbieten, eine vielversprechende Laufbahn einzuschlagen.

»Wollen viele Iraner nicht, dass ihre Frauen Karriere machen?«

»Nein, es ist kein Problem. Nur wenige sind dagegen. Wenn ein Mann nicht wünscht, dass sie arbeitet, kann er es ihr vor der Hochzeit sagen.«

Habibzadeh sieht es optimistisch. Die Anthropologin Judith Albrecht der Freien Universität Berlin hat dagegen eine andere Erkenntnis: »Man kann von einem generellen Wandel im Frauenbild sprechen. Die Iranerinnen sehen die Ehe skeptisch. Ihre Angst überwiegt, dass sie Pech haben und ihnen ihre Freiheit genommen wird.«

Elham – Als Single wird sie schief angesehen

Die vierzigjährige Maschinenbauingenieurin führt ein Leben, wie es Millionen Frauen ihres Alters im Westen tun. Elham ist Single. In Iran ist sie die Ausnahme: »Manche Leute finden dich merkwürdig. Speziell Frauen wundern sich über dich. Meine Mutter hat mich immer ermutigt, autonom zu sein. Mein Leben ist okay. Aber Iran ist kein passendes Land für Single-Frauen.«

Im Coffeeshop in Teheran-City: Die sympathische, quirlige Ingenieurin trägt heute Abend ein bunt gemustertes Kopftuch aus Norwegen. Elhams größtes Hobby ist das Reisen. Auch dienstlich jettet sie regelmäßig hin und her. Am nächsten Morgen fliegt sie nach Ahvaz.

Die Maschinenbauingenieurin in der petrochemischen Industrie hat ihr Büro in der Hauptniederlassung in Teheran. Regelmäßig muss sie die Zweigstellen in Ahvaz besuchen. Die zentraliranische Großstadt ist Ballungsgebiet von großen Öl- und Gasraffinerien. Die Ingenieurin ist verantwortlich für das Equipment. Sie muss Pumpen und Kompressoren auf ihre reibungslose Funktionsfähigkeit überprüfen.

US-Präsident Trumps Ölblockade bedeutet das größte Risiko für Irans Energiewirtschaft. Ölexporte nach Japan, Indien, China, Oman und die ganze Welt sind gestrichen: »Viele meiner Kollegen haben ihre Stelle verloren«, sagt Elham nachdenklich: »Es hat mich erschüttert.«

Sie hatte Glück. Was aber tun, wenn auch sie ihre Stelle verliert? Die polyglotte Weltenbummlerin träumt von einem Umzug nach Australien: »Es hat vor allem ökonomische Gründe. In Australien verdiene ich viel besser. In Iran kann ich nicht schwimmen oder tanzen gehen und muss immer auf meine Kleidung achten.«

Ein Clan zwischen Tradition und Moderne

Goldmedaille in Kung-Fu

Der Bus schaukelt an den »Roten Bergen« von Tabriz vorbei. Frühmorgens hat das karge, sonnenüberflutete Sahand-Gebirge, aus dem
die Nebelschwaden emporsteigen, eine mystische Ausstrahlung.
Tabriz, diese brodelnde Basar-Metropole, liegt gerade hinter mir, als
ich ihre WhatsApp auf meinem Smartphone entdecke: »I am waiting for you!«

»Dein Germany«, verklicke ich mich. »Dein Iran«, antwortet sie.
Aurelia lernt Deutsch: »Anfängerkurs«. Wir korrespondieren schon
seit sechs Wochen. Wir kennen uns über Couchsurfing, das Netz-
werk der Völkerverständigung. Sie ist meine Gastgeberin in Ardabil.

Noch einen Tag zuvor habe ich im größten Basar des Orients in
Tabriz echte Perser bewundert, ohne zu ahnen, dass ich auf etlichen
Teppichen speisen und schlafen werde.

Aurelia hat für Iran die Goldmedaille in chinesischem Kung-Fu
errungen. Sie ist Krankenschwester und 32 Jahre jung. Auf den ersten Blick hat mich ihr Porträt an eine Filmschönheit erinnert. Sie
ist bildhübsch – ausdrucksstarke Augen, schwarze Brauen, dunkler
Haaransatz, den weißen Schleier kaum merkbar über den Hinterkopf gezogen, mehr ein Schmuckstück als ein Tuch der Verschleierung. So zeigt sie sich im Internet. So entdecke ich sie. Das Global
Village führt uns zusammen.

Für Frauen, die alleine unterwegs sind, ist Iran vollkommen sicher. Im Bus bin ich die einzige Europäerin. Ich trage heute weißen
Schleier. Dunkle Augen blicken mich erwartungsvoll an. Als Fremde
ist Frau in Iran immer die Attraktion. Immer im Mittelpunkt der
Aufmerksamkeit. Unaufdringlich.

Im Bus fragt mich ein Iraner, woher ich komme, zu meiner
Überraschung auf Deutsch. Unter seinem Fez aus schwarzem Per-
sianer bauschen sich weißgraue Locken hervor. In seinem gereif-

ten schönen Gesicht fallen mir sofort seine langen, dunklen Wimpern auf.

Fünfmal hat Ahmad Nagizadeh ein Esperanto-Festival in Düsseldorf organisiert. Der kosmopolitisch parkettsichere Esperanto-Sprecher lädt mich nach drei Minuten zu sich und seiner Frau ein, einer Ärztin. Er wohne auf dem Land in einem Garten mit vielen Apfelbäumen und Hunden, schwärmt er und lächelt.

Nagizadeh ist Teppichhändler aus Tabriz. Seine Geschäfte betreibt er bis nach Hamburg. Im November 2016, als wir uns im Bus kennenlernen, laufen sie noch gut. Im Mai 2019, als wir uns wiedersehen, haben die US-Sanktionen seinen Teppichhandel bereits lahmgelegt. Geschäftsleute aus dem Basar verdienen generell besser. Dennoch hat die Wirtschaftsblockade auch sie eingeholt.

Der Perserteppich ist Irans Kultursymbol Nummer eins. Das von Frauen in mühevoller Handarbeit hergestellte Kunstwerk ist ein wichtiger Exportartikel in den Westen. Auch das hat US-Präsident Trump ausgelöst: Der internationale Teppichhandel, der traditionell in männlicher Hand liegt, ist gelähmt.

Tabriz: Auf meinem Weg zum größten Teppichbasar der Welt verirre ich mich zuerst im Labyrinth der Gassen. Ein »Basari« überholt mich mit seinem Schubkarren mannshoch aufgehäufter Schafsfüße. Plötzlich erscheint der Timcheh Mozaffarieh vor meinen Augen. Sonnenstrahlen schimmern in das jahrhundertealte Backsteingewölbe. Der »Dom« ist nach Schah Mozaffar ad-Din von Persien benannt, der bis 1907 regierte. Die kaiserliche Teppichhalle ist die Krönung des orientalischen Basars. Hier werden die schönsten Perserteppiche des Landes verkauft. Ihr Export wird bestraft.

In seinem Teppichgeschäft treffe ich Ahmad Nagizadeh. Schon sein Großvater hat mit Teppichen gehandelt, berichtet er voller Stolz auf sein Familienunternehmen. Er aber war gezwungen, sein Geschäft zu vermieten. Die Geschäfte im antiken Teppichhandel laufen zu schlecht, seit die Sanktionen das Geschäft mit den bis zu zweihundert Jahre alten Wertobjekten getroffen haben.

Nagizadeh ist zwar nicht verloren. Denn der Besitz eines Teppichladens im Timcheh Mozaffarieh ist viel wert. Nun versucht sein Mieter die auserlesenen Stücke anzubieten, die mehr wert sind als neue Ware. Heris aus Ost-Aserbaidschan und Bidschars aus Kurdistan sind bedeutende Perserkunst.

Nagizadeh bereitet einen kurdischen Bidschar in leuchtend roten Farben vor uns aus. Das Prunkstück kostet 2500 Euro: »Die Kurden haben ihn aus Naturfarben gefertigt. Deshalb behalten ihre Teppiche auch noch nach hundert Jahren ihre Leuchtkraft.«

Früher konnte Nagizadeh Teppiche nach Amerika exportieren. Jetzt darf er es nicht mehr. Auch der Handel mit Europa ist gelähmt. Die meisten Kunden für antike Perser kommen aus dem Westen.

»Warum kaufen die Iraner sie nicht?«

»Sie haben keine Ahnung«, sagt Nagizadeh.

Die Geschäfte sind seiner Meinung nach bereits seit dem Terroranschlag in New York vom 11. September 2001 zurückgegangen. Ich kaufe ihm einen Chalabian-Varni ab. Zum Glück ist der Verkauf von Nomadinnenteppichen in den Westen nicht verboten. Am Postamt von Tabriz atmen wir auf. Varnis stehen nicht auf der Sanktionsliste.

Im Bus nach Ardabil sehe ich eine Sitzreihe vor mir eine junge Passagierin auf ihrem Smartphone googeln. Ich habe keine einzige Iranerin getroffen, die nicht regelmäßig über Telegram, WhatsApp oder Facebook kommuniziert.

Der Bus ächzt im Schneckentempo die dreihundert Kilometer lange Strecke von Tabriz nach Ardabil durch das Hochgebirge. Wir kommen später als geplant an. Von meinem Zweithandy mit iranischer Telefonnummer, das ich mir zugelegt habe, rufe ich Aurelia an.

»Welcome!«, höre ich zum ersten Mal ihre Stimme: »We are waiting for you.« »Wir«, hatte sie mir vorher verraten, das sind sieben Brüder, vier Schwestern und Mutter Tayyebeh.

Wir tuckern durch die Bergprovinz Aserbaidschan. Sie trägt den gleichen Namen wie Irans Nachbarstaat Aserbaidschan am Kaspischen Meer. Die Bustour quer durch Nord-Iran hat etwas Abenteuerliches. Neben uns führen die Felsriffe steil in den Abgrund. Das kahle Sabalan-Gebirge ist auf einmal weiß verzuckert. Vor uns schillert der schneebedeckte »Kuh-e Sabalan«, ein 4800-Meter-Gipfel.

Wir steuern auf Ardabil zu, Hauptstadt von Aserbaidschan. Die religiös-konservative Metropole hat knapp 500 000 Einwohner. Ardabil liegt 1400 Meter über dem Meeresspiegel. Im November ist es kalt. Die Iraner sind aufrichtig bemüht, mich in die Wärme zu bringen. Unaufgefordert gabelt mich ein Taxifahrer an der Bushaltestelle auf und setzt mich in sein Auto, bis Aurelia eintrifft. Er lässt den Motor laufen, um zu heizen, ruft sie an und erklärt ihr, wo wir stehen. Plötzlich öffnet eine junge Frau meine Autotür und empfängt mich mit strahlendem Lächeln. Buntes Kopftuch, schönes Make-up, High Heels: Aurelia. Junger Mann in Begleitung, ihr Bruder Mohsen. Wir fahren zu ihnen nach Hause. Sie wohnt mit ihrem Clan am Stadtrand von Ardabil.

Aurelias Mietshaus ist eine unvollendete Baustelle. Ihre Familie bewohnt es alleine. Nur ihr Geschoss im Parterre ist fertiggestellt. Die restlichen vier Stockwerke: im Rohbau. Statt Fenstern klaffende Öffnungen in unverputztem Beton.

»Warum ist das Haus nicht fertig?«, frage ich Aurelia. Wir stehen auf dem Bürgersteig vor dem bizarren Monstrum.

»Kein Geld mehr«, grinst sie. »Der Hausbesitzer kann sich Bauen nicht mehr leisten.«

Die Inflation macht den Iranern auch in der Baubranche schwer zu schaffen. Die Materialkosten sind sprungartig gestiegen. Aurelias unvollendetes Bauwerk ist kein Einzelfall, sondern eher die Regel.

Wer denkt, dass Mohsen, ein hochgewachsener, 27-jähriger Mann, meinen schweren Koffer die Treppe hochträgt, hat sich getäuscht. Die grazile, kleine Aurelia packt das Monstrum mal eben auf ihren Kopf, und flugs hievt sie seine sechzehn Kilo souverän in die erste Etage. Nun verstehe ich, dass Aurelia die Goldmedaille in chinesischem Kung-Fu gewinnen konnte. Die Sportlerin holte 2011

Gold für Iran, und zwar in Baku, der Hauptstadt des Nachbarstaats Aserbaidschan. Damit hat sie sich gegen Wettkämpferinnen aus neun Nationen durchgesetzt. Aurelia ist nicht nur geistig eine unabhängige und starke Frau, sondern verfügt auch körperlich über Manneskräfte.

Aurelia steht stellvertretend für die aufstrebende Iranerin zwischen Tradition und Moderne. Sie stammt aus einer Bauernfamilie und erhielt in Ardabil eine Schulbildung – im Gegensatz zu ihren Eltern, die auf dem Dorf aufwuchsen und Analphabeten geblieben sind. In Iran musste Aurelia für ihren Beruf als Krankenschwester ein Studium durchziehen. Als Single hat sie moderne Ansichten über Beruf und Ehe und lebt dabei eingebettet in ihre Großfamilie.

Auf dem Perserteppich mit der Großfamilie

Aurelias Clan hat sich vom traditionellen Leben einer Bauernfamilie in Richtung moderne Stadtgesellschaft entwickelt. Ihre ursprünglichen Sitten haben die Familienmitglieder jedoch beibehalten. In Iran hat sich im letzten Jahrhundert eine zügige Entwicklung vom Bauernstaat zum modernen Industrieland vollzogen. Aurelias Clan spiegelt diesen Wandel.

Bei meiner Gastgeberin auf dem Perserteppich fühle ich mich wie in einem Märchen aus Tausendundeiner Nacht. Aurelia reicht ihren elf Geschwistern und zehn Nichten und Neffen Teegläser. Wir begießen die Geburt des Neugeborenen Ali, Aurelias jüngstem Neffen, und ich feiere tagelang gemeinsam mit der Großfamilie. Die weiß verschleierte Wöchnerin ist in der Mitte des Salons auf ihr Lager gebettet. Das fünf Tage junge Baby ruht wie der Heilsbringer unter uns in ihren Armen. Barfuß, aber mit Schleier: Die junge Mutter ist umringt von einer Schar schwarz verhüllter Tschadortträgerinnen, die einen Kreis um sie bilden.

Aurelias Mutter Tayyebeh sitzt neben ihr im Schneidersitz. Sie beugt sich lächelnd über ihren Enkel, während Schwestern, Tanten und Cousinen ins lebhafte Gespräch miteinander vertieft sind. Schwarz gelockte Kinder tollen auf dem Teppich umher.

Grün verschleiert mitten unter ihnen nehme ich das Baby in den Arm, sehe und fühle, wie sie leben, plaudern, essen, beten, telefonieren, auf dem Smartphone chatten, spielen, lachen und Tschai trinken. Der Perserteppich: das Symbol der Großfamilie. Der persische Salon: ein Ort ständiger Gemeinschaft.

Aurelias Schwester Giti bleibt zehn Tage lang im Wochenbett im Hause ihrer Mutter. Hier wird sie von Mama Tayyebeh, Aurelia und dem Rest der Familie bekocht, verwöhnt und vom ganzen Clan gefeiert. Ihre schwarzen Augen blitzen. Sie schmiegt ihren Sohn an sich, der vor fünf Tagen das Licht der Welt erblickt hat. In ein Bündel gewickelt, schlummert er tief vor sich hin. Sevin, die zehnjährige Schwester des Säuglings, serviert ihrer großen Verwandtschaft fortlaufend Törtchen von einem Silbertablett. Das quirlige Mädchen mit den tiefschwarzen Augenbrauen springt neugierig um mich herum. Mit der Unbefangenheit eines Kindes will sie ständig neben mir sitzen. Aurelias beide jüngeren Brüder sind die einzigen Männer in der Runde. Sie sitzen am Rande und spielen mit ihrer kleinen Nichte. Ich vermisse den Vater des Neugeborenen. Nach einer Weile bekomme ich heraus, dass er bei der Feier für seinen Sohn gar nicht dabei ist.

»Hier werden vor allem die Frauen eingeladen«, erklärt mir Aurelia: »Gitis Mann wird auch noch die Männer einladen, um Alis Geburt zu feiern. Diese Einladung findet dann in seinem Hause statt.«

Zu meinem Erstaunen lerne ich auch die zwei folgenden Tage viele Verwandte und Bekannte kennen, jedoch nicht ein einziges Mal den Vater des Babys. »Er arbeitet«, heißt es, als ich nach ihm frage. »Gitis Mann ist Bauer«, erzählt Aurelia. Wir sitzen, wie immer auf dem Teppich: »Sie leben in einem Dorf bei Ardabil. Mein Schwager hat dort auch noch einen Laden. Meine Schwester war nie berufstätig. Sie hat ja jetzt drei Kinder.«

Mit Giti selbst kann ich nur freundliche Blicke wechseln. Englisch spricht sie nicht. Immer wenn ich hereinkomme, liegt sie in ihrer Bettstatt auf dem Boden und ist zusammen mit Baby Ali der ruhende Pol der ganzen Gesellschaft. »Drei Stunden nach der Geburt ist sie aus dem Krankenhaus gekommen«, erzählt Aurelia, während sie in der Küche ihre Pilzsuppe umrührt.

Wir sitzen auf dem Teppich zum Dinner. Lebhaftes Geplauder umschwirrt mich. Ich habe ihre Turksprache ständig im Ohr, verstehe aber kein Wort davon. Die Familie aus Iranisch-Aserbaidschan gehört zum Volksstamm der Aseris, die ihre eigene Sprache sprechen.

Die Mahlzeiten hat heute Aurelias älteste Schwester Zohrah gekocht. Vor uns auf dem Teppich stehen Töpfe mit dem traditionellen Gericht Feihsen: Huhn in Granatapfelsirup und Walnusssauce, dazu Fladenbrot und Joghurt. Es ist gute, hausgemachte Küche – und das originellste Dinner, das ich je erlebt habe.

Wohltuend für das Gemüt ist es, geerdet zu sein auf dem kostbaren gewebten Geflecht, im Schneidersitz zu essen, mit den Töpfen in der Mitte, aus denen jeder sich nach Lust und Laune bedient. Kein Möbelstück trennt uns, keine Barriere steht zwischen uns. Auf dem Boden sind wir uns näher als am Tisch.

Im Kochtopf brodelt es. Mutter Tayyebeh steht am Herd. In der offenen Küche, wie immer in Iran mit dem Wohnraum verbunden, ist die Hausfrau selten allein. Ständig ist Besuch da. Aurelia wohnt mit ihrer Mutter, einer Schwester und drei Brüdern zusammen. Zu sechst leben sie in einer Dreizimmerwohnung. Eine individuelle Zimmerzuteilung ist nicht erkennbar. Lediglich einen Schminktisch im Nebenraum nennt Aurelia ihr Eigen. Hier trägt sie ihr stets üppiges Make-up auf. Im wandlangen Gemeinschaftsschrank bringt die Familie ihre Kleider unter. Nur der älteste Bruder, Samir, hat ein eigenes Zimmer. Der 45-jährige Rechtsanwalt ist unverheiratet. Er lebt mit dem Clan so wie Aurelia. Das ist typisch iranisch. Unverheiratete leben selten allein. Die Familienmitglieder rollen nachts ihre Polster im Wohnzimmer aus. Trotz High-Tech-TV im Salon hält sich der Clan auch weiterhin an die urpersische Sitte: Das ganze Leben findet auf dem Perserteppich statt.

Auch das Gebet ist traditionell: Mutter Tayyebeh wirft sich einen geblümten Tschador um. Meterlanges Tuch verschleiert sie von Kopf bis Fuß. Sie kniet nieder und betet abseits von der Runde hinter der Säule. Auf dem Boden küsst sie den Kerbala-Stein. Der Märtyrer Hussein ließ in der irakischen Pilgerstadt Kerbala sein Leben. Sein Gedenktag wird heute im ganzen Land gefeiert. »Ashura«, ein Volkstrauertag: Schwarze Flaggen wehen überall auf Halbmast.

Auf Knien murmelt Tayyebeh zehn Minuten lang Koranverse vor sich hin, beugt sich auf und nieder und küsst immer wieder den Heiligenstein. Ihre Kinder plaudern indessen ungerührt weiter, trinken Tee und essen Blätterteig-Baklava. Ihre älteste Tochter Zohrah, 47, ist die einzige, die noch so gläubig ist wie sie. Aurelia dagegen bekennt, sie sei nicht religiös und würde niemals beten. Die Mentalität der 32-Jährigen ist charakteristisch für die aufstrebende Generation, die mit der Moschee nicht mehr viel am Hut hat.

Mutter Tayyebeh ist die Seele des persischen Salons. Die Bauernwitwe hat feine Züge. Sie fühlt sich für die häusliche Gemeinschaft verantwortlich. Oft steht sie am Herd. Die Töpfe spült sie im großen Plastikbottich an einer einfachen Wasserzapfstelle im Hof. Nach dem Essen sehe ich sie jedes Mal auf dem Boden knien und den Teppich mit einem Handstaubsauger reinigen.

Obwohl Aurelia aus einer traditionellen Bauernfamilie stammt, geht sie den modernen Weg. Sie will nicht Mutter und Hausfrau sein, nicht kochen, waschen, putzen. Während wir auf dem Perserteppich Mutter Tayyebehs aufwendiges Sieben-Kräuter-Gemüse verspeisen, höre ich erstaunliche Worte aus dem Munde der jungen Krankenschwester: »Ich möchte nicht heiraten. Ich möchte unabhängig sein.«

»Was sagt deine Mutter dazu?«, erkundige ich mich.

»Sie ist nicht begeistert.«

Das wundert mich nicht. Tayyebeh hat nämlich ein ganz anderes Leben geführt. Mit dreizehn Jahren wurde sie auf einem Dorf nahe bei Ardabil verheiratet und ging eine von der Familie arrangierte

Ehe mit Aurelias Vater ein, der zu dem Zeitpunkt ebenfalls dreizehn war. Mit vierzehn bekam sie ihre erste Tochter, Zohrah, und gebar zwölf weitere Kinder, bis sie 37 war. Ihre Kinder haben sie jung gehalten. Die 61-Jährige ist freundlich, beweglich und hat ein hübsches Antlitz.

Tayyebeh hat nicht schreiben gelernt und kann kaum lesen. Mit 38 wurde sie Witwe. Ihr Mann starb jung an einem Herzinfarkt. Da war ihre älteste Tochter bereits 24 und Samir, ihr ältester Sohn, 22. Er studierte gerade Jura. Tochter und Sohn übernahmen den Schriftverkehr für ihre Mutter.

Ich frage Tayyebeh, wie sie es empfunden hat, so jung zu heiraten und Kinder zu bekommen. Aurelia übersetzt. Tayyebeh strahlt: »Ich liebe es, das Kinderkriegen«, ist ihre spontane Antwort: »Auch die frühe Ehe hat mir gefallen.«

Aurelia dagegen hat ihr Leben ihrem Beruf gewidmet: »Ich habe vier Jahre an der Universität von Ardabil studiert«, erzählt sie. Auf der Couchsurfing-Plattform hat sie auch Bilder aus dem Hospital ins Netz gestellt: »Ich arbeite gerne, täglich sieben Stunden. Ich bin in der Notfallaufnahme. Ich kann gut mit schwerkranken Patienten umgehen.« Sie gelte als »clevere Krankenschwester«, berichtet Samir. Der Gedanke, als Heimchen am Herd zu enden, schreckt sie ab: »Ich möchte reisen. Ich will frei sein. Ich strebe ein Arbeitsvisum in Europa an.«

Aurelia ist auf ihre Weise polyglott und weltgewandt. Mit Vocabulary im Smartphone für die Wörter gewappnet, die sie nicht versteht, versprüht sie Energie und Charme.

Auch wenn sie keine eigene Familie gründet, hat sie einen großen Clan um sich, sodass sie nie vereinsamen würde. Sie führt keineswegs ein Single-Dasein. Iraner leben eng zusammen, sie treffen sich häufig privat, sie besuchen sich oft. Einsamkeit ist in Iran ein Fremdwort: »Private Beziehungen zählen in Iran siebzig Prozent, in Deutschland fünf Prozent. Leistung steht an erster Stelle«, meint Mohammadi, Geschäftsmann und Kenner beider Welten.

Der Fernseher wird in zwei Tagen nicht benutzt. Die Verwandten haben sich viel zu erzählen. Auf dem Boden unterhalten wir uns geschlagene fünf Stunden. Wir sitzen eben auf dem Perserteppich – und da nimmt man sich Zeit füreinander.

Samir gibt zum Besten, er habe neben Jurisprudenz auch deutsche Philosophie in englischer Sprache studiert. Während seine Eltern noch nicht einmal einen Brief lesen konnten, hat er sich zum Advokaten mit eigener Kanzlei hochgearbeitet. Ali ruht im Körbchen neben der Mama. Giti, immer auf den Teppich gebettet, nimmt ihren weißen Schal vom Kopf und schüttelt ihre dichtschwarze Lockenpracht. »Schöne Haare!«, bemerke ich. »Ja, es ist eine Strafe, das Kopftuch«, meint Samir.

Ich bin überrascht von seiner kritischen Bemerkung. Die Familie scheint keineswegs so konservativ-islamisch zu sein, wie es auf den ersten Blick den Anschein hatte. Noch überraschter bin ich, dass Giti ihre Lockenpracht enthüllt, gerade als Soheil eintritt, ein Freund von Kambis. Ich frage Aurelia, warum ihre Schwester ausgerechnet in dem Moment ihr Haar enthüllt, als ein fremder Mann erscheint. »Davor war ihr kalt«, ist Aurelias banale Antwort. Es ist Winter. »Im Sommer ziehen wir unsere Kopftücher zu Hause immer sofort aus.«

Aurelia sitzt am Steuer: »Bei mir kannst du nicht wohnen. Bei uns ist es ja übervölkert«, scherzt sie. Über Nacht quartiert sie mich bei ihrer Schwester Sheida ein, im Arzthaushalt. Sheida hat einen Mediziner geheiratet. Sie leben in einer neu eingerichteten Wohnung mit gehobenem Komfort. Die dreißigjährige Krankenschwester hat nicht nur den gleichen Beruf wie Aurelia, sondern arbeitet sogar auf derselben Station wie sie. Freundlich begrüßt mich die zierliche, hübsche Sheida mit langem offenem Haar in ihrem weißseidenen ausgestatteten Salon, in dem ringsum cremefarbene Sofas und Sessel an die Wand gereiht sind. In der Mitte ist, wie immer, viel Platz für den Perserteppich. Ihre Hochzeit liegt erst drei Monate zurück. Tausend Gäste waren zum »schönsten Tag des Lebens« eingeladen.

Traditionell bringt die Frau Aussteuer und Einrichtung mit in die Ehe. Sheida liebt es verspielt und feminin. Nostalgischer Schellackplattenspieler samt geschwungener Lautsprechermuschel, goldener Samowar und Drehscheibentelefon strahlen Gemütlichkeit aus alten Zeiten aus, obwohl alles nagelneu ist. Ein Mühlenrad plätschert im Gebirge. Das Teppichbild mit Schwarzwaldatmosphäre überm Sofa führt vor Augen: Europa ist hoch im Kurs. Weder Sheida noch Aurelia haben den Kontinent je betreten.

Im »weißen Salon« übernachten die beiden Schwestern auf dem Teppich, während ich in Sheidas Ehebett unterm riesigen Hochzeitsplakat schlafen darf. Sheidas Mann arbeitet weit weg in einer Klinik am Urmiasee. Er kommt nur zehn Tage im Monat nach Hause.

Mein Blick fällt vom Ehebett auf das immense Hochzeitsplakat an der Wand gegenüber. Sheida in roséfarbener langer Tüllrobe mit melancholisch schönem Blick ist extrem geschminkt und kaum wiederzuerkennen. Ihr Gatte, demonstrativ seinen Blick in die Kamera gerichtet, hält sie eng umschlungen wie auf dem Tanzparkett. Das spielfilmartig Überhöhte dieser Szene erzählt eher vom Ernst der Ehe als vom »schönsten Tag des Lebens«.

Aurelia träumt vom Reisen, nicht von der Ehe

Die Hochzeit ist immer noch das wichtigste Ereignis in der iranischen Familie. Aurelia jedoch »lässt« ihre Schwestern heiraten. Dieses Jahr ist die Jüngste dran. Wieder steht eine große Einladung mit tausend Gästen kurz bevor. Die Riesenfeier steht als Familienthema »auf dem Perserteppich« bereits hoch im Kurs, berichtet Aurelia. Sie hilft emsig bei den Vorbereitungen. Hauptsache, es ist nicht ihre Hochzeit. Das Reisen ist ihr Traum, nicht die Ehe. Auf keinen Fall will sie ihren Gatten fragen müssen, ob sie als Globetrotterin unterwegs sein darf. Aurelia hat bisher nur zur Kung-Fu-Olympiade Iran verlassen können. Ihre sportliche Leistung hat ihr zu der Reise in den Nachbarstaat Aserbaidschan verholfen. Über Couchsurfing streckt sie weiterhin ihre Fühler in die Welt hinaus. Meine Einladung nach Deutschland ist mein wichtigster Dank.

»Du bist mein Gast«, höre ich Aurelia mit bestimmtem Ton sagen. Das gilt in Iran nicht nur zu Hause: Sie lässt nicht zu, dass ich auswärts bezahle, weder in den heißen Thermalquellen von Sarein im Sabalangebirge noch in der Kebabstube, in die wir einkehren. Großzügig lädt sie Fremde in ihr Reich ein und macht damit der Tradition ihres Landes alle Ehre.

Morgens muss Aurelia bereits um fünf Uhr früh ins Hospital eilen. Beim Abschied verabreden wir, dass wir uns das nächste Mal in Europa wiedersehen, wenn sie mich besucht. Dann hätte das Global Village uns nicht nur in Iran, sondern auch in Deutschland zusammengeführt. Zum Frühstück haut Sheida ein letztes Ei für mich in die Pfanne, während Mohsen, studierter Ingenieur, bereits als Klempner bei seiner Schwester fungiert. Er repariert schnell den Wasserhahn an ihrer Küchenspüle. Sein Vater pflügte noch das Feld um. Auch er hat sich, wie seine Geschwister, zum Akademiker entwickelt. Mohsen hat eine Stelle in Teheran, wo er eine Wohnung mit einem Freund teilt. Jetzt verbringt er seine Ferien in Ardabil. Im Auto fährt er mich zum Busbahnhof. Wir steigen aus.

»Ich liebe dich!«, ruft er plötzlich laut. Ich finde das witzig. Drei Tage sprach er keinen Ton Englisch oder Deutsch mit mir. Nur ein charmantes Lächeln nahm ich unterm schwarzen Schopf wahr. Jetzt strahlt er und winkt mir noch zu, während ich die Treppe in den Bus hochsteige, dessen Motor schon raucht. Schwerfällig beginnen die Räder zu rollen. Auf geht es ins neue Abenteuer nach Rascht, der Metropole am Kaspischen Meer. Hier erwartet mich meine nächste Gastgeberin auf dem Perserteppich.

Der Traum von Europa

Die 25-jährige frischgebackene Architektin hat vor einem Jahr ihr Bachelorexamen abgelegt. Sie strebt einen Masterstudienplatz in Europa an. Raya repräsentiert die Generation junger Akademikerinnen, die von der hohen Arbeitslosigkeit in Iran betroffen sind.

Demografische Verwerfungen sind die wesentliche Ursache für den harten Wettstreit unter den jungen Iranern: Als Khomeini 1979 mit der Islamischen Republik an die Macht kam, predigten die Geistlichen Familienzuwachs. Die Bevölkerungsexplosion hielt bis 1988 an. Erst dann besannen sich die Ayatollahs, ihrer konservativen Gesinnung zum Trotz, auf Familienplanung. Da über die Hälfte der Bevölkerung unter dreißig Jahre alt ist, ist die Konkurrenz auf dem Arbeitsmarkt extrem hoch. Unter Akademikern herrscht eine Arbeitslosigkeit von 25 Prozent. Um sich überhaupt an der Universität immatrikulieren zu können, müssen sich junge Iraner gegen große Konkurrenz durchsetzen. Etwa eine Million Bewerber durchlaufen jährlich die Aufnahmeprüfung an den Hochschulen. Nur rund 150 000 Studenten werden aufgenommen. Dazu kommt, dass das Regime zu wenig in neue Arbeitsplätze investiert. Die desolate Wirtschaftslage nach Erlass der US-Sanktionen seit November 2018 verschärft die Lage.

Raya ist eine junge Iranerin, die sich heimlich ihre Freiheiten nimmt. In Teheran fällt ihr dies leichter als in der Provinz. Ihr Bruder kann sich eher seine Freiheiten nehmen als sie. Er steht weitaus weniger unter Beobachtung. Sie träumt davon, nach Europa auszuwandern. Der konservativen Enge der iranischen Gesellschaft will sie entfliehen. Sie hat nicht das Ziel vor Augen, die Verhältnisse in ihrem Land zu verbessern. Wie viele der Iranerinnen, die ich getroffen habe, glaubt auch sie nicht daran, dass die Liberalen kurzfristig die erzkonservativen und autoritären Strukturen des Regimes ändern können.

In der Abenddämmerung erreiche ich Rascht, die 600 000 Einwohner zählende Hauptstadt der Provinz Gilan. Der Chauffeur biegt in den Taxibahnhof ein, in dem gelbe Sammeltaxis Schlange stehen. Raya öffnet meine Vordertür. Ich erkenne meine neue Gastgeberin sofort. Bisher kannte ich nur ihr Porträt im Internet. In natura wirkt sie eine Spur reifer auf mich als das junge Mädchen im Netz. Akribisch hatte ich zu Hause die Online-Profile studiert. Von Anfang an habe ich darauf geachtet, dass mir meine zukünftigen Gastgeber sympathisch sind.

Raya hat ein halbes Jahr in dem renommierten Teheraner Büro der irakischen Stararchitektin Zahah Hadid gearbeitet. Das Gehalt war jedoch schmal, und die Überstunden häuften sich. Zahah Hadid erlag in dem Jahr einem Herzinfarkt im Alter von nur 54 Jahren. »Sie hatte weltweit tausend Angestellte, von London bis Teheran. Sie war ständig in Anspannung«, weiß Raya von ihrer kurzen Berufserfahrung zu berichten. Sie konnte in dem Büro der verstorbenen Architektin nicht weiterarbeiten.

Bei dem harten Wettkampf unter iranischen Universitätsabsolventen fand sie keine neue Stelle. Die ambitionierte Nachwuchsarchitektin beschloss, sich für einen Masterstudiengang in Europa zu bewerben. Dafür paukt sie seit Monaten Englisch in Schrift und Wort. Zur Vorbereitung des TOEFL-Examens (Test of English as a Foreign Language) ist Raya von Teheran zu ihren Eltern nach Rascht zurückgezogen. Nur wenige bestehen den Test »Englisch als Fremdsprache«. Er ist eine anspruchsvolle internationale Prüfung für Studenten und die erste Hürde auf dem Weg zu einer ausländischen Universität. Zweimal wöchentlich nimmt Raya Privatunterricht. Gäste aus aller Welt bieten ihr eine willkommene Übung in englischsprachiger Konversation.

Bauchtanz

Bei Raya zu Hause bestechen durch ihren Kontrast zwei gigantische Sofalandschaften im Wohnraum und ihr winziges Kinderzimmer. Dieses funktionieren wir zu meinem Gästeräumchen um, wofür ich ihr dankbar bin. In der überbordend gefüllten »Kajüte« lebe ich aus dem Koffer. Auf dem Boden haben wir einen Quadratmeter für mein Gepäck freigeschaufelt. Vom Bett aus blicke ich auf einen Baum und eine Baustelle. Das Haus hat immerhin schon vier Geschosse, doch auch hier herrscht Baustopp.

Raya schläft im Wohnzimmer auf dem Boden. Ich habe Glück. Normalerweise schlagen ihre Gäste, durchweg um die zwanzig Jahre jünger als ich, ihr Nachtlager zwischen den Riesensofas auf. Geerdet nach persischer Sitte. Man habe bei der Konzeption des Mehrfamilienhauses darauf geachtet, dass der »Livingroom« viel Platz hat, erzählt Raya in fließendem Englisch. Zugunsten des Wohnzimmers ist ihr eigenes Zimmer extrem klein ausgefallen. Das Haus hat ihr Vater, ein Bauingenieur, entworfen. Es gehört den Eltern. Wegen der Größe des Wohnzimmers habe ihr Bruder, der nur noch für die Semesterferien nach Hause kommt, überhaupt keinen persönlichen Bereich mehr. Die Raumaufteilung zeigt, dass auch diese Familie das gemeinsame Leben als das Wichtigste betrachtet.

Rayas Großmama, Tante und Onkel samt Papagei auf der Schulter erscheinen, mit Pralinenschachteln bewaffnet, zur Soiree. Das Geigenspiel meiner Gastgeberin krönt das Beisammensein der Gesellschaft, die auf dem immensen Sofahalbrund Platz genommen hat.

Der Onkel imitiert Bauchtanz zu Violinenmusik. Allgemeines Gelächter. Währenddessen läuft die Flimmerkiste, lediglich leise gestellt, ununterbrochen. Nur Papa sieht Fernsehen. Es läuft das persische Programm eines britischen Senders, das in die vergangenen Zeiten von Schah Rezah Pahlavi zurückblendet. Farah Diba, in weißem Kostüm und ohne Schleier, nur mit einem Diadem im Haar, hält einen Vortrag.

Papa, immer in Schottenshorts, sehe ich zu Hause nur vor dem Fernsehgerät, stets westliches TV im Visier. Obwohl dies den Mullahs ein Dorn im Auge ist, hat Rayas Vater, so wie fast alle Iraner, mit einer verbotenen Satellitenschüssel aufgerüstet.

Zu Schahs Zeiten war Iran noch freizügig. Eine Bauchtänzerin swingt im Schwarz-Weiß-Streifen aus den Siebzigerjahren über den Bildschirm. Gebannt schauen wir eine Weile die üppige Tänzerin im spärlichen Paillettenbustier an. Mama kichert. Ihr Haar ist blondgefärbt. Zu Hause natürlich unverschleiert. Undenkbar wäre im heutigen Iran der öffentliche Auftritt einer Frau, die mit den Hüften schwingt. »Sie haben uns tausend Jahre zurückversetzt!«, ruft der Onkel während er weiterhin im Bauchtanz brilliert: »Mit Präsident Rohani geht es aufwärts.« Sein Papagei krächzt: »Aber Mullah bleibt Mullah.«

Heimliche Liebe in Studentenkreisen

Das Doppelleben zwischen Doktrin und Freiheit gehört in Iran zum Alltag. Die Verbote gelten am strengsten für die Frauen. Die Iranerinnen sind aber extrem kreativ, diese Vorgaben zu umgehen.

Auf unserem Ausflug nach Bandar-e Anzali, einer Hafenstadt am Kaspischen Meer, zeigt Raya nach rechts: »In dieser Allee lebt einer meiner Freunde.« Kurze Pause. »Also, ich meine, ich habe mit ihm nichts. Er ist nur ein Kamerad«, setzt sie dann beschwichtigend hinzu. Ich horche auf. Raya biegt mit dem Auto um die Kurve. Ich blicke vom Beifahrersitz zurück in die Straße, in der er wohnt. Einen Moment lang zögere ich. Dann traue ich mich, zu fragen: »Habt ihr Liebhaber?«

»Ja, heimlich. In Studentenkreisen ist es üblich. Manche Mädchen haben drei oder fünf Liebhaber«, erzählt Raya freimütig am Steuer. »Nur darfst du es vor der Gesellschaft nicht zeigen. Auch vor deinen Eltern nicht. Der Mutter kannst du es eher erzählen. Die Mütter wollen immer, dass ihre Töchter das Leben genießen. Deinem Vater darfst du es auf keinen Fall anvertrauen, weil es so unmöglich für ein Mädchen in unserer Gesellschaft ist, einen Boyfriend zu haben. Natürlich hängt es auch davon ab, wie religiös deine Eltern sind.«

Ich sehe Rayas gutmütigen Vater mit graumeliertem Ponyrundschnitt und buschigem Schnurrbart vor Augen, und ihre sie liebevoll umsorgende, schwedisch-blondierte Mutter. »Sind deine Eltern religiös?«, frage ich.

»Meine Eltern gehorchen den Regeln der Gesellschaft, obwohl sie nicht religiös sind. Sie machen sich Sorgen, dass mir etwas passiert.«

Die Autoreifen quietschen. Raya bremst abrupt, ich halte den Atem an. Ein Wagen ist plötzlich von rechts gekommen. Sie hat den Aufprall vermieden. In Saudi-Arabien dürfte sie erst seit Kurzem ans Steuer, in Iran dagegen hat Frau schon lange freie Fahrt.

»Unser Leben ist nicht so dunkel, wie es vor aller Welt gezeigt wird«, meint sie: »Meine Eltern wollen nicht, dass ich heirate, ohne vorher eine Beziehung gehabt zu haben. Ich kenne Leute, die haben eine zehnjährige Beziehung, bevor sie heiraten. Es kostet dich nur eine Unmenge Energie, ein Rendezvous so zu arrangieren, dass dich niemand sieht. Ständig musst du darauf achten, dass dich keine Verwandten auf der Straße entdecken.«

Mein Blick fällt durch die Windschutzscheibe. Am Straßenrand sehe ich nostalgische Hollywoodschaukeln vor sich hin rosten, Relikte aus alten Zeiten. »In der Vergangenheit war es schlimmer. Die Iraner waren noch konservativer und verschlossener. Jetzt wird es besser«, meint Raya: »Es liegt nicht an der Regierung. Es liegt am Smartphone. Das hat den Geist der Menschen geöffnet. Über das Global Village haben sie Kontakte in alle Welt.«

Sie fährt uns durch Laub- und Tannenwälder zum Kaspischen Meer. Die Landschaft der Provinz Gilan ähnelt dem deutschen Mittelgebirge. Auch was mir Raya anvertraut, erinnert mich an Europa: »Natürlich haben die sozialen Medien auch Nachteile. Ein Ehemann kann seine Frau über eine virtuelle Applikation betrügen, sogar auf erotische Weise. Ich meine nicht einmal, dass er fremdgeht, sondern nur, dass er über Facebook mit einer anderen Frau flirtet.«

Gespannt höre ich Raya zu: »Jetzt kannst du deinen Freund über das Smartphone kennenlernen. Früher war es nur über Partys möglich oder einfach auf der Straße. Der beste Weg ist ja immer noch, dass Freunde dir ihren Bekannten vorstellen. Einen meiner Freunde habe ich über Facebook kennengelernt. Ich war aber nie in einer ernsthaften Beziehung mit einem Mann über einen virtuellen Chat, sondern nur über persönlichen Kontakt.

Meinen letzten Freund habe ich in einem Seminar an der Uni kennengelernt. In Teheran war ich unabhängiger. Es ist einfacher, in der Hauptstadt eine Beziehung zu haben. In Rascht ist es provinziell. Jeder beobachtet dich. In Qazvin haben wir zu fünft in einem Mädchenschlafsaal gewohnt«, erzählt Raya von ihrer anfänglichen Studentenzeit: »Wenn du abends nicht nach Hause kommst, rufen sie deine Eltern an. Deshalb hatte ich die ersten zwei Jahre nie einen Freund. Erst in Teheran konnte ich unbeobachtet leben. Ich hatte dort drei Jahre eine Beziehung. Aber ich habe sie beendet, weil ich mich auf mein internationales Examen konzentrieren wollte.«

Wie karrierebewusst, denke ich. So könnte eine Studentin aus Berlin sprechen.

»Außerdem«, fährt Raya fort, »merkte ich, dass er nicht ganz der Richtige war fürs Leben. Ich wollte ihm nicht länger Hoffnung machen.«

»Und dein Bruder?«, frage ich.

»Mein Bruder hat seit Langem eine Freundin in Teheran. Meine Familie weiß es. Für Männer ist es leichter, zu erzählen, dass sie eine Freundin haben. Ich dagegen muss den gesellschaftlichen Normen gehorchen. Ich finde das ermüdend.«

Ob sie einen Liebhaber hat oder eine verbotene Party feiert, ständig ist das Privatleben der Iranerin von einer Wolke des Geheimnisses umgeben, das sie für sich behalten muss. Das macht ihr Leben so abenteuerlich. Raya weiht mich mit erstaunlicher Zutraulichkeit in ihre Geheimnisse ein. Mein Blick hinter ihren Schleier offenbart mir nach und nach ihr wahres Dasein, das zuweilen einem diskret geführten Doppelleben ähnelt.

Der Seemann vom Kaspischen Meer

Der Weg ans Kaspische Meer führt uns an Hafengebäuden vorbei. »Hier hatte ich einen Liebhaber!« Sie zeigt mit der Hand auf das kasernenartige Gelände.

»Welchen Beruf hatte er?«, frage ich überrascht.

»Er war Matrose.«

Wie hat sie die Affäre mit dem Seemann wohl verheimlicht, frage ich mich im Stillen. Und wo hat sie ihn kennengelernt?

»Nach außen hin zeige ich ein iranisches Leben«, ist ihre Antwort, als hätte sie meine Frage gehört: »Aber ich habe mich grundsätzlich entschieden, einen europäischen Lebenswandel zu führen.«

»Hast du keine Angst, nach Europa zu gehen?«

»Natürlich. Der Wechsel ist so hart. Aber ich bin eigentlich nicht ängstlich. Ich habe mich auch in Teheran eingelebt. Ich bin flexibel. Aber es kann sein, dass ich Heimweh bekomme. Couchsurfing hat mir geholfen. Ich hatte dieses Jahr 25 Gäste! Das bringt mich natürlich deiner Welt näher, obwohl ich noch nie in Europa war.«

Raya parkt in Bandar-e Anzali. An der Hafenteestube gibt uns ein pensionierter TV-Star Tschai aus, der im Samowar zubereitet wird. Auf kleinen Hockern schlürfen wir das heiße Getränk im Freien. Uns gegenüber sitzt ein Dutzend gutgelaunter graumelierter Rentner beim Backgammonspielen. Auch ohne Arbeit vereinsamen sie nicht. Ältere Männer sitzen überall auf Plätzen und in Straßencafés beisammen, die Frauen in einer separaten Ecke. Ich ziehe meinen Schal wieder übers Haar. Auch für Ausländerinnen herrscht in Iran Kopftuchpflicht.

Der in die Jahre gekommene Filmschauspieler serviert uns Kekse auf einem kleinen Teetisch. Raya kennt ihn inzwischen von den Ausflügen mit ihren vielen Gästen an den Hafen: »Ehrlich gesagt, betreibe ich Couchsurfing, weil ich Angst habe, dass ich alleine bin, wenn ich das Stipendium in Europa bekomme. So wie du haben mich meine Gäste alle eingeladen.«

Wir beschließen, eine Tour mit dem Motorboot zu unternehmen. Der Kapitän weist uns einen Platz auf der mittleren Bank zu. Er reicht uns orangenfarbene Schwimmwesten. Schnell wird mir klar, warum. Der Steuermann rauscht mit rasantem Tempo aus dem Hafengelände hinaus aufs Kaspische Meer. Das Boot schlägt immer wieder auf dem Wasser auf, ein Gefühl von Achterbahnfahren kommt auf, es ist unheimlich, und doch – wir sind gut gelaunt.

Der Kapitän stoppt abrupt. Vor uns liegt das Kaspische Meer. Ruhig und weit reicht sein Wasser bis zum Horizont. Sein Name täuscht. In Wirklichkeit ist es kein Meer, sondern der größte Binnensee der Welt. Der Seemann lässt wieder den Motor an. Fast fliegen wir übers Wasser, so schnell gleitet das Boot über die Fluten. Beim Abschied lächelt der Seemann uns freundlich zu. Er ist ein hübscher junger Iraner. Plötzlich fällt es mir wie Schuppen von den Augen: Bestimmt hat Raya auf diese Weise ihren »Matrosen« kennengelernt.

Sie chauffiert uns nach Rascht zurück und überquert die Lagune auf einer Brücke. Die Landschaft erinnert an China. Reisfelder stehen auf beiden Seiten der Straße unter Wasser. Zu Hause erwartet ihre Mutter uns zum Lunch. Was meine Gastgeberin ausspricht, sehe ich genauso: »Meine weiblichen Gäste haben mir alle erzählt, dass es sicher ist, in Iran alleine zu reisen. Ich denke, die Meinung über mein Heimatland hat sich geändert, seit es Couchsurfing gibt. Es hat sich herumgesprochen, dass wir Iraner eine herrliche Gastfreundschaft ausüben.«

Gäste aus der ganzen Welt an der Seidenstraße

Seit der Antike zieht sich die Seidenstraße durch Iran. Rascht ist ein Zentrum der Seidenraupenzucht. Rayas Mutter, die selbst nähen kann, kennt sich aus. Im Gewirr der dunklen Altstadtgässchen findet sie den Stoffbasar. Der Händler rollt einen Ballen vor uns auf. Ich kaufe ein paar Meter roten Purpur. Das schillernde Tuch verströmt den Hauch des Orients. Der Fischmarkt befindet sich nur ein paar Schritte weiter. Erbarmenswert schnappen Fische auf dem Steinboden nach Luft: »Die Fischer machen Reklame mit ihnen«, erklärt Raya in dem bunten Basargetümmel: »Sie müssen ganz frisch sein. Wenn sie noch leben, kurz bevor sie verzehrt werden, schmecken sie besser.« Mama kauft eins der meterlangen Riesengeschöpfe aus dem Kaspischen Meer. »Den Fisch bereiten wir für dich zu«, sagt sie mir zu Hause am Kochtopf, »weil wir dir etwas Besonderes bieten wollen.«

Täglich schmort und brutzelt Mama in der zum Wohnzimmer geöffneten Küche für uns und Papa. Der kommt von der Baustelle sogar zur Mittagspause nach Hause. In seinen Schottenshorts sitzt er bereits vor dem Fernseher. Derweil beantwortet seine Tochter WhatsApp-Nachrichten auf dem Sofa: »I love it«, kommentiert Raya ihr enges Familienleben.

Wir sitzen in der Essecke zum Dinner. Bruder Pouria ist gerade mit dem Sammeltaxi aus Teheran eingetroffen. An der besten Universität des Landes macht er einen Master in Neurochirurgie. Der schmale 26-Jährige mit kinnlangem schwarzem Pagenkopf unterhält sich mit uns auf Englisch. Raya und er beherrschen es fließend. Ihre Eltern können nicht mitreden. Sie sprechen kein Englisch.

Pouria war es, der zuerst fremde Gäste eingeladen und mit Couchsurfing begonnen hat. Raya, seine jüngere Schwester, hat es fortgesetzt. »Meine chilenischen Gäste haben bedauert, dass sie nicht blond sind.« Raya schmunzelt: »Die Iraner würden Blonde bevorzugen. Sie bekämen sogar mehr Essen und bessere Speisen. Beim Trampen hätten sie es wesentlich leichter als sie selbst mit ihren schwarzen Haaren. Also entschlossen sich die Chilenen, Shorts anzuziehen. Ab dem Moment ist es ihnen beim Autostopp viel besser ergangen.« Schallendes Gelächter.

Chinesen reisen häufig nach Iran. An der Seidenstraße finden sie bei Raya ein Dach über dem Kopf. »Eine Chinesin hat sich immer bei uns beschwert, dass wir Frauen Kopftücher tragen müssen.«

»Es war nicht unsere Idee!« Pouria kichert.

»Als sie in China zurück war«, erzählt Raya, »hat sie mir ein Bild von sich geschickt mit fliegendem Haar. Dazu hat sie mir geschrieben: ›Sieh, wie toll es ist, dass ich wieder mein Haar offen tragen kann.‹«

Die Iranerin nimmt es mit Humor. Sie imitiert die Chinesin, schüttelt den Kopf und lässt am Esstisch ihr langes lockiges Haar fliegen.

Seit sie arbeitslos ist, quartiert Raya Gäste aus aller Welt bei ihren Eltern ein. Natürlich bringen sie ihr auch Leben nach Hause: »Neulich blieben holländische Tramper fünf Nächte lang. Autostopp ist ihr Sport. Auf keinen Fall nehmen sie den Bus.«

»Ist es euch nicht zu viel, wenn sie fünf Nächte lang bleiben?«, frage ich und blicke auf die im Haushalt stets emsige Mama und den fleißigen Papa, der ab frühmorgens große Baustellen für Krankenhäuser und öffentliche Gebäude leitet.

»Nein, meine Eltern lieben Gäste. Mama kocht gerne für Fremde. Papa mag es, wenn ich Englisch spreche, auch wenn er selbst kein Wort versteht.«

»Dann kann er sich in Ruhe seinem Fernseher widmen«, denke ich. Mein Blick fällt vom Esstisch auf unglaublich wütend ineinander verknäulte US-Ringer auf der Mattscheibe.

Raya bietet mir Butterfisch auf Safranreis an: »Ich glaube, ich bin lieber Gastgeberin als selbst Gast. Dein eigenes Zuhause ist dir vertraut. Bei Fremden musst du dich auf eine völlig neue Umgebung einstellen.«

Im Stillen muss ich Raya zustimmen. Sich auf Couchsurfing einzulassen ist ein Abenteuer, das mir zwar gut gelingt, aber nicht ohne Risiko ist. Es kann auch sein, dass es mit dem »Besuch bei Einheimischen« nicht klappt – so wie es mir mit Gabraela in Teheran ergangen ist. Als ich ihr schrieb, ich sei Journalistin, antwortete sie einfach nicht mehr. »Lost in the internet«: nie mehr etwas von ihr gehört. Es war ihr zu gefährlich. Ich hatte versäumt, ihr zu schreiben, dass ich meine Gastgeberinnen unter ein Pseudonym setzen würde.

In Teheran musste ich in letzter Minute eine Unterkunft suchen. Das hat mich Nerven gekostet. Dabei hatte ich voll auf die 46-jährige Tourismusmanagerin gesetzt. Auf meine jüngeren iranischen Freundinnen und Freunde dagegen konnte ich mich vollkommen verlassen. Sie haben von Anfang an geradezu eine Nibelungentreue an den Tag gelegt. Unser Kontakt hält bis heute an.

Zwischen Flirt und Karriere

Raya, Ramin und ich unternehmen in Mamas iranischem Volkswagen, dem Saipa, einen Ausflug nach Masuleh. Das legendäre Bergdorf Irans im Elburz-Gebirge liegt etwa sechzig Kilometer entfernt von Rascht. Das Steuer hat Raya Ramin überlassen und sitzt neben ihm.

Ein Glücksbringer baumelt am Rückspiegel zwischen den beiden. Er verdeckt sein dichtes Haar mit modischer Kappe: »I like it.« Sie dagegen trägt ihren Schleier immer ganz hinten – und zeigt viel Haar. So düsen wir durch die Provinz Gilan: »Unsere Region ist bekannt für gutes Essen«, schwärmt Ramin, und schon stoppt er an einer Kreuzung in der 20 000-Einwohner-Gemeinde Fulman. Er holt beim Bäcker am Straßenrand die schneckengroßen Walnusskekse, für die der Ort bekannt ist.

Raya hat den 27-jährigen Arzt vor einem Monat auf der Straße kennengelernt, direkt vor ihrer Wohnung. Genau genommen kam der Kontakt so zustande: »Ich habe geniest. Und er hat Gesundheit gesagt.« Sie treffen sich bis zu viermal die Woche, vertraut sie mir an. Heimlich? Im Fond tue ich so, als würde ich nicht bemerken, dass er ihr beim Fahren vertraulich seinen Arm aufs Bein legt.

Dr. Ramin Faezi ist als junger Arzt bereits Chef der Ambulanz und Notfallaufnahme der Klinik von Fulman. Die Kleinstadt ist ein Sprungbrett für vielversprechende Ärzte, die ihr Studium noch nicht lange hinter sich haben. Sein medizinischer Abschluss ist hochqualifiziert, sein Englisch jedoch mäßig.

»Es ist ein großes Problem«, findet Raya und beißt in ihren warmen Walnuss-Cookie: »Unser Englischunterricht im Gymnasium ist so altmodisch. Sie wollen gar nicht, dass du Englisch sprechen kannst. Wenn du die Sprache lernen möchtest, musst du Privatunterricht nehmen.«

Ramin spricht Persisch. Raya dolmetscht simultan. Auf den holprigen Straßen im Elburz-Gebirge kann ich mir nur mit Mühe Notizen machen. In den halsbrecherischen Kurven legt Ramin ein hohes Tempo vor. Sein Fahrstil entspricht der allgemeinen iranischen Mentalität.

In seiner Studentenzeit habe der Mediziner auch als politischer Journalist bei einem Studentenmagazin und zwei staatlichen Zeitungen gearbeitet: »Kritisch zu schreiben war nicht möglich. Wenn du ihnen nichts tust, sind sie freundlich. Dann passiert dir nichts.«

»Was sagst du dazu, dass sie kritische Journalisten verhaften?«, frage ich.

»Wir sollten nicht unsere religiösen Führer richten«, antwortet er vorsichtig.

»Denkst du nicht, Khamenei lässt sich wie ein Gott anbeten?«, wende ich ein.

»Khamenei hatte gute Ideen. Aber seine Entourage ist nicht gut. Sie sind nicht politisch versiert. Ja, sie lassen sich wie Götter anbeten. Wir können nicht erfolgreich sein in unserer Gesellschaft, solange wir nicht Politik und Religion trennen. Das aber dauert noch Generationen.«

In Masuleh kehren wir in ein Kebab-Restaurant ein. Im Zelt landen wir auf einem Kelim, dem kunstvoll geknüpften Nomadenteppich.

Ramin spricht mich immer mit »Oli« an. »Oli, ich lebe Diät. Also brauche ich zu Hause nicht zu kochen.« Wie praktisch! Ich finde ihn drollig. Mit wenig Einsatz managt er seinen Single-Haushalt und achtet auch noch auf seine Figur. Ich bitte ihn, für ein Foto seine Schieberkappe abzunehmen. Das tut er ungern, da er sich selbst, ganz im Trend, besonders gut darin gefällt. Ohne das Käppi kommt erst sein gutgeschnittenes Gesicht zur Geltung. Raya posiert neben ihm zum Paarporträt. Ihr Kopftuch ist fast auf die Schultern gesunken.

Der Kellner bringt Reisring und dampfende Lamm-Kebabs. Ramin schiebt mit Verve die Fleischstücke vom Spieß. Er habe die ersten zwei Jahre beim Studium in Teheran sein Apartment mit einem Kumpel geteilt. »Nachher hatte ich eine eigene Wohnung.«

Frauenheime mit großen Schlafsälen stehen dem freien Studentenleben entgegen, das die Männer in ihren eigenen Wohnungen weitaus leichter führen können.

Raya und Ramin flirten überm Kohlenfeuer. Auf Persisch albern sie herum. Sie verbergen ihre Sympathie füreinander nicht. Händchenhaltend gehen sie mit mir zum Auto zurück. In Rascht macht Ramin an der Ecke halt, an der Raya mir sein Haus gestern noch gezeigt hatte mit der Bemerkung, hier wohne ein Freund, mit dem sie aber »nichts habe«. Ob es stimmt? Sie verabschieden sich mit Küsschen. Raya wechselt ans Steuer. Ob ihre Mutter wohl etwas von Ramin weiß? Oder gar ihr Vater?

Raya lässt den Motor an. Schweigend fahren wir eine kurze Weile durch das Viertel. »Ich mag ihn. Er sieht gut aus und ist intelligent. Ich wünschte, er käme mit mir nach Europa«, sagt sie plötzlich.

»Aber er spricht kein Wort Deutsch, geschweige denn Englisch. Das wird kaum möglich sein.«

»Er kann Sprachunterricht nehmen«, erwidert sie. »In Deutschland herrscht Ärztemangel. Er will Fachmediziner werden, aber in Iran ist das Aufnahmeexamen so hart!«

»Es ist eine große Hürde, bis er die Sprache beherrscht«, wende ich ein. »Sei nicht so naiv. In Europa ist es auch hart.«

Sie nickt schweigend. Raya fährt vorsichtig in die Garage ihrer Eltern. Wir sind zu Hause angekommen.

»Warum baust du nicht ein gemeinsames Leben in Iran mit ihm auf?«

»Ich warte nicht auf ihn.«

Entschieden zieht Raya den Schlüssel aus dem Zündschloss.

Drei Monate später frage ich Raya per WhatsApp, ob sie das TOEFL-Examen bestanden hat, die schwierige Englisch-Prüfung für Ausländer. »Es war okay«, kommt ihre unbestimmte Antwort. Ich bin mir nicht sicher, ob sie am Ende durchgefallen ist. Einige Tage später traue ich mich, konkret nachzuhaken. Sie habe es bestanden, teilt sie kurz mit. Als ich mich erkundige, ob sie immer noch in Europa das Masterstudium machen möchte, heißt es unklar: »Ich versuche es, aber ich weiß noch nicht, wohin.«

Vielleicht hat sie sich längst für Ramin entschieden – statt für den harten Weg nach Europa.

Die heimliche Freiheit

Yazd am frühen Morgen: Im Sammeltaxi Richtung Wüste. Mit von der Partie: Alina und Kambiz aus Teheran. Die fünfstündige Fahrt in die Wüste Dascht-e Kavir kostet uns zu dritt zwei Millionen Rial, siebzehn Euro. Ich sitze vorne im Auto. Neben mir Taxifahrer Zeyed-a-Sudre im Nadelstreifenanzug. Schwarzes dichtes Haar, buschiger Schnurrbart, Brille. Er fährt uns auf einer schnurgeraden Straße durch einen Traum von einsamer Weite, leuchtend blauem Himmel und kargen roten Bergen. Am Rande grast eine Kamelherde. Kamelbabys, groß wie Ponys, staksen über spärliche vertrocknete Büsche.

An einer Raststation trinken wir Tee. Zeyed-a-Sudre erzählt mir: »Two chicken. Zwei Kinder. Bin 53. Keine Söhne, zwei Töchter.« Lacht schallend. Zückt Smartphone. Zeigt mir das Foto seiner Enkelin: »Chicken daughter.« Zwinkert mit den Augen. Rasant brettert der Taxifahrer über eine geflutete Straße weiter. Der Jahrhundertregen hat Iran ereilt und lässt selbst in der Wüste angenehme Temperaturen zu. Wir quartieren uns alle drei in der Barandaz-Lodge in der Oase Fahrazad ein. Hinter imposanten, haushohen Sanddünen können Mann und Frau sich blendend verstecken. In der Dascht-e Kavir geht Alina, die Englischlehrerin aus Teheran, mit ihrem Freund, Kambiz, auf Safari: »Wir jungen Iraner reisen gerne in die Wüste, weil wir hier nicht unter Kontrolle der Moralpolizei stehen wie in den Städten.«

Auch dieses junge Paar gehört zu den Zukunftsträgern, die ihr Land verlassen wollen. Kambiz ist in Teheran als Bauingenieur selbstständig. Er muss schwer kämpfen, seit die westlichen Firmen ihre Zelte abgebrochen haben. Die großen Wohnungen in der Hauptstadt stehen leer. Der Bauingenieur hat bedeutende Aufträge gehabt, sogar für den Neubau der Schweizer Botschaft. Aber seit US-Präsident Trump das Atomabkommen aufgekündigt hat, sei es mit der Auftragslage im Baugeschäft bergab gegangen: »Wir wollen nach Kanada auswandern. Die wirtschaftliche Situation ist schwer zu ertragen. Unsere Zukunft ist zu unsicher.«

Die Wüstenfamilie, die die Barandaz-Lodge führt, wandert dagegen nicht aus. Aber auch sie musste umsatteln. Vor dreizehn Jahren rüstete sie ihren aus Lehm gebauten Wüstenhof für Touristen um. Hossein Tabataei leitet das Familienunternehmen. Sein Großvater lebte noch mit seinem zwanzigköpfigen Clan in dem traditionellen Haus mitten in der Dascht-e Kavir. Heute übernachten hier Safarifans. Der Großvater kam noch damit aus, seine Familie von Viehzucht und eigenem Ertrag der Felder zu ernähren. Für Hosseins Vater reichte es jedoch nicht mehr. Die Böden in der Oase sind salzig und wenig fruchtbar. Nur seine Kamelherde mit 23 Prachtexemplaren hat er behalten. Jedes Tier bringt ihm einen Wert von 1000 Dollar ein.

Hosseins Mutter kocht hervorragendes Kamelfleisch mit Reiskuchen für die Gäste. Seine Schwägerin macht die Wäsche. Sein Bruder fungiert als Chauffeur von aufregenden Fahrten im Jeep durch die Dascht-e Kavir. Sein Cousin geht mit Wüstenliebhabern auf Kamelsafari.

»Und wer ist der Boss?«

»Vater. Er kauft ein und kümmert sich um den Regierungsbeamten.« Hossein lacht.

Was soll das heißen? Ob der Vater den Beamten beschwichtigt oder ihm gar ein paar Scheine zusteckt, damit dieser ein Auge zudrückt, dass bei ihnen unverheiratete Paare übernachten?

Als ich Alina und Kambiz morgens auf Kamelsafari gehen sehe, palavert »Vater« bereits um neun Uhr mit einem Mann auf dem Dorfplatz. Zwei Stunden später sitzt der 56-jährige Familienchef immer noch an derselben Stelle und unterhält sich mit seinen Freunden. Seine Frau kocht währenddessen Vollpension und versorgt ihre Lodgegäste von morgens bis abends.

Hossein, der als Einziger von der Familie Englisch spricht, übernimmt die E-Mail-Korrespondenz und kümmert sich um die Gäste: »Früher kam niemand in unser Dorf. Keine Iraner, geschweige denn Europäer. Nächste Woche habe ich ein Gruppe von vierzig jungen iranischen Touristen aus Teheran.«

Sie genießen in der Wüste ihre heimliche Freiheit.

Zu Gast bei großstädtischen Paaren

Wie zeigt sich das Zusammenleben von Mann und Frau? Drei Paare, die so verschieden sind wie ihre Art zu leben, öffnen mir die Türen zu ihren Wohnungen.

Im Durchschnitt heiraten die Männer in Iran heutzutage mit 29, die Frauen mit 25 Jahren. Sie wollen vorher meistens einen Beruf erlernen oder studieren. Die Geburtenrate in Iran ist inzwischen die niedrigste der islamischen Länder. Iraner haben durchschnittlich 1,7 Kinder.

Unmittelbar nach der Islamischen Revolution von 1979 war die iranische Geburtenrate noch eine der höchsten der Welt. In den letzten 25 Jahren sank sie aber auf einen der weltweit niedrigsten Mittelwerte ab. In diesem Zeitraum verbesserte sich der Lebensstandard der Bevölkerung dramatisch. Der demografische Wandel wurde von einer Bildungsexplosion begleitet, die besonders den jungen Frauen zugute kam. Im Jahr 2014 waren gemäß einer Studie des Deutschen Akademischen Austauschdienstes (DAAD) rund 66 Prozent der Studenten in Iran weiblich.

Teatime in Teheran

Kimia und Khashayar gehören zu den Ehepaaren in den Metropolen ihres Landes, die ein gleichberechtigtes, partnerschaftliches Leben führen. Beide tragen zum Einkommen bei, selbst wenn Nachwuchs da ist. Bed and Breakfast eignet sich besonders dafür, dass die Mutter Kindererziehung und Gelderwerb zu Hause kombinieren kann. Kimia gehört noch zu den Frauen, die ihr Studium für ihren Sohn zurückgestellt haben.

Das Türschild von Kimia und ihrem Mann kann ich nicht lesen. Es ist in Farsi geschrieben. Daher lasse ich den Taxifahrer bei ihr klingeln und warten, bis sie herunterkommt. Es ist mir wichtig, am richtigen Ort angekommen zu sein. Schließlich habe ich meine

Gastgeberin vorher noch nicht einmal auf einem Foto gesehen. Am Eingang begrüßt sie mich im schwarzen Schleier. Oben in der Wohnung enthüllt sie als Erstes ihr Haar. Eine pfiffige junge Frau zeigt sich in sportivem Kurzhaarschnitt. Sie bietet mir an, ebenfalls mein Kopftuch abzunehmen, und zieht ihren Mantel aus. Darunter hat sie ein enges, knallgelbes T-Shirt mit Spaghetti-Trägern an. Sie fordert mich zu meiner Verwunderung auf, auch mein »offizielles Gewand« abzulegen, nämlich das hier übliche obligatorische lange Blusenkleid über den Hosen. Sie bietet mir aus ihrer Garderobe ein leichtes T-Shirt an und lächelt: »Relax!«

Wir ziehen unsere Schuhe aus. Wie immer gehe ich barfuß durch Irans Wohnungen. Ein üppiges rotes Plüschsofa und goldverschnörkelte Sessel stehen an der Wand sonderbar in einer Reihe. Das Wohnzimmer mit Orientcharme besticht durch einen großen Perserteppich, auf dem wir bei Kimia aber nicht sitzen. Sie bittet mich, an einem kleinen runden Teetisch Platz zu nehmen, der an einer goldenen Säule platziert ist. Sie serviert uns Datteln. Ich überreiche ihr Gebäck vom Teheraner Edel-Konditor Ferodossi: geraspelte Pistazien auf Blätterteig.

»Ich dachte, als Gast behält man das Kopftuch an«, bemerke ich.

»Nein, nein!«, entgegnet sie fröhlich, während sie Tee in der offenen Küche für uns kocht. »Nur draußen. Meine Schwiegermutter nahm allerdings den Tschador erst ab, als ich mit meinem Mann verheiratet war. Auch meine Schwestern haben ihr Haar so lange verhüllt, bis ich Khashayar geheiratet habe.«

Kimia, 31, hat ein hübsches ungeschminktes Gesicht mit langen Wimpern. Sie sitzt mir nun gegenüber. »Iranische Leute essen immer Reis. Nicht gut. Feeeett!« Sie lacht: »Nachher muss ich viel joggen. Ich gehe dreimal in der Woche zum Fitnessstudio. Ich jogge gerne.«

»Wo denn?« Angesichts des Teheraner Verkehrstumults und der Betonwüste eine logische Frage.

»Hier ist ein Park in der Nähe. Ich habe immer so viel zu tun.« Ob sie arbeite, erkundige ich mich.

»Nein«, antwortet sie: »Ich habe Landschaftsarchitektur studiert, aber das Studium habe ich nicht abgeschlossen. Die Universität ist so weit weg. Ich möchte mich um meinen Sohn kümmern. Ich koche viel.«

Vor allem bereitet Kimia Speisen zu für ihre Gäste aus aller Welt, die den Kontakt zu ihr über die irische Internetplattform Homestay finden. Zwei- bis dreimal pro Woche übernachten sie in ihrer Wohnung. Die Gäste wohnen in einem Doppelzimmer. Ein separates Bad steht ihnen zur Verfügung. Dafür zahlen sie umgerechnet zehn Euro pro Nacht.

Kimias vierjähriger Sohn ist aufgewacht und quengelt. Sie holt den verschlafenen kleinen Jungen aus dem Kinderzimmer. Anruf von Kimias Ehemann Khashayar. Er treffe eine Stunde später ein. Er muss am Imam-Khomeini-Flughafen auf ihren Gast aus Portugal warten, weil dieser Verspätung hat.

Die Zwischenzeit nutze ich, um eine Runde um den Vali-Asr-Square zu drehen. Zuerst schlendere ich am Farah-Diba-Theater vorbei, dann an der Irakischen Botschaft. Den Eingang bewachen Soldaten mit Maschinengewehren. Viele Menschen strömen hinein. Sie beantragen ein Visum, um nach Kerbala zu pilgern. Die irakische Pilgerstadt hat nach Mekka eine zentrale religiöse Bedeutung im Islam. Seit Jahrhunderten verehren die Schiiten Imam Hussein an seiner heiligen Grabstätte, die nur achtzig Kilometer vor den Toren Bagdads liegt.

Plötzlich habe ich mich verirrt. Ohne Adresse und Handy stehe ich verloren mitten in Teheran-City. Nur Kimias Skizze mit dem Orientierungspunkt Cinema Felestin habe ich dabei. Eine Iranerin im Nikab fällt mir auf. Der Nikab ist ein Gesichtsschleier, der nur einen Schlitz für die Augen belässt. Frauen gehen in Iran selten derart vollverschleiert auf die Straßen. Ich frage sie nach dem Weg. Sie mustert mich neugierig durch ihren Schlitz. Ihre schwarzen Augen blitzen. Doch sie schweigt. Mir wird klar, dass sie kein Englisch kann. Sie zückt ihr Smartphone unterm schwarzen Umhang hervor. Sie googelt und reicht es mir: »Hello«, schallt mir eine freundliche Männerstimme ans Ohr – und spricht auf Persisch auf mich ein.

Ich ziehe weiter. Wie durch ein Wunder stoße ich auf das Kino Felestin. Ich frage einen älteren Herrn mit Silbergestellbrille nach dem Weg zur Gaza Straße. Zu meiner Erleichterung versteht er mich: »Ich habe einmal Deutsch gelernt«, antwortet er begeistert: »Ich bin Schauspieler.« Mit seiner schlohweißen Haarmähne und seinem langen Vollbart erscheint er mir wie ein außerirdisches Wesen. Er ist ein Charaktertyp. Obwohl keine Schönheit, kann ich ihn mir vor der Kamera für außergewöhnliche Rollen blendend vorstellen. »Wo spielen Sie?«, frage ich interessiert. »Ich spiele ab und zu im Theater, aber vor allem im Fernsehen und im Film.« Wir stehen vor Kinoplakaten von iranischen Boulevardkomödien. Die Frauen sind grell geschminkt. Im Reich der Mullahs dürfen sie nicht singen und tanzen, aber Schauspielerin zu sein ist erlaubt.

Im Streifen über den Nationalhelden Gholamreza Takhti spielen Frauen tragende Rollen. Der populäre Freistilringer war dreifacher Weltmeister. Er hatte bei den Olympischen Spielen zwischen 1952 und 1960 eine Gold- und zwei Silbermedaillen gewonnen. Der überzeugte Demokrat und Oppositionelle wurde während der Schah-Zeit politisch verfolgt. Man munkelt, er sei ermordet worden. Offiziell wurde behauptet, er habe Selbstmord verübt – ein dramatischer Stoff für einen hervorragenden iranischen Film. »Internationale Movies werden ja leider nicht im Kino gezeigt«, bedauert der Schauspieler. Nur im Netz laden die Iraner sie heimlich herunter.

Ich bitte den Künstler, meine Gastgeber anzurufen. Bereits nach wenigen Minuten erscheint Kimias Mann Kashayar. Der freundliche Mann in den Dreißigern führt mich aus dem Teheraner Labyrinth zu seiner Wohnung. Kimia kommt uns entgegen. Nun erscheint sie in tannengrünem Wollensemble, Manteau und Schleier. Schultern bedeckt, Haare bedeckt. Es fällt mir wie Schuppen von den Augen: Vorhin, das war ein Treffen »von Frau zu Frau«. Nur im Rahmen unseres Gesprächs unter vier Augen offenbarte sie mir einen vertraulichen Blick hinter den Schleier. Jetzt, da der Gast eingetroffen ist, der mit ihr und ihrem Ehemann die Wohnung teilt, achtet sie auf äußerste Diskretion.

Was für sie gilt, gilt nicht für mich: Kimia, selbst vermummt, wünscht nicht, dass ich verschleiert bleibe, und zieht meinen hellen Seidenschal vom Kopf. Ich lasse es geschehen. Nehme den kleinen Shirim in die Arme. Schwinge ihn hoch und herunter, was ihm ein höllisches Vergnügen bereitet. Der Vierjährige spricht schon besser Englisch als seine Mutter. Er geht in den Kindergarten. Die Eltern schicken ihn bereits in seinem Alter zwei Stunden wöchentlich zum Sprachunterricht. Auch ansonsten hat er ein schönes Kinderleben. Kein Wort davon, dass er jetzt ins Bett müsste. Shirim darf spielen, toben, mit uns safrangelben Milchreis essen. Nachts darf er mich sogar mit seinen Eltern quer durch Teheran zurückgeleiten.

Kashayar stellt mich seinem 27-jährigen portugiesischen Gast vor, der in Warschau arbeitet. Juan hatte sich bei Kimia über Homestay einquartiert. Warum sie an Gäste vermieten, frage ich sie: »Wir wollen internationale Kontakte und Freunde im Ausland haben«, antwortet sie beim Abendessen.

Ich vermute, dass sie sich etwas dazuverdienen möchten. Denn nur von Kashayars Gehalt zu leben könnte knapp werden. Was landläufig als Bed and Breakfast bekannt ist, das ist Kimias Job: Frühstück machen, Betten beziehen, Bad putzen. Khashayar ist hauptamtlich Übersetzer vom Englischen ins Persische bei einem Magazin mit Themen rund um die Flugzeugbranche. Er geht fast jeden Tag ins Büro. Manchmal arbeitet er im Homeoffice.

Der Durchschnittsverdienst in Iran beträgt zu dem Zeitpunkt meines ersten Besuchs im November 2016 noch 850 Euro pro Monat. Im August 2019 ist er aufgrund der Inflation auf nur 400 Euro gesunken. Damit kommen die meisten Iraner nicht aus. Sie müssen vielseitig und flexibel, also auf zwei bis drei Gebieten berufstätig sein. So wie Khashayar und Kimia. Wenn man Platz in der Wohnung hat, ist Homestay ein willkommenes Zubrot.

»Airbnb ist verboten in Iran«, berichtet er, »wie alles, was aus Amerika kommt.« Er lächelt fein, nicht ohne Ironie: »Das Feindbild USA ist von den Politikern gepusht. Von den Bürgern wird es noch lange nicht geteilt.« Airbnb ist ein 2008 im kalifornischen Silicon Valley gegründeter Community-Marktplatz für die Buchung und Vermietung von Unterkünften. Homestay dagegen ist in Iran erlaubt, weil eine irische Organisation es anbietet.

Khashayar würde zu gerne selbst auf Reisen gehen. Er wollte seinen Onkel in Cuxhaven besuchen. Der Verwandte erfüllte alle Bedingungen, die man für ein Visum braucht. Er hat ihm eine offizielle Einladung geschickt und ein Sparguthaben von 3000 Euro bereitgestellt, um für ihn zu bürgen. Trotzdem genehmigten die deutschen Behörden Khashayars Reiseantrag nicht.

Das Interesse der Iraner an Europäern ist hoch, gerade weil sie selbst so schwer nach Europa gelangen können. Leider betrachten Europäer umgekehrt Iraner eher mit Skepsis. Sie erliegen allzu oft ihren Vorurteilen. Die Teheraner Studentin Sharzad musste sich anlässlich eines Sprachkurses ein Zimmer in Berlin suchen. Zwölf Vermieter haben ihr abgesagt, als sie erfuhren, dass sie Iranerin ist. Erst über deutsche Freunde konnte sie eine Unterkunft finden. Besucher aus dem Westen aber werden im Land am Persischen Golf warmherzig willkommen geheißen. Selbstverständlich fahren meine Teheraner Gastgeber mich nachts nach Hause und setzen mich nicht einfach in ein Taxi. Obwohl ich Taarof beachtet habe, das ungeschriebene persische Gesetz der Höflichkeit. Ich habe sie dreimal gebeten, mir ein Taxi zu bestellen. »Nein, auf keinen Fall!«, bedeutet mir Kimia und schüttelt den Kopf. Ich verstehe sie. Es ist ernst gemeint.

Die Familie bringt mich zu meiner Unterkunft. Khashayar sitzt im Fond mit seinem Sohn auf dem Schoß. Kimia, neben mir am Steuer, fährt uns souverän durch die Weltstadt: »Ich habe keinen Führerschein. Mein Mann hat mir das Fahren beigebracht. In Teheran fahre ich immer Auto.«

Ich halte den Atem an. Zum Glück herrscht nachts kaum noch Verkehr auf der Straße. Ich wende mich ihr zu, sehe ihr verschmitztes Kimia-Lächeln: »Einmal habe ich mit einer Ladung voller Freunde am Steuer gesessen«, kichert sie. »Ohne Außenspiegel. Hält mich doch ein Polizist an und fragt nach meinem Führerschein. Ich habe ihm gesagt, dass ich ihn zu Hause vergessen habe. Er hat mich durchgewunken.« Damit wäre Kimia in Deutschland mit Sicherheit nicht davongekommen.

Unsere nächtliche Fahrt führt mich wieder an der Irakischen Botschaft vorbei. Ob es angesichts des Golfkriegs in den Achtzigerjahren nicht ein gebrochenes Verhältnis mit dem Nachbarn Irak gebe, frage ich. »Nein«, meint Khashayar: »Viele Iraner haben den Krieg verdrängt. Wir haben an sich gute Beziehungen zum Irak. Viele Iraner wollen unbedingt zu den bedeutenden islamischen Pilgerstätten reisen, die im Irak liegen – nach Kerbala und Bagdad.«

Für etliche Iranerinnen bleibt der Golfkrieg jedoch ein unvergessliches Trauma. Sie haben ihre Söhne verloren. Porträts der jungen iranischen Gefallenen prägen im ganzen Land das Straßenbild.

Im nächtlichen Teheran ist kaum jemand unterwegs. In nur zehn Minuten bringen sie mich zurück. Auch sie lade ich nach Deutschland ein. Als ich aussteige, kurbeln sie ihre Fenster herunter. Shirim ruft laut durch die Nacht: »Bye, bye!«

Die Konterrevolution hält bis heute an

Sie sind ein modernes, kinderloses Ehepaar. Yara und Gabrael gehören zu den vielen Iranern, die weltlich eingestellt sind. Die beiden ambitionierten Akademiker haben große Schwierigkeiten, einen Arbeitsplatz zu finden, besonders weil sie nicht der Moschee angehören. Sie stürzen sich in Promotion und Masterstudiengang, um nicht ins Leere zu fallen.

Sie ist politisch im Umweltschutz aktiv. Das Ehepaar gehört zu den Regimekritikern des Landes.

Für ihren Unterhalt beherbergen sie Touristen. Mich laden sie zum persischen Abendessen ein. Meine Gastgeber wohnen in Nord-Teheran in der Nähe des Milad Towers, wo die gut situierten Viertel der Hauptstadt liegen.

»Milad Tower, bitte!«, sage ich und sehe im Rückspiegel den Taxifahrer.

»Where are you from?«, fragt er mich interessiert.

»Germany.«

»Great!«, ruft er begeistert aus: »Milad Tower!«. Er stoppt vor dem 400 Meter hohen Fernsehturm.

Die Aussicht auf die Megametropole mit neun Millionen Einwohnern ist gigantisch. Teheran erstreckt sich bis zum Horizont: Ein Meer aus Hochhäusern und riesigen Autobahndrehscheiben, auf denen sich Wagenschlangen schleichend voranquälen. Sie sind Zeichen der rapiden Entwicklung Irans in den letzten 95 Jahren vom Bauernstaat zu einem modernen Land.

Seit 1925 setzten der mit dem Westen vernetzte Schah Reza und sein Sohn Mohammad Pahlavi auf Modernisierung und industrielle Entwicklung ihres Landes. Die Iraner standen vor der Herausforderung, sehr schnell radikale soziale, politische und wirtschaftliche Veränderungen vorzunehmen, für deren schrittweise Einführung das Abendland Jahrhunderte Zeit gehabt hat.

Khomeini vertrieb den Schah vom Pfauenthron. Er drehte das Rad zurück in eine von religiöser Doktrin bestimmte Welt. Dagegen rebellieren junge Iraner bis heute. Das ist schon äußerlich an ihrem Outfit zu erkennen.

Gabraels Frisur ist hip. Der 35-Jährige trägt seine schwarzen mittellangen Locken cool mit einem Haarreif zurückgehalten. Künstler-Look, denke ich, als er mich am Taxi abholt. Aber Gabrael hat einen bürgerlichen Beruf. Er ist Diplom-Physiotherapeut. Jetzt promoviert er an der Universität Teheran. Physiotherapie ist im Gegensatz zu Deutschland in Iran ein akademisches Studium. Oben an der Tür gleich Schleier und Schuhe ausziehen – Gabraels Frau, Yara, fordert mich dazu auf. Barfuß auf dem Perserteppich, nehme ich auf der roséfarbenen Chaiselongue Platz. Die Sessel sind in gleichfarbigem edlem Samt bezogen. Yara sitzt neben mir auf dem Sofa. Gabrael nimmt uns gegenüber in einem Ohrensessel Platz. Er eröffnet das Gespräch mit den Worten: »Ich liebe Deutschland!«

Schon wieder! Da Gabrael nicht der Erste ist, der eine Lobeshymne auf mein Land anstimmt, frage ich die beiden, woher das kommen mag. »Weil die Deutschen zu der Zeit von Schah Reza Pahlavi viel im Land investiert haben. Sie haben zum Beispiel Autobahnen gebaut«, antwortet Gabrael. »Wir glauben, Deutschland ist sehr gut organisiert.«

Nach fünf Minuten schüttet Yara mir ihr Herz über ihre persönliche Lage aus: »Seit einem Jahr finden wir beide keine Stelle. Wir haben schon so lange unsere akademischen Abschlüsse«, beklagt sich die 25-Jährige mit Bachelorgrad in Ernährungsmedizin: »Wir glauben nicht an den Islam. Daher ist es viel schwerer für uns. Wenn du die Moschee aufsuchst, dir den schwarzen Tschador überwirfst und betest, bekommst du viel schneller Arbeit. Sie haben alle Kontakte untereinander.«

Die Moschee ist ein wichtiger Ort für Vitamin B. Hier findet »Business« statt. Wer sich in der Moschee blicken lässt, hat sehr viele Vorteile. Die Mitglieder der Revolutionsgarde sichern Studienplätze und berufliche Positionen zu. Die Iranische Revolutionsgarde ist wirtschaftlich auf fast allen Gebieten aktiv und als paramilitärische Einrichtung der größte Unternehmer des Landes.

»Vielleicht neunzig Prozent der Teheraner glauben nicht an den Islam, aber sie tun so, als ob – schon allein, weil sie dich sonst hängen könnten. Wir sind nicht damit einverstanden, dass sie hier die Menschenrechte nicht wahren«, meint Gabrael.

Yara zückt ihr Smartphone und googelt ein Foto. Sie zeigt mir den Rücken einer Frau mit roten Striemen: »Sie haben ihr als Strafe Peitschenhiebe ausgeteilt.« Yara sieht mich mit vorwurfsvollem Blick an. Das Bild zeigt die Journalistin und Feministin Masih

Alinejad, als sie noch in Iran lebte. Die Urheberin der Online-Plattform »Meine Heimliche Freiheit« ist damals nach London ins Exil geflüchtet.

»Die jungen Iraner sind alle nicht gläubig. Wir feiern Partys, wir trinken Alkohol«, sagt Gabrael. Für ihre heimliche Freiheit gehen die jungen Leute ein erhebliches Risiko ein: »Mein Bruder wurde mit seinem Freund verhaftet, weil sie dabei erwischt wurden, als sie Alkohol getrunken haben.«

»Woher bekommt ihr den denn?«, frage ich und trinke einen Schluck Tee.

»Du brauchst Verbindungen«, verrät Yara, »und zwar zum Ladenbesitzer. Wenn er dir traut, verkauft er dir Alkohol.«

»Die Korruption ist wirklich gravierend in unserer Gesellschaft. Nichts funktioniert ohne Bakschisch«, ärgert sich Gabrael: »Aber wenn ein Polizist clean ist, nimmt er kein Geld. Dann verhaftet er dich bei Alkoholkonsum. Wenn er nicht clean ist, gibt er dich für einen Batzen Geld frei. Als mein Bruder verhaftet wurde, hat mein Vater den Polizisten bestochen. Daraufhin hat er ihn freigelassen. Mein Vater hat es mir selbst erzählt.«

»Wir haben keine Arbeit. Wohin sollen wir gehen? Wir müssen uns einen weiteren akademischen Titel zulegen. Wir wollen nicht zu Hause sitzen«, beklagt sich Yara. Sie bereitet sich auf die Aufnahmeprüfung an der Hauptstadt-Uni für einen Mastergrad in Ernährungsmedizin vor: »Wir wollen nicht gerne in dem Moloch Teheran wohnen, aber wir haben keine Wahl. Hier leben einfach die aufgeschlossensten Leute, und wir bekommen die beste Ausbildung.«

»Ich habe ein Diplom der Universität Teheran«, ergänzt Gabrael. »Das ist die beste Hochschule im Mittleren Osten. Es hat in meinem Unternehmen niemanden interessiert.«

Gabrael hatte eine Stelle als Übersetzer aus dem Englischen ins Persische. »Sie haben ihn aber entlassen, weil er nicht religiös gewesen ist.« Enttäuscht schüttelt Yara den Kopf. Das einzige Einkommen der beiden: Sie bieten Touristen über Homestay ein Zimmer mit Frühstück in ihrer schönen Wohnung an. »Wir haben viel mehr Gäste, seitdem das Atomabkommen abgeschlossen wurde«, berichtet sie. Vor dem Nuklearabkommen hatten sie nur zwei bis drei Besucher pro Jahr. Seit Juli 2015, als der Vertrag verabschiedet wurde, haben sie über 100 Gäste zu Besuch gehabt.

Von Staatspräsident Rohani hält das Ehepaar viel. Gabrael verteidigt ihn sogar: »Natürlich beklagen sich die Leute über ihn. Es ist aber nicht sein Fehler. Ahmadinedschad, der ultrakonservative Präsident vor ihm, hat so viele Fehler gemacht, dass es lange dauert, bis Rohani alles wieder ausgebügelt hat.«

Yara holt neuen Tee aus der offenen Küche: »Leider hat Rohani zu wenig Macht, weil der oberste geistliche Führer Khamenei und die Armee ihn kontrollieren.«

»Wie siehst du Khamenei?«, frage ich Gabrael.

»Ich hasse ihn, wie alle Iraner ihn hassen. Er sagt, Iran sei ein freies Land, aber es stimmt nicht. Du kannst es tief in deinem Leben und deinem Herzen fühlen. Unser Land hat so viel Geld, aber es verschwindet einfach. Du kannst nicht fragen, wo es hingekommen ist, weil du dann im Gefängnis landest.«

Yara beklagt sich: »Alles in diesem Land ist zweigleisig geregelt: für islamische und für nichtislamische Bürger. Ein Religionslehrer hat sich an einem Jungen sexuell vergriffen. Er wurde nicht bestraft. Ein Nichtreligiöser wäre längst gehängt worden.«

Yaras Küche mit Zebradekor an den Fronten hat Pep. Sie schaut in ihren Kochtopf. Hausfrau ist sie nebenbei. Der Politik gilt ihr Hauptinteresse: »Präsident Rohani möchte Frieden mit der Welt und mit den USA machen. Es liegt an Khamenei, dass es nicht klappt. Er will einen Sündenbock haben, nämlich Amerika. Die Religionsführer können über ein Volk in Angst viel besser Macht ausüben.«

Als wir zusammensitzen, ist es gerade einmal sechs Tage her, seit US-Präsident Donald Trump im Mai 2018 das Nuklearabkommen aufgekündigt hat. Gabrael gibt seinen Kommentar dazu: »Ich hoffe, Trump provoziert nicht Weltkrieg Nummer drei!«

Yara serviert Fesendschan, Huhn in Granatapfelsirup und Walnusssauce, am Esstisch. Plötzlich meint Gabrael: »Beim Schah war es noch besser. Es war eine Diktatur, aber ich wünschte, der Schah würde wieder regieren.« Schah Mohammad Reza Pahlavi, der westlich orientierte Märchenkönig, hatte sich und seiner Familie den auffällig europäisch eingerichteten Niavaran-Palast im Bungalow-Stil erbaut. Ich habe das Anwesen im Park-e Jamshidiyeh in Teheran Nord besichtigt. Es ist eine für einen Staatsmann angemessene, repräsentative Villa. Pahlavi krönte seine Gattin Farah Diba zur Kaiserin. Die Schahban, im Westen vor allem in ihren schönen Abendroben aus der Regenbogenpresse bekannt, war keineswegs nur das Aushängeschild ihres Ehemannes. Die Kaiserin Irans unterhielt ein eigenes Büro mit rund vierzig Mitarbeitern. Sie setzte sich besonders für soziale und kulturelle Initiativen ein. Die Zimmer ihrer vier Töchter und Söhne ließ sie mit viel Liebe und Fantasie gestalten. Sie sind lustig und kunterbunt – wie so viele Kinderzimmer dieser Welt. Es wirkt so normal. Der Schah galt als der reichste Mann der Welt. Für die zum großen Teil verarmten Iraner war das nicht zu ertragen. Mit dem Helikopter musste er 1979 vom Flachdach seiner Herrschaftsresidenz fliehen. Er verstarb kurz danach in Ägypten im Exil. Farah Diba, seine Witwe, lebt heute in Paris, ihre Kinder in den USA. Ihr ältester Sohn würde gerne nach Iran zurückkehren, doch das ist ausgeschlossen.

Der Schah, der 1941 bis 1979 regierte, hatte die Frauen vom Kopftuchtragen obligatorisch befreit. Zum Teil stieß er damit auf heftigen Protest konservativer Iranerinnen. Ayatollah Khomeini, der asketische Erz-Rivale Pahlavis, kam durch seine Revolution an die Macht und gründete die Islamische Republik. Die politische Linke setzte anfangs auf Khomeini und vertraute ihm. Als deren Vertreter erkannten, auf welche Weise der Ayatollah seine Macht ausübte, wurden sie zu Konterrevolutionären, konnten den Diktator aber nicht mehr stürzen. Die Frauen waren tragender Teil dieser Bewegung gegen das islamische System.

Die Konterrevolution im Herzen der Iranerinnen hält bis heute an. Auch Yara gehört zu den Rebellinnen in ihrer Gesellschaft. Sie ist engagierte Umweltschützerin. Und sie ist die politisch Aktive in der Ehe: »Das deutlich sichtbare Symbol der Dominanz des Mannes über die Frau: Wir müssen uns verschleiern. Ich bin dagegen. Es ist dumm. Haare! Was ist denn dabei?!«, beschwert sie sich: »Mädchen müssen schon mit sieben Jahren Hidschab in der Schule tragen. Das ist eine Belastung für die kleinen Wesen. Dieses enge Kopftuch ist so heiß im Sommer.«

Sie hält zwar große Stücke auf Rohani, aber den Schleier wird er ihrer Meinung nach nicht abschaffen: »Da kommen wir Iranerinnen nicht so einfach heraus.« Der Koran schreibe den Schleier vor, so behaupten die iranischen Religionsführer. Dabei ist alles eine Frage der Interpretation. Der beste Beweis: Die Frau muss gar nicht in allen muslimischen Ländern ihr Haar verhüllen.

Gabrael und Yara haben sich an der Uni kennengelernt. Die Sitte, dass der Vater den Mann für seine Tochter aussucht, gilt bei den meisten Iranerinnen, die in den Städten leben, als altmodisch und ist nicht mehr üblich.

Die jungen Leute lernen sich in den Coffeeshops, bei Hochzeiten oder Partys kennen oder tauschen Telefonnummern auf der Straße aus. Die moderne Frau entscheidet selbst, wen sie heiraten möchte: »In gebildeten Kreisen wird der Alltag von Frauen und Männern gleichberechtigt gelebt«, meint Yara.

Die Scheidungsrate in Iran liegt bei dreißig Prozent. Bereits vor dem Heiratstermin wird verhandelt, welche Summe der Mann im Falle der Scheidung bezahlen muss. Ein Mann darf sich nur scheiden lassen, wenn er diese Summe bezahlen kann, er muss sich die Scheidung leisten können.

»Scheidung mit der Begründung, die Beziehung sei gescheitert, darf die Frau nicht beantragen«, sagt Gabrael am Esstisch. Es bleibt der Frau daher nur übrig, auf einen Vermögensanteil des Mannes zu verzichten, wenn sie sich von ihm trennen will. Der

Mann dagegen kann seinen Scheidungsantrag mit dem Scheitern der Beziehung begründen. Er muss aber eine hohe Prämie zahlen, um die Frau abzusichern. Eine Scheidung ist teuer. Offiziell kann eine Iranerin sich nur scheiden lassen, wenn ihr Mann kriminell, drogen- oder alkoholsüchtig ist oder sie misshandelt. Die Frau muss dies beweisen, was oft schwierig ist. »Früher war eine geschiedene Frau schlecht angesehen. Heute hat sich das alles gewandelt«, meint Yara: »In der letzten Zeit ist die Rolle der Frau sehr gestärkt worden.«

Trotz Emanzipation – Yara sitzt an ihrer Masterarbeit eher aus der Not heraus, weil sie bisher partout keinen Job finden konnte. Ihre Zukunft auf dem insbesondere von Konkurrentinnen ihres Alters maßlos überfüllten Arbeitsmarkt sieht ungewiss aus.

Die Paare, denen ich begegne, treten sehr unterschiedlich auf. Während Yara und Gabrael im Umgang miteinander als gleichberechtigt erscheinen, dominiert in anderen Fällen eindeutig die Frau. Der Berater im iranischen Außenministerium Mohammadi, den ich zuvor in Teheran getroffen hatte, bestätigt: »Die Männer haben nichts zu sagen, außer in ärmeren Schichten.« Mohammadi kennt etliche Ehepaare. Ständig fliegt er zwischen Aachen und der iranischen Hauptstadt hin und her. Er habe es neulich seinem besten Freund gesagt. Dessen Frau saß daneben. Dieser habe gelächelt: »Stimmt«, habe der Iraner zugegeben.

Das Roadmovie-Paar

Online habe ich meinen Besuch in Tabriz bei dem freiheitsliebenden, reiselustigen Paar angebahnt. Dina ist ein hübsches Mädchen mit hellblondem, langem Haar, das sie mal offen, mal zu Zöpfen geflochten trägt. Auf dem Dach ihres großen Range Rovers stellt sie sich in Pose, immer mit ihrem Mann auf den Fotos. Mit großer Hollywood-Sonnenbrille, die Haarmähne schwingt im Wind, tanzt sie hinter Karim, der auf dem Autodach hockt. Die beiden wirken wie ein quicklebendiges Paar aus einem Roadmovie – jung, frech und ein bisschen verrückt. In der Ehe führt sie das Wort, während er das Geld verdient.

Heute Nacht leuchtet die Mondsichel am Himmel von Iran. Der Ramadan sollte eigentlich gestern schon anbrechen. Die Moslems haben aber seinen Beginn um einen Tag verschoben, weil sie den Mond nicht sehen konnten. Es wurde in den Nachrichten durchgegeben. Es hört sich an wie im Märchen aus Tausendundeiner Nacht.

Im Fastenmonat sind die Restaurants von morgens bis abends geschlossen. Das Fastenbrechen darf erst wieder nach Sonnenuntergang beginnen. Dann aber pulsiert das Nachtleben in Tabriz, der Hauptstadt von Ost-Aserbaidschan. Es wird doppelt aufgetischt und viel alkoholfreies Bier getrunken.

Im Tabriz International Hotel zelebriert eine dreißigköpfige Familie an einer meterlangen Tafel ausgiebig das Fastenbrechen. Sanfte orientalische Töne erklingen aus dem Lautsprecher im Garten. Der graumelierte Restaurantchef schwärmt von Schahs Zeiten, als im Swimmingpool mitten in der Wiese noch Männer und Frauen zusammen schwimmen durften und ringsum der Alkohol floss. Heute stehen auf der Tafel der Familie Wasserflaschen, und der Pool dient als Riesenspringbrunnen. Aus dem Maul von Delphinen ergießen sich Kaskaden in das türkisfarbene Blau, in dem einst Iranerinnen kraulten.

»Wir saßen eben noch im Bikini am Swimmingpool, und von einem auf den anderen Tag mussten wir am Skilift in einer getrennten Spur den Berg hochfahren«, erinnert sich eine Französin aus Teheran, die mit einem Iraner verheiratet ist: »Unmittelbar nach der Revolution war alles extrem streng. Heute ist es lockerer geworden.«

»Ich liebe den Ramadan«, schwärmt eine Endfünfzigerin aus der Großfamilie: »Im Dorf gehen wir täglich in die Moschee. Jeden Abend versammelt sich die Familie zum gemeinsamen Essen. Ich habe weniger Arbeit.«

Nach Sonnenaufgang heißt es für sie und ihren Clan wieder hungern und dursten. Der Ramadan hat den religiösen Sinn, sich in Geduld und Disziplin zu üben und sich generell des »Bösen« zu enthalten. Die unzähligen Atheisten im Lande müssen zu Hause oder im Verborgenen essen.

Für das Roadmovie-Paar ist Ramadan kein Thema. Ein großer schwarzer Jeep biegt um die Ecke. Karim fährt im Tabriz International vor. Sein Outfit ist der pure Kontrast zur muslimischen Mondausschau. Der Dreißigjährige, ein Freak mit Rattenschwanz, Haarreif und schwarzer Sonnenbrille, hat seine Gemahlin Dina, ganz in Hellblau, an seiner Seite. Mit ihrem Jeep machen sie am Wochenende »Ausflüge in die Freiheit«: in die Berge, an Wasserfälle und an Flüsse, wo beide zelten. Sie postet davon Fotos auf Couchsurfing. »Ich lade Gäste aus dem Ausland zu uns ein. Ich liebe es, ihnen zu helfen, sich bei uns zurechtzufinden und Ausflüge zu machen«, sagt sie.

Wir fahren durchs nächtliche Tabriz. Die Hauptstadt von Ost-Aserbaidschan ist vergleichsweise progressiv. Eine junge Iranerin überquert die Straße, und alles an ihr ist »hyper«: hyper High Heels, hyperschlank, hypersexy, knallenge Jeans unterm bunten Minimanteau, rötlich-blond gefärbte Haare. Ihre ganze Erscheinung strömt eine Anti-Hidschab-Haltung aus, obwohl sie ganz hinten ums Haupt einen geblümten Schleier geschlungen hat.

»Wir hassen den Hidschab«, sagt Dina vorne im Auto, während ich ihr im Fond zuhöre: »Wir haben ein so negatives Image im Ausland, aber es sind nicht wir. Unsere Regierung hat ein Problem. Die Touristen wollen nicht herkommen, dabei sind wir so freundlich. Es liegt alles an der Regierung. Sie sind gegen Amerika. Aber wir lieben Amerika!«

Wir halten zum Imbiss in der sympathischen Junge-Leute-Wohnung des Ehepaars mit lustiger rosa-blauer Sofagarnitur. Sie wohnen in der Nähe vom Vergnügungszentrum Elgoli Park. Wir essen Tabriz Köfte, die er um die Ecke vom Kiosk besorgt hat, aserbaidschanische Riesenknödel.

Das Fenster steht offen. Die leiernde Stimme eines Straßenverkäufers, der unaufhörlich seine Ware anpreist, schallt bis ins Wohnzimmer. Ihre Miete beträgt umgerechnet 27 Euro monatlich. In einem Jahr müssen sie ausziehen, es sei denn, sie akzeptieren eine Mieterhöhung von zwanzig Prozent auf 33 Euro.

Dina ist Aseri. Damit gehört sie zum zweitgrößten Volk Irans. Von Kind an hat sie Aseri, eine Turksprache, gelernt und versteht die Türken sehr gut. Deshalb arbeitet die Aserbaidschanerin zwischendurch als türkische Übersetzerin. Sie hat Betriebswirtschaft studiert und einen Masterabschluss in Business. Zum Einstieg würde sie nur einen unterbezahlten Arbeitsplatz mit einem Gehalt von monatlich 27 Euro bekommen. Damit könnte sie immerhin die Miete zahlen. Aber das Gehalt ist ihr zu niedrig. Wenn sie nicht wenigstens 40 Euro monatlich verdient, bleibt sie lieber zu Hause und empfängt zweimal wöchentlich ohne finanzielle Gegenleistung Gäste aus dem Ausland. Offenbar kann sie es sich leisten. Ihr Ehemann verdient genug.

Karim hat von seinem Vater eine Werkstatt geerbt. Hier stellt er Zubehör aus Metall für Wasserpumpen her. Vor zwei Jahren hatte er noch zehn Arbeiter. Seit die USA Sanktionen verhängt haben, kann er nur noch einen Angestellten beschäftigen. Karim versteht angeblich Englisch. Meistens sitzt er allerdings stumm wie ein Fisch neben seiner Frau und mir, zappt zwischen den türkischen Fernsehprogrammen hin und her oder studiert seine Mails auf dem Smartphone.

Sie ist die Aktive und Extrovertierte. Sie ist die eigentliche Gastgeberin. Er übernimmt die Rolle des Chauffeurs. Auf ihre warmherzige Art und Weise scheint sie überhaupt in der Ehe das Ruder in der Hand zu haben, so mein Eindruck: »Ich bin Feministin. Masih Alinejad ist mein Vorbild. Sie ist ›unsere Feministin‹. Jeder kennt sie.«

Auch Dina bekennt sich zu der Exiljournalistin. Diese wurde unter anderem verfolgt, weil sie kritisch über die niedrigen Löhne der iranischen Arbeiter berichtet hatte. Dina erzählt: »Immer wenn uns Iranerinnen etwas angetan wird, fotografieren wir es oder machen ein Video und mailen es ihr. Alinejad stellt es in New York auf Instagram.«

Mit dem Jeep brechen wir ins Zentrum auf. Im Tabriz Book Garden auf dem Imam Khomeini Boulevard treffen sich nur junge Leute. Der Coffeeshop mit Bibliothek und Goldfischpool im Vorhof ist ein Treffpunkt der Intellektuellen. Im Auditorium finden Lesungen statt. Wir trinken Cappuccino. An der Wand hängt ein Hochzeitsposter, das zu Zeiten des Schahs aufgenommen worden ist. Die Braut trägt eine hochtoupierte luftige Haarfrisur. »Wir Feministinnen kämpfen gegen den Schleier und für unsere Rechte. Wenn sich eine Iranerin scheiden lassen möchte, verliert sie ihr Kind an den Mann«, sagt Dina mit Empörung.

Karim sitzt, wie immer, stumm daneben. Ganz anders als bei den Nomaden. Bei den Qaschqai und den Chalabian hüllen sich die Frauen in Schweigen. In den Städten ergreifen die Frauen das Wort für ihre Gleichberechtigung.

»Die aktivsten Rebellinnen sind oft junge Frauen, die nicht arbeiten müssen. Sie können den Mund aufmachen. Ihre Ehemänner oder Väter ernähren sie«, meint Saeed Alizadeh, Tour Manager aus Tabriz. »Die arbeitenden Frauen mit einem Arbeitsplatz können eigentlich nicht rebellieren.«

Im Riesen-Jeep, den sie »meinen Boy« nennt, fahren beide mich nach Hause. Sie sitzt wieder vorne neben ihrem Mann, ich habe im Fond Platz genommen. »Warum schreibst du über Iran?«, fragt sie mich plötzlich.

»Great story!« Vom Rücksitz aus habe ich die Straßen und die Menschen Irans vor Augen. »Eine große Geschichte! Ein Land voller Widersprüche. Eine Gesellschaft, in der die Frauen einerseits Tschador tragen und andererseits die aktivsten Rebellinnen sind. Ein Staat mit vielen Völkern, Kulturen und grandiosen Landschaften. Eine weltweit missverstandene Nation.«

»Ich wünsche mir zutiefst, dass wir Iraner nicht mehr als Terroristen in der Welt gelten. Es ist mir eine Herzensangelegenheit«, sagt sie.

»Ich gebe mein Bestes, um das Bild über das Leben in Iran zurechtzurücken«, erwidere ich.

»Ich vermisse dich!« Dina kurbelt die Scheibe herunter. Sie winkt mir zum Abschied zu.

Die andere Freiheit:
Tschadorträgerinnen

In der Moschee

In der gebildeten Klasse der Großstädte hat die Popularität der Moschee stark abgenommen. Je kleiner jedoch die Städte und Dörfer sind, desto wichtiger ist die Moschee als Ort der sozialen Begegnung.

Die Gebetsrufe des Muezzins wecken mich bei Sonnenaufgang aus dem Schlaf. Weit erschallen sie durch die Straßen von Farahzad. Das Viertel liegt am äußersten Stadtrand von Teheran, 1700 Meter hoch, direkt am Elburz-Gebirge. Im Norden liegen die noblen Wohngebiete von Teheran, begehrt wegen der guten Luft und der moderaten Temperaturen. Geheimnisvolle Nebelschleier legen sich morgens über die kahlen, bizarren Berge, die hinter dem Espinace Palace majestätisch in den Himmel ragen. Im gläsernen Lift gleite ich vom 20. Stockwerk des Wolkenkratzers zur Hotellobby hinab. Für eine deutsche Zeitung berichte ich über das Iranisch-Europäische Wirtschaftsforum.

Als ich den riesigen Konferenzsaal im Parterre betrete, fällt mein Blick auf Hunderte von Männern in einem Auditorium, in dem ich kaum eine Frau entdecke. Business ist in Iran immer noch weitgehend Männersache. Einige von den Herren tragen weißen oder schwarzen Turban, Zeichen, dass sie Mitglieder des iranischen Klerus sind. Leicht beklommen defiliere ich im marineblauen Manteau und seidengrünen Schal an den Herren in der ersten Reihe vorüber und nehme dahinter Platz.

Gespannt beobachte ich den erlauchten Konferenzteilnehmer, der schräg vor mir sitzt. Ich taufe ihn »Weißer Turban«. Konzentriert verfolgt er die Rede von Verkehrsminister Abbas Akhoundi. Der Politiker in Zivil protestiert gegen Donald Trumps Aufkündigung des Atomabkommens und fordert die Europäer auf, Amerika die Stirn zu bieten. Weißer Turban verzieht keine Miene. Er erinnert mich an seinen Präsidenten Hassan Rohani. An wem wird besser deutlich, dass Religion und Politik in Iran verflochten sind als an Irans Staatsoberhaupt?

Sein Markenzeichen ist sein weißer Turban. Rohani trägt den religiösen Titel Hodschatoleslam, weil er zum geistlichen Gelehrten ausgebildet wurde. Er ist gleichzeitig Jurist, noch dazu mit Doktortitel aus Glasgow.

Das Espinace Palace ist auf ein hohes Plateau gebaut. Ein kleines, rundes Gebäude zu Füßen des Hotels macht mich neugierig: pfefferminzgrünes Wellblechdach, Glühbirnengirlanden, bunte Wimpel, die im Winde flattern. Ob es ein Festzelt ist?

In Fahrazad kaufe ich beim Bäcker ein wagenradgroßes Fladenbrot, frisch aus dem glutheißen Ofen. Ich schlendere durch den Park-e Parvaz. Bei Sonnenuntergang höre ich den Azan wieder, den Gebetsruf des Muezzins. Ich folge dessen Stimme und erklimme eine lange Himmelstreppe, die auf die Anhöhe führt. Ich sehe: das »Festzelt«! Es ist eine Moschee.

Wie stelle ich es an, hinter diese Mauern zu kommen? Einfach durch die Tür gehen? Unmöglich. Männer und Frauen sind getrennt. Ich weiß noch nicht einmal, wer wo hineingeht. Am Haupteingang peile ich die Lage. Ein kleines Mädchen blickt mich neugierig aus einem vergitterten Fenster an. Ihr pausbäckiges Kindergesicht ist in einen straff anliegenden Hidschab gepresst. Ich rede Deutsch auf die Kleine ein, was sie äußerst komisch findet. Gespannt holt sie ihre Spielkameradin herbei. Die beiden Rosageblümten kichern mich aus dem Fenster an. Ihr strenger Kinderhidschab bildet einen seltsamen Kontrast zu ihrer fröhlichen Unbefangenheit.

Zwei Musliminnen werden auf mich aufmerksam. Sie führen mich eine Wendeltreppe hoch in den Frauentrakt. Die beiden Mädchen folgen uns auf die Empore. Die Iranerinnen freuen sich über mein unerwartetes Eintreffen.

Eine Unverschleierte streicht mir über die Wange – Rashida, eine Algerierin: »Ich habe meinen Mann im Irakkrieg verloren. Seit über zwanzig Jahren bin ich Witwe.« Freundliches Lächeln, bar jeden Selbstmitleids. Die Mittfünfzigerin hat ihr krauses dunkles Haar im Nacken zu einem Knoten gebunden. Sie ist Kindermädchen bei einem deutschen Ehepaar. Englisch und Französisch spricht sie fließend. Sie bietet mir einen Holzstuhl an, auf dem ich neben ihr Platz nehme.

Unauffällig lasse ich meinen Blick durch den dicht besetzten Frauentrakt gleiten. An den Wänden stehen gemütliche Sofas. Es herrscht Wohnzimmeratmosphäre. Die meisten Musliminnen sitzen palavernd auf dem Perserteppich. Vor uns ist ein glänzend rotes Tuch gespannt, quer über eine Holzbalustrade. Rashida bittet mich nach vorne. Sie hebt das Tuch an, damit ich nach unten sehen kann. Ich darf vom ersten Stock aus in den dreifach so großen Männertrakt blicken. Der Saal ist voll. Die Moslems sitzen auf grünen Teppichen und verneigen sich gen Mekka. Der Aufruf zum Gebet dringt durch eine verschlossene Tür. Plötzlich öffnet sich die geheimnisvolle Pforte und »Schwarzer Turban« erscheint. So taufe ich den Mullah.

Der Islam bestimmt den Alltag überall, nicht nur in der Moschee. Nachdem morgens Weißer Turban, ein theologisch ausgebildeter Geschäftsmann, der Wirtschaftskonferenz lauschte, skandiert abends Schwarzer Turban vor der muslimischen Gemeinde. Wer kennt es nicht, das Bild von Ayatollah Khomeini?! Der schwarze Turban ist Symbol eines höheren islamischen Rangs. Die derzeit 5000 Ayatollahs in Iran gelten als Sayyid, als Nachfahren des Propheten Mohammed.

Von nun an werfen die Frauen ihre geblümten oder schwarzen Tschadors über, knien auf und nieder, küssen den Kerbala-Stein. Die Mädchen spielen derweil Fangen. Sie toben quer durch den Frauentrakt. Eine lautstarke Diskussion bricht aus. Einige beschweren sich, andere erwidern: »Was sollen wir denn tun, wenn die Mutter ihre Kinder nicht erzieht?!« Die Mutter ist aber nirgends aufzufinden. Ihre Töchter hat sie im »Kinderhort« der islamischen Gemeinde abgegeben. »Sie hat viel zu tun. Wahrscheinlich ist sie einkaufen gegangen«, sagt Rashida: »Sie kann ihre Kinder nicht alleine zu Hause lassen. Es kann etwas passieren. Bei uns sind sie gut aufgehoben.«

Die islamische Gemeinschaft übernimmt jene Fürsorge für Kinder, alte Menschen und sozial Schwache, die bei uns vor allem der Staat trägt. Schahban Farah Diba war es, die 1960 erstmals die staatliche Kinder-, Jugend- und Sozialhilfe eingeführt hatte. Die Revolutionswächter haben ihre Institutionen in die »Wohlfahrt der Islamischen Republik« umgemünzt. Ausreichend sind deren Leistungen bei Weitem nicht. Ein Großteil der Stadtbevölkerung lebt unterhalb der Armutsgrenze. Über zwei Millionen Straßenkinder im Land schlagen sich mit Gelegenheitsarbeit durch. Sie stellen sich an Ampeln, um sich ein paar Münzen mit Scheibenwischen zu verdienen. Gehbehinderte habe ich oft Zahnbürsten und Plunder in der U-Bahn verkaufen sehen.

Namaz, das gesungene Gebet des Mullahs, verklingt. Die Musliminnen zeigen sich auf einer Sofaecke stoffüberzogene Brotkörbchen. »Eine Gläubige hat sie genäht. Sie verkaufen sie. Das Geld bekommen die Armen«, erklärt Rashida. Eine Muslimin im Teenageralter checkt ununterbrochen ihr Smartphone. Die Kleine an meiner Seite blickt mich an. Ihr rosa geblümtes Kopftuch ist nonnenähnlich um ihr rundes Kindergesicht gezurrt. »Das Mädchen muss gar nicht Hidschab tragen. Sie ist erst acht Jahre alt. Aber sie liebt es«, sagt Rashida.

Der Imam rezitiert die Iqama, den zweiten Gebetsruf. In der Moschee wird es wieder still. Die Algerierin reiht sich in die Gemeinschaft der Iranerinnen ein. Vierzig Tschadorträgerinnen knien auf dem Perserteppich nieder, neigen die Stirn zu Boden und stehen wieder auf. Der Zyklus wiederholt sich zehnmal, zwanzigmal, dreißigmal. Es scheint mir eine halbe Ewigkeit. »Allahu akbar – Allah ist groß!« Der Imam gibt ihnen den Rhythmus vor für ihre gemeinsame Andacht, ihre Kniebeugen gen Mekka.

Zur Salat, dem fünfmal am Tag zu verrichtenden Gebet, sind die Moslems traditionell verpflichtet. Den Musliminnen neben mir ist es ein gewohntes Ritual. Mir ist es ein Schauspiel der besonderen Art: So ist also gelebter Islam.

Der Gebetsspruch »Allahu akbar – Gott ist am größten« ist 22 Mal in Form von kufischen Schriftzügen in den roten und grünen Streifen der iranischen Nationalflagge eingewebt. Dies ist ein Verweis auf den Beginn der Islamischen Revolution am 11. Februar 1979. Die Flagge besteht aus drei gleich großen, horizontalen Streifen: oben grün, in der Mitte weiß und unten rot. Dabei symbolisiert grün den Islam, weiß Frieden und Freundschaft und rot Mut und vergossenes Blut im Krieg. Die Farben haben in Persien eine Tradition, die sich bis ins 18. Jahrhundert zurückverfolgen lässt. Als Trikolore finden sie sich erstmals auf der Nationalflagge von 1906.

Eine junge Iranerin bietet uns Tee und Kekse an. Sie sammelt Geld auf einem silbernen Tablett: »Damit feiern wir unsere nächste Party. Kommenden Mittwoch. Wir feiern den Geburtstag von Imam Nahid. Er lebt.« Rashida lächelt. »Heute haben wir Geburtstagsparty von Imam Hussein.« Zur Feier des Märtyrers, der seit dem Jahr 680 im Jenseits weilt, reicht Rashida Bonbons herum: »Ich kenne alle hier.« Die Muslimin schaut in die Runde: »Ich lade sie oft zur Party ein.« Wieder lächelt sie und verströmt gute Laune.

Als Spionin in Iran?

»Tatsächlich denke ich, sie war eine Spionin. Von der ersten Minute an stellte sie so viele Fragen, die wir nicht beantworten wollten. Und wenn wir sie beantwortet haben, widersprach sie. Sie hat nicht einmal versucht, uns zu verstehen. Aber nicht nur das, sie zeigte sogar Widerstand, die Wahrheit zu akzeptieren. Das Gespräch mit ihr war eine große Herausforderung.«

Eine Spionin in Iran soll ich sein?! Hinter meinem Rücken veröffentlicht sie ihre Beurteilung über mich auf der Couchsurfing-Plattform: Mohadese Ete. Mit hollywoodgroßer Sonnenbrille, zutiefst verschadort, ist sie unterm schwarzen Zelt bis zur Unkenntlichkeit vergraben. Ich fixiere ihren düsteren Look im Internet. Ich kann der Muslimin hinter dunklen Gläsern nicht in die Augen blicken. Ist Mohadse etwa selbst eine Spionin im Auftrag des Geheimdienstes?

Zurück auf sicherem deutschem Boden, wage ich mir nicht auszumalen, was geschehen wäre, wenn das Ministerium für Staatssicherheit die Referenz von Mohadese aufgegriffen und mich peinlichen Befragungen unterzogen oder gar verhaftet hätte.

Und Rahil? Ich erkenne meine überaus freundliche Teheraner Gastgeberin nicht mehr wieder. Ist sie etwa auch Geheimagentin? Im Internet entpuppt sie sich als Warnerin ihrer Landsleute vor einer »gefährlichen Repräsentantin« des Westens: »Die Frage ist: Willst du sie beherbergen oder weiterempfehlen? Meine Antwort ist: Nein. Lehne ihre Anfrage ab! Sie verbreitet westliche Propaganda gegen Iran.«

Dabei hatte ich sie nur gefragt, warum alle Iranerinnen Kopftuch tragen müssen, auch diejenigen, die sich nicht verschleiern möchten. Das war schon zu viel.

Tatsache ist, dass ich mich vor all meinen Gastgebern im Vorfeld als Autorin geoutet habe. Sie wussten also, wen sie vor sich hatten. Die beiden Freundinnen setzten unter zehn Beurteilungen die einzigen negativen Statements ins Netz. Täusche ich mich, wenn ich die regimetreuen Musliminnen für Spitzel halte? Wer sich darauf einlässt, in Wohnungen von nur aus dem Netz bekannten Menschen zu übernachten, riskiert natürlich auch staatliche Überwachung. Niemand garantiert einer Couchsurferin, dass nicht hinter der freundlichen Fassade der Gastgeberin eine Agentin des Geheimdienstes steckt.

Rahil Mour: Auf sämtlichen Fotos, auf denen sie sich präsentiert, zeigt sie sich orthodox verschleiert. Von Anfang an ist mir klar gewesen, dass sie eine überzeugte Muslimin ist.

Seilbahnfahrt auf dem Tochal: Der Hausberg von Teheran ist rund 4000 Meter hoch. Auf unserer Gondelfahrt ins Tal beobachten wir die Ski- und Snowboardfahrer. Die Hautevolee aus Nord-Teheran rauscht die Berge hinab, in denen der Schah einst ein Skigebiet errichten ließ.

Rahil ist von Kopf bis Fuß in ihren Tschador gehüllt. Lediglich ein buntes Kopftuch lugt an der Stirn hervor. Ihr Englisch ist mäßig. Im Smartphone sucht sie oft nach passendem Vokabular. Ohne ihr Smartphone kann ich mir die Muslimin gar nicht mehr vorstellen. Ständig chattet sie, wenn sie nicht mit mir spricht. Nun macht sie ein Selfie von uns in der Gondel. Teheran liegt uns zu Füßen. Im Großraum der Weltstadt leben 16 Millionen Menschen. Klick. Wieder ein Foto vom Häusermeer im Smartphone. Wir tuckern auf Nord-Teheran zu. Den Berg haben wir hinter uns im Rücken. Plötzlich fragt mich Rahil, ob wir in »Imams Haus« gehen.

»Welcher Imam?«

»Khomeini.«

»Ja«, stimme ich sofort zu. »Was hältst du von Khomeini?« Sie macht gerade wieder ein Selfie von uns. »Ich liebe ihn. Er ist der Retter der Menschheit. Khomeini ist nicht nur der Retter Irans, sondern von der ganzen Welt.«

»Warum?«

»Imam Khomeini hat den Menschen das richtige Leben gezeigt, das Gesetz der Menschlichkeit, die Gleichberechtigung der Geschlechter. Er hat den Frauen ihre Freiheit gegeben, ihnen Wertschätzung entgegengebracht und ihren Fortschritt ermöglicht.« Sie spricht gebetsmühlenartig, als hätte sie die Formeln auswendig gelernt, die ihr in der Moschee gepredigt wurden. Sie zeigt mir im Smartphone die direkte Übersetzung.

»Wie kommst du darauf, dass Khomeini den Frauen die Freiheit gab?«

»Ich liebe den Hidschab. Die Kopftuchdebatten sind nebensächlich. Der Hidschab spielt keine Rolle. Khomeini ermöglichte uns das Studium.«

»Frauen waren auch vorher an den Universitäten zugelassen«, wende ich ein.

»Es geht um unsere innere Freiheit. Tanzen, Singen, das ist alles nicht wichtig«, meint Rahil.

»Mir ist es aber schon wichtig!«

Ein lauter Aufschrei der Empörung schallt zu uns herüber. Eine Skifahrerin und ihr Freund sitzen Rücken an Rücken mit uns. Nur eine Sessellehne trennt uns voneinander. Sie dreht sich nach uns um. Unter einer lustig wirkenden rosafarbenen Bommelmütze quillt ihr langes blondes Haar hervor. Die junge Wintersportlerin verkörpert die lebenslustige, liberale Stimme Irans: »Ich will tanzen, singen, Fußball schauen. Warum muss ich ein Kopftuch tragen, wenn ich es überhaupt nicht mag?! Ich will meine Haare zeigen«, sagt sie mit fröhlichem Lächeln.

Der Koran kennt kein Kopftuchgebot. Der Wächterrat, zwölf Juristen und Geistliche an der Regierungsspitze, schreibt den Frauen in Iran jedoch die gestrenge Kleiderordnung mit Schleier und Manteau vor.

»Ich hasse die Machthaber. Sie haben so viel Vermögen unseres Volkes zur Verfügung. Sie geben dieses Geld nicht für uns aus.« Auch der Freund der Wintersportlerin hält mit seiner Meinung nicht hinterm Berg: »Und wenn wir nicht gehorchen, schicken sie uns ins Gefängnis.«

Es entwickelt sich eine lebhafte Diskussion zwischen der orthodoxen Muslimin und dem freiheitlich gesinnten jungen Paar. Es zeigen sich die Gräben, die das Land in zwei Lager spalten. Trotzdem gehen sie auf respektvolle Weise miteinander um. Rahil versucht sie zu beschwichtigen. Ihre Begleiterin aus Deutschland schreibe ein Buch über Iran, berichtet sie ihnen über die Sessellehne der Gondel hinweg. »Schreibe alles, was wir denken!«, ruft die Skifahrerin laut aus. Sie gehört zur Protestgeneration gegen die altbackenen Normen.

Die Tragödie von Blue Girl

Die Angst einer jungen Iranerin vor ihrer absurden Bestrafung war so grenzenlos, dass sie mit dem Tod dafür bezahlen musste. Viele Frauen verkleiden sich als Männer, um heimlich ein Fußballspiel verfolgen zu dürfen.

Die Tragödie von »Blue Girl« warf große Schatten: Sahar Khodayari verbrannte sich am 1. September 2019, weil sie Angst hatte, wegen ihrer Verkleidung unter Arrest zu geraten. Das Regime geriet unter erheblichen Druck.

Die Politiker haben sich laut der offiziellen Nachrichtenagentur IRNA (Islamic Republic News Agency) am 11. September 2019 darauf verständigt, dass Frauen von nun an bei nationalen Spielen anwesend sein dürfen. »Es ist eine Lüge«, mailt mir meine Informantin Sharzad aus Teheran. »Nur wenige systemtreue Iranerinnen, die Beziehungen haben, werden zugelassen.«

Tatsächlich zeigt mir Rahil auf ihrem Smartphone ein Foto von ihrer besten Freundin. Mitten im Fußballstadion hält eine junge Muslimin, roten Schal überm Haar, demonstrativ eine riesige Iran-Flagge quer vor sich hin. Die Nationalfarben Rot-Weiß-Grün hat sie sich auf die linke Wange geschminkt. Sie gehört zu den ersten weiblichen Fußballfans, die in Iran ein Stadion betreten durften. Sie ist eine Ausnahme.

Ihr Regime ist gespalten. Das seit knapp vierzig Jahren geltende Verbot, dass Frauen vor einem »vulgären Umfeld« bewahren soll, wurde nicht vollständig aufgehoben. »Wir Frauen wollen dagegen protestieren und zusammen ins nächste Fußballspiel gehen«, mailt Sharzad. »Die männlichen Künstler in Teheran haben nach dem Skandal von Blue Girl dazu aufgerufen, dass die Fußballfans beim nächsten Spiel das Stadion boykottieren. Aber sie hatten keinen Erfolg bei den Männern.«

Nicht nur die Rebellin vom Weißen Mittwoch, selbst die systemtreue Muslimin emanzipiert sich von konservativen Lebensmustern. Rahil, geboren 1983, ist nicht verheiratet: »Ich möchte selbst bestimmen.« Das ist ihr Eingangssatz in ihrem Web-Auftritt, mit dem sie sich charakterisiert.

Die wohlbetuchte »höhere Tochter« führt ein autonomes, unabhängiges Leben, weil es ihr finanziell gut geht. Als freiberufliche Fotografin und Filmemacherin produziert sie momentan ein Medizinvideo. Früher hat sie Hochzeiten, Porträts und Pferderennen mit der Kamera eingefangen. Ihr Fotostudio in Teheran mit fixen Arbeitszeiten hat sie fürs Weltenbummeln aufgegeben. Sie will reisen, was besonders in Iran mit Freiheit gleichgesetzt wird.

Bei allen Emanzipationsversuchen: Ausgeflogen aus dem Goldenen Käfig ist sie nicht. In Teheran Nord stehen prachtvolle Villen. Es sind kleine Schlösser hinter hohen Mauern. In einem dieser Häuser wohnt sie mit ihren Eltern.

Als wir aus der Gondel aussteigen, nimmt Rahil mich bei der Hand: »Sieh dich um. Wir sind frei. Hier sind keine Polizisten. Bei Ex-Präsident Ahmadinedschad waren überall Polizisten.«

Mein Blick fällt zurück auf die Pisten. Während wohlhabende Teheraner auf dem Tochal Ski fahren, schmuggeln in der gleichen Minute kurdische Dorfbewohner für einen Hungerlohn Ware im Tiefschnee über einen 4000er-Gipfel. Der Reichtum der in Nord-Teheran ansässigen Elite steht in keinem Verhältnis zum Einkommen der allgemeinen Bevölkerung.

Khomeini – ein Heiliger?

Wir sind auf dem Weg zu »Imams Haus«, der einstigen Residenz von Ruhollah Khomeini in Teheran Nord. Das Haus des 1989 verstorbenen Revolutionsführers strömt eine düstere, geradezu unwirkliche Aura aus. Überall sind Militärs, düster ist sein Portrait am Eingang, düster die Aufseherin, die uns untersucht, als wären wir Terroristen.

Die Bilder der nach der Islamischen Revolution Verfolgten gehen mir durch den Kopf, der Inhaftierten, Exekutierten, der Sozialisten, Oppositionellen und kurdischen Freiheitskämpfer. Sie sind in Scharen geflüchtet. Sofern es nicht zu spät war, weil sie schon auf den schwarzen Listen standen. Plötzlich verspüre ich eine innere Wut auf Rahil, weil sie so naiv ist und Khomeinei »liebt«.

Die Aufseherin gibt mir, nachdem ich sie das zweite Mal bitte, gnädig ein Glas Leitungswasser. Ich entschuldige mich bei Rahil für meine Nervosität. Ich will mir nichts anmerken lassen. Schließlich erscheint sie noch als meine überaus freundliche und kooperative Gastgeberin. Seit Wochen schon korrespondieren wir. Die Muslimin versorgt mich stets mit Informationen über das Leben in Iran. In Teheran hatte ich zehn Personen angemailt. Rahil ist die Zuverlässigste gewesen. Doch ganz offensichtlich ist es mir nicht gelungen, ihr gegenüber meine Gefühle zu verbergen. Drei Wochen später, schon in Deutschland zurück, lese ich, wie sie mich online an den Pranger stellt. Über unseren Besuch im Haus des Revolutionsführers schreibt sie: »Wir waren an einem großartigen Platz, und sie hatte die ganze Zeit Angst und war wütend!«

Ich bin erschüttert. Nicht ein direktes Wort hatte sie in Khomeinis Haus an mich gerichtet. Sie hatte mich nach außen hin stets freundlich behandelt und mich dann hinter meinem Rücken im Netz verurteilt. Was ihr System nur annähernd infrage stellt, löst sofort Aggression bei ihr aus. Erst nach einer Weile kommt der Verdacht in mir auf: Sie ist eine verkappte Spionin. Der Verdacht verfolgt mich. Sicher ist jedenfalls eines: Rahil verteidigt entschieden das Kulturgut der Islamischen Republik, der Gedenkstätte von Khomeini.

Khomeinis Haus ist bescheiden: Kontrast pur zur Residenz von Schah Pahlavi. Der Niavaran-Palast mit seiner europäischen Noblesse liegt nur einen Katzensprung entfernt. Khomeinei dagegen, der anfangs im Westen als »Gandhi des Mittleren Ostens« verkannt wurde, stellte sich als asketisch-islamischer Revolutionsführer dar. Er beanspruchte nur eine Zweizimmerwohnung. Hier residierte er mit seiner Ehefrau Khadijeh Saqafi, die kaum jemals in der Öffentlichkeit gesehen wurde, nachdem er als Staatsoberhaupt Irans 1979 die Macht ergriffen hatte. »Deshalb verehren wir ihn, weil er so einfach gelebt hat, genauso wie die Bevölkerung«, sagt Rahil.

Die Muslimin blickt durch eine verglaste Wand in das Wohnzimmer ihres Vorbilds. Es ist im Westen wenig bekannt, dass Khomeini von konservativen Iranern wie ein Heiliger verehrt wird. Ein Perserteppich liegt in dem kleinen Raum, in dem sich nicht viel mehr als ein Sofa an der Wand befindet. Hier empfing Ayatollah Khomeini die Würdenträger aus der ganzen Welt. Das Wohnzimmer im Hinterhof war zehn Jahre bis zum Ende seines Lebens sein »Revolutionsbüro«.

Der Revolutionsführer: ein Mann mit zwei Seiten. Ursprünglich Verfechter demokratischer Prinzipien, entpuppte er sich dann als unerbittlicher Diktator. Nach der Machtergreifung 1979 hat er seinen Staat geschickt als eine Diktatur errichtet. Er hat ein System mit Institutionen aufgebaut, die das Land bis heute kontrollieren.

Wir kehren in den langen überdachten Gang zurück. Rahil schiebt mich durch eine Tür nach rechts hinein. Ein dreistöckiger Versammlungssaal öffnet sich vor uns. Hier hielt Khomeini seine Reden vor Volk und Geistlichkeit.

»Khomeini hatte 19 Grundsätze verkündet, darunter Unabhängigkeit, Freiheit, Demokratie. Auch sehr fortschrittliches: Volkssouveränität, Menschenrechte, Trennung von Religion und Staat, Freiheit des Glaubens. Das alles akzeptierte er und hat er angekündigt.

Später hat er diese Prinzipien verraten.« Diese Worte ließ Abolhassan Banisadr am 1. Februar 2019 im Deutschlandfunk verlauten. Der erste Präsident Irans nach der Islamischen Revolution 1979 und frühere Weggefährte Khomeinis musste nach kurzer Amtszeit fliehen. Heute lebt Banisadr im Exil in Frankreich.

In Khomeinis Auditorium zeigt Rahil nach oben. Die Frauen, wie in der Moschee getrennt von den Männern, konnten von der Galerie aus den Worten ihres Revolutionsführers lauschen.

Die »Töchter der Moderne« sind für die Iranische Revolution auf die Barrikaden gegangen. Sie kämpften für ein fortschrittliches Leben. Sie wollten frei werden. Khomeini löste keines seiner Versprechen ein. Die Töchter der Moderne wollten arbeiten, studieren, sich bilden. Ihre Lebensplanung bestand nicht nur aus Familie. Sie besuchten Universitäten, wurden politisch und machten sich mit der marxistischen Ideologie vertraut.

»Das große Drama war dann, dass Khomeini, als er aus dem Exil zurückkam, nicht gehalten hat, was er versprach. Er gründete die Islamische Republik, blieb an der Macht und führte das Kopftuchgebot ein«, so Judith Albrecht, Iran-Anthropologin der Freien Universität Berlin. Der Verschleierungszwang wurde 1983 zum Gesetz. Ruhollah Khomeini hätte ihn am liebsten sofort nach dem Sieg der Revolution am 12. Februar 1979 eingeführt. Aber der Widerstand der Frauen hinderte ihn daran. Am 8. März 1979 gingen 50 000 bis 100 000 Iranerinnen in einer legendären Protestaktion auf die Straßen. Sie wehrten sich gegen die Islamische Revolution. Da war aber die Situation im Land schon so radikalisiert und das Militär mit Waffengewalt ausgestattet, dass sie sich nicht mehr durchsetzen konnten. Kurz nach der Revolution gab es schlimme Phasen der Frauenverfolgung. Entgegen den Zielen der damaligen Bewegung, die die Demokratie gefordert hatte, betrieb Khomeini sehr geschickt einen Staatsaufbau nach dem diktatorischen Prinzip, das jeder Gewaltenteilung widerspricht. Khomeini baute Gremien auf, denen er als Revolutionsführer bis zum Ende seines Lebens vorstand. Auch

sein Nachfolger Khamenei ist auf Lebenszeit ernannt. Eine Demokratie kann sich so nicht entwickeln.

Ein kritisches Bewusstsein über diese Vorgänge fehlt bei Rahil
komplett. Die studierte Grafikdesignerin scheint auf dem Stand von
1979 stehengeblieben zu sein, sieht man ihr positives Urteil über
Khomeini. Warum macht sich die regimetreue Muslimin keinerlei Gedanken über die negativen Entwicklungen der Islamischen
Revolution? Erstens: In den Schulen wird nicht gelehrt, dass Oppositionelle exekutiert wurden. Zweitens: In den wöchentlichen
Freitagspredigten verherrlichen die Mullahs, die eine wichtige mo-
ralische und politische Instanz darstellen, natürlich Ayatollah Khomeini und das jetzige System.

»Schließlich benutzen viele autoritäre Regierungen die Religion
auch, um die Freiheit des Denkens und Redens zu begrenzen. Sie
verbieten eine unabhängige Presse, Gewerkschaften und Parteien –
alles im Namen der Religion.« Eine treffende Analyse des amerikanischen Islamwissenschaftlers John Esposito.[4]

Wieder auf der Gasse. Vor Khomeinis Residenz stößt Rahils
Facebook-Bekannte Mohadese, tief im Tschador vermummt, zu uns.
Sie ist mit Chips und Wasser bewaffnet. Die beiden haben sich zu
dem Zeitpunkt noch nie gesehen. Wie aufmerksam von Rahil: Als
sie bemerkte, dass es mir im Hause Khomeini nicht gut ging, hat sie
bei der Bekannten, die sie nur aus dem Netz kennt, etwas zu essen
für mich bestellt. Rahil hat ihre Facebook-Freundin spontan zu mir
gebeten. Gerade erst hatte sie auf dem Tochal mit ihr gechattet. Mohadese spreche besser Englisch als sie. Das sei wichtig »für die erns-
ten Themen«.

Mohadese hat die gleiche positive Einstellung zur Islamischen
Revolution wie Rahil. Beide blenden aus, was daraus geworden ist.
Die Naivität der beiden Akademikerinnen ist beeindruckend.

Den Regimeanhängern geht es im Allgemeinen gut. Sie leben
vom System und stehen auch für das System. Rahil zückt ihr Smartphone und bestellt ein Snap-Taxi. Von der Khomeini-Gedenk-

stätte nur zehn Minuten entfernt halten wir in Tadschrisch, einem der wohlhabendsten Viertel von Teheran. Wir treten ein im Hause Mour, dem von hohen Mauern geschützten Bungalow ihres Vaters.

Mohadese, Mitte zwanzig, bleibt wegen Rahils achtzigjährigem Vater verschleiert. Sie tauscht lediglich ihren schweren schwarzen mit einem leichten weißen Tschador, der ihr von Rahils Mutter gereicht wird. Die Hausherrin zeigt sich in rotgefärbtem Lockenschopf.

Rahils Vater besaß die größte Baukranfirma Irans. Der Unternehmer im Ruhestand lächelt uns von ferne zu. Hand schütteln ist ein No-Go. In gebührender Entfernung von uns sitzt er mit seiner Frau im inoffiziellen, der Familie vorbehaltenen Teil des Wohnzimmers. Rahil, Mohadese und ich nehmen auf der gobelinbestickten, für die Gäste bestimmten Sofaecke Platz. Mohadese sitzt in unserer Mitte auf dem Kanapee, von Kopf bis Fuß in weiß geblümtes Tuch gehüllt. Unsere Gastgeberin hat den Tschador abgeworfen. Schließlich ist sie hier zu Hause. Sie hat sich zu einer hübschen Person mit schwarzgelockter langer Haarpracht geoutet.

Im Tschador trampen

»Meine beste Freundin hat mir das Trampen beigebracht«, erzählt Rahil bei einem Glas Granatapfelsaft. Per Autostopp ist sie alleine quer durch Iran und den Irak getrampt – Hauptsache mit Tschador! Das »Zelt« verlieh ihr Schutz und Freiheit auf ihrem mutigen Trip ins Ungewisse: »Es war eine wunderbare Erfahrung für mich. Die Menschen im Mittleren Osten sind freundlich. Sie waren wie meine Familie.«

Beide Frauen verteidigen den Tschador. Sie wollen ihn um keinen Preis abgeben: »In Europa gehen die Menschen auch nicht nackt auf die Straßen.« Mit unverhülltem Haar fühlen sie sich nackt? Später entdecke ich, woher der Wind weht: »Frauen dürfen nicht nackt erscheinen. Frauen können arbeiten. Niemand hindert sie daran, aber sie müssen Hidschab tragen«, so indoktrinierte Ayatollah Khomeini die Musliminnen.[5]

»Warum müssen auch die Iranerinnen ihr Haar bedecken, die gar kein Kopftuch tragen wollen?« Seit dieser Frage fühlen sich die beiden Musliminnen von mir bedroht. Sie sehen in mir die Repräsentantin der westlichen Welt, die ihnen das Kopftuch wegnehmen möchte. »Du bist von der westlichen Propaganda beeinflusst«, wirft Mohadese mir vor.

»Die Iranerinnen gehen in Scharen auf die Straße und demonstrieren. Sie wollen keinen Hidschab tragen und gleiche Rechte haben. Warum denkt ihr, es ist westliche Propaganda?«, entgegne ich.

»Ich trage den Hidschab, wo immer auf der Welt. Der Tschador gibt uns Freiheit. Nur der Hidschab erlaubt es uns Frauen, Hunderten von Männern Befehle zu erteilen.«

Nach und nach verstehe ich: Das Kopftuch ermöglicht ihnen zu wagen, was ihre Mütter und Großmütter nie getan haben: per Anhalter die Welt erkunden, Führungspositionen bekleiden.

Die schwarz verschleierte Politikerin und Journalistin Azam Taleghani interpretierte unter Bezugnahme auf den Koran, dass der Frau die gleichen Rechte wie Männern zustehen. Damit war Taleghani eine der Hauptrepräsentantinnen der muslimischen Feministinnen, die Tschador tragen. Rahil und Mohadese sind dagegen von ihrem Gefühl bestimmt. Ihre Angst, als Sexobjekt betrachtet zu werden ist immens, ihre Ablehnung spärlicher Bekleidung rigoros: »Wenn Leute nackt sein möchten, können sie zu öffentlichen Sexfestivals nach Brasilien fliegen. In Iran ist dafür kein Platz.« Wer also am brasilianischen Karneval Spaß hat, findet bei Rahil keinerlei Verständnis. Ihre Teilung der Welt in den »verruchten bösen Westen« und das »heilige islamische Land« ist so plakativ, dass ich wieder das Gefühl habe, die Muslimin ist beeinflusst: »Iran ist das Land des Denkens, der Thinktank, der die Seele des Menschen erreichen will. Iran steht für die Menschlichkeit.«

Und mit einem Mal verstehe ich Rahils Wut. Sieht sie sich beim Angriff auf den Tschador in Gefahr, ihrer Erhabenheit, ihres Schutzpanzers beraubt zu werden? Wir im Westen können das schwerlich nachvollziehen.

»Was haltet ihr von Shirin Ebadi?«, spreche ich die beiden auf die erste muslimische Friedensnobelpreisträgerin an. Die Rechtsanwältin hatte sich, wie viele iranische Feministinnen, unter Bezugnahme auf den Islam für die Rechte der Frauen eingesetzt. Sie musste nach London ins Exil flüchten.

»Wir sind glücklich, dass eine Iranerin den Nobelpreis bekommen hat«, sagt Mohadese diplomatisch. »Das Problem ist nur, dass im Ausland einzig und allein Iraner ausgezeichnet werden, die das Regime kritisieren.«

»Und die Korruption?«, werfe ich ein.

Schnell weist Mohadese das Thema ab. Die Regierung setze sich gegen die Arbeitslosigkeit ein. Dass das Regime es seit Jahren nicht schafft, diese zu verringern, scheint an ihr vorbeigegangen zu sein. Doch warum leugnen Rahil und Mohadese Korruption, Wirtschaftsmisere und hohe Arbeitslosigkeit?

Zum einen gibt es keine inländische kritische Presse. Die ausländischen Medien lehnt das Regime als »Westpropaganda« ab. Und dann: Die Regierung diktiert die Inhalte der Freitagspredigten. Ayatollah Khamenei verfasst in Teheran die Predigt für das Volk, die Mullahs tragen sie landesweit in den Moscheen vor. So funktioniert auch die antiamerikanische Propaganda.

Iranische Geheimagentinnen?

»Es ist die reinste Gehirnwäsche. In den Moscheen werden die Gläubigen zum Teil manipuliert«, meint Mehrdokht. Ich frage meine iranische Freundin am nächsten Abend, wie sie sich erklärt, dass die beiden Musliminnen mich als Westpropagandistin abstempeln: »Es kann auch sein, dass sie dafür bezahlt werden, dass sie gegen dich sprechen. Vielleicht sind sie Basidschi!« Die Basidschi sind eine inoffizielle Hilfspolizei, die sich aus Freiwilligen rekrutiert. 1979 von Ruhollah Khomeini gegründet, sind die Basidschi die »Mobilisierten der Unterdrückten« der Islamischen

Revolution. Sie bilden eine paramilitärische Abteilung der Revolutionsgarde.

»Basidschi? Das kann ich mir nicht vorstellen«, sage ich – damals noch gutgläubig – auf dem Dachrestaurant.

»Das ist ja gerade das Gefährliche an den Basidschi. Man erkennt sie nicht. Man sieht ihnen nicht an, dass sie Geheimagenten sind. Gerade das macht sie so undurchschaubar für die iranische Bevölkerung«, sagt Mehrdokht. Die freiwilligen Mitglieder der Basidschi gehören der untersten Gruppe der Revolutionsgarde an. Die Regierung unterstützt sie in der Organisation Sazman-e Basidsch. Sie sind daher sehr stark. Wir blicken über das Häusermeer von Teheran. Wie viele Spitzel dieser Art werden sich unter den Dächern verbergen? Ob Rahil und Mohadese auch dazugehören? Zu den Basidschi zählen laut der staatlichen Nachrichtenagentur IRNA 12,5 Millionen Mitglieder, darunter fünf Millionen Frauen.

»Die Basidschi sind gefährlich, weil sie gegen kritische Menschen sind«, meint Mehrdokht: »Wenn es um Arbeitsstellen geht, werden sie vorgezogen. Es sind die Religiösen, die Aktivitäten in der Moschee ausüben. Sie organisieren antiamerikanische Veranstaltungen.«

»Warum, denkst du, kann bis heute keine organisierte Opposition entstehen?«, frage ich Mehrdokht.

»Eine Opposition kann nicht entstehen, weil die Basidschi wie ein Geheimdienst arbeiten. Du erkennst sie nicht, wenn du mit ihnen sprichst. Sie sind die geheime Waffe der Regierung.«

»Die Frauen tragen bestimmt Tschador.«

»Nicht immer. Sie zeigen sich auch ganz normal im Manteau. Es ist illegal, dass ich dir das erzähle. Mit dir spreche ich offen. Aber nicht mit jedem kannst du so reden. Wenn du in Deutschland bist, nenne nicht meinen Namen.« Mehrdokht lächelt.

Rahil und Mohadese Mitglieder der Basidschi? Mein Gefühl sagt: Ja. So, wie sie sich verhalten, könnten beide definitiv Geheimagentinnen sein. Wenn ich alleine an die Warnung im Internet vor der »Spionin« denke, vor der feindlichen Repräsentantin der Westpropaganda. Andererseits: Diese liebenswürdige Rahil, so zuverlässig, immer hat sie mir postwendend geantwortet. Schon merkwürdig. Fragen kann ich sie nun nicht mehr. Und selbst wenn sie eine Basidsch wäre, würde sie es zugeben?

Bestens vorstellen kann man sich nun, wie die »geheime Waffe« des Regimes agiert und was für eine Gefahr die Basidschi für die Bevölkerung sind. Das Zusammentreffen mit meinen Informantinnen führt klar vor Augen: Zum Aufbau einer organisierten Opposition müssen die Bürger äußerste Vorsicht walten lassen. Sie brauchen eine gehörige Portion Risikobereitschaft und erhebliche Courage.

Khomeini hängt über ihrem Bett

Fatima erweckt meine Neugier. Ihr Porträt, zutiefst verschleiert, lässt auf eine religiöse Muslimin schließen. Eine Tschadorträgerin als Couchsurferin? Plob! Eine Fatima-WhatsApp aus Isfahan schreckt mich frühmorgens auf: Sie halte strikt den Ramadan ein. Wie sie das Fasten denn durchhält? »Vor Sonnenaufgang frühstücken wir. Nach Sonnenuntergang essen wir wieder.«

Die 22-jährige Muslimin, seit vier Jahren begeisterte Couchsurferin, trifft Männer aus der ganzen Welt – von Hongkong bis Warschau: »Mein polnischer Besuch hat sich in mich verliebt. Er bewundert meinen Tschador.« Fatima studiert Film und Philosophie. Sie gehört der Internetgeneration an. Die hochgebildete Muslimin zieht ihr Wissen aus dem Netz wie kaum eine ihrer Altersgenossinnen. Damit beeindruckt sie die Männer. Sie spricht fließend Englisch, Arabisch, Koreanisch, Polnisch, Russisch sowie Spanisch und beherrscht die US-amerikanische Zeichensprache. Alles hat sie auf YouTube gelernt.

Fatima hat viele Talente. Sie ist auch kreativ. In der »Metropole der schönen Künste« lässt sie sich seit Kurzem auch zur Kupferschmiedin ausbilden. Ihren in luftigen Pastelltönen gehaltenen Bungalow in Isfahan-City, der Partnerstadt von Freiburg, hat Fatima gerade neu eingerichtet.

Ihre Wohnräume haben etwas Verträumtes. Mädchenhafte rosafarbene Spitzenvorhänge zieren die Fenster in ihrem lichtdurchfluteten Schlafzimmer in der ersten Etage. Lebensgroße Stoffpuppen aus Libanon sitzen auf dem Teppichboden. Im Hof blüht ein persischer Rosengarten. Mit Märtyrern, Gefallenen der islamischen Revolution, hat sie sich ihr rosafarbenes Idyll dekoriert.

Zu Hause trägt sie unter Frauen keinen Tschador. Mit ihren lebendigen großen Augen und ihrem schwarzen Lockenschopf mit Blume im Haar erinnert mich die Hübsche im langen Wallerock an eine Spanierin. Fatima Nazerian ist behütet aufgewachsen. Khomeini hängt über ihrem Bett. »Ich liebe ihn. Khomeini war unser erster Imam. Er hat die Revolution ins Rollen gebracht. Er ist es, der uns zu unserem heutigen Leben geführt hat. Was er für Iran getan hat! Seine Aussagen sind wirklich wichtig für mich.«

Anfangs ist es mir mulmig, in Fatimas Zimmer unter Khomeinis Antlitz zu schlafen. Ich verliere kein Wort darüber. Es kommt der Moment, als ich beginne sie zu verstehen: »Vor der Islamischen Revolution waren die amerikanischen Mächte überall«, sagt sie. »Sie haben unser Öl ausgenutzt, sie haben unser Land ausgenutzt, sie haben selbst uns ausgenutzt, die Menschen. Wir, die Iraner, waren wirklich reich, aber wir haben nur für die Amerikaner gearbeitet. Khomeini wollte, dass wir unabhängig sind. Deshalb hat er so eine große Bedeutung für mich.«

Iran 1979. Die Ereignisse überstürzen sich. Mohammad Reza Pahlavi, der als Vasall der USA gilt, als ein Machthaber von Washingtons Gnaden, muss fliehen. Ayatollah Khomeini erklärt seinen Sieg über den Schah, der auch ein Sieg über die amerikanische Vorherrschaft im Land ist. Die amerikanische Flagge ging in Flammen auf, als konservative iranische Studenten am 4. November 1979 die US-Botschaft in Teheran besetzten. 444 Tage lang hielten sie 52 Mitarbeiter als Geiseln fest. Bis heute haben die USA keine diplomatische Vertretung mehr in Teheran. Khomeini segnete die Aktion: »Wir werden die amerikanische Hegemonie zerstören. Die USA werden nicht mehr eine verdammte Sache gegen uns tun.«

Sein Fluch ist in großen Lettern auf den Mauern an der Mofatteh Street gegenüber der stillgelegten US-Botschaft verewigt. Von den »Worten des Imams« ist Fatima bis heute beeindruckt. Wie Rahil, Mohadese und alle systemtreuen Religiösen verehrt sie ihn als Heiligen. Khomeini erhielt viel Zuspruch aus den armen Schichten und der Landbevölkerung. Auf dem Land lebten Millionen Iraner unter der Armutsgrenze, während eine kleine Elite rund um den Schah sich einen dekadenten, ausschweifenden Lebensstil gönnte. Auch heute noch existiert der soziale Konflikt, allerdings unter anderen Vorzeichen: zwischen denen, die von Sanktionen und Arbeitslosigkeit betroffen sind, und denjenigen, die noch immer vom System profitieren. Laut offiziellen Quellen leben rund dreizehn Millionen Bürger in Armut, ohne Strom und fließend Wasser. Reformorientierte Stimmen wie die Nachrichtenagentur ILNA geben höhere Zahlen von bis zu neunzehn Millionen Menschen an. Das bedeutet, dass fast jeder vierte Iraner von Armut betroffen ist. Es sind vor allem diese Menschen, die zuletzt wegen der Benzinpreiserhöhung im November 2019 gegen das Regime demonstrierten. Ihr Protest wurde blutig niedergeschlagen.

Die drei Musliminnen reflektieren nicht im Geringsten, dass Khomeini und Khamenei ihre ursprünglichen Versprechen verraten haben könnten. Die islamischen Revolutionäre hatten sich die Förderung der armen Bevölkerung auf die Fahnen geschrieben. Die historische und aktuelle politische Aufarbeitung fällt bei den Musliminnen aus. Vielmehr ist Fatima der Ansicht: »Wir sind von Herzen verbunden mit unserem Regime. Unsere Regierung ist nicht streng. 98 Prozent der Bevölkerung waren für die Islamische Republik. Das Volk wollte sie.«

Die Muslimin ist auf dem historischen Stand von 1979 stehengeblieben. Heute sieht es anders aus. Nur noch 25 Prozent der Bevölkerung stehen laut einer Schätzung der Bundeszentrale für politische Bildung hinter dem System. Sie bekleiden wichtige Positionen. Die Opposition hat kaum eine Chance. Ayatollah Khamenei, der jetzige Revolutionsführer, ist umstritten. Nicht bei Fatima. Sein Porträt hängt in ihrem Esszimmer: »Ich liebe ihn. Er ist der gerechteste und glaubwürdigste Führer der Welt. Ich habe mich mit den anderen Regierungsführern in der Welt auseinandergesetzt. Er ist der Beste. Er ist mit uns. Er unterstützt immer die iranische Bevölkerung.«

Wir schauen Fernsehen im opulent eingerichteten Wartesaal einer Bank: Khamenei spricht in einer Übertragung von IRINN, dem Islamic Republic Iranian News Network, vor 2000 Zuhörern im »Beyt of Imam Khamenei« in Teheran. Die Frauen sitzen im Hause

Khamenei getrennt von den Männern auf dem Perserteppich, barfuß, aber im Schleier. Ständig ist Khamenei im Regierungssender Iran TV präsent: Fünfmal die Woche verkündet er seine Botschaft vor dem Volk. Warum glaubt Fatima an ihn?

»Er gibt mir ein gutes Gefühl. Er lädt meine Batterien auf. Denn er ist es, der mir den Sinn des Lebens vermittelt: mich persönlich entwickeln, mein Land verbessern und an Gott glauben.« Von seinen Worten ist sie beeindruckt. Doch in seinem Regime, für das er als geistliches Oberhaupt die höchste Verantwortung trägt, grassiert die Korruption. Sie, die blendend Englisch spricht und zwei Schulklassen übersprungen hat, versteht das Wort »corruption« nicht.

Fatimas Mutter geht im Tiger-Tschador über die Straße. Auffällig leuchtet das Wildtiermuster an der Stirn unterm schwarzen Tuch hervor. Mahnaz ist eine anmutige, zierliche Frau. Der erste Wohnsitz der wohlhabenden Familie liegt in Teheran. Fatimas Vater, ein 44-jähriger Kameramann, arbeitet bei Film und Fernsehen in der Hauptstadt. Weder ein Bild ihrer Eltern noch sonst eines Familienmitglieds findet sich in ihrem Zuhause. Nur Khomeini und Khamenei hängen an der Wand.

Macht Trump per Twitter Propaganda gegen Iran, so bekomme ich nun die andere Seite zu hören. Die Iranerin lässt kein gutes Haar an den USA, stellt aber klar: »Ich bin gegen die Regierungen der westlichen Länder, aber ich verurteile nicht die Menschen, die dort leben. Im Gegenteil: Ich lade sie ja zu mir nach Hause ein.«

Revolutionsgarden als Helfer in der Not

Fatima ist erzürnt. US-Präsident Trump erklärt am 8. April 2019 die Revolutionsgarde zu Terroristen. Zum denkbar schlechtesten Zeitpunkt. Es ist die Armee, die gerade versucht, Hunderttausenden von Opfern vor den Regenfluten der Jahrhundertkatastrophe in Khuzestan zu retten. Rund eine halbe Million Menschen werden obdachlos. Die Sepah-e Pasdaran – wörtlich: Armee der Revolutionswächter –

hat rund 130 000 Mitglieder. Sie ist eine separate, von den iranischen Streitkräften abgetrennte Einheit mit eigenem Geheimdienst, Bodenstreitkräften, Marine und Luftwaffe.

Eine Eliteeinheit mit geschätzt 5000 Soldaten führt exterritoriale Operationen durch: die Quds-Brigade. Der Name wird von Jerusalem – al-Quds – abgeleitet. Sie bekämpfen die Taliban. Sie unterstützen die Hamas oder den palästinensischen Dschihad. Die Palästinenser beanspruchen bekanntlich Ost-Jerusalem als ihre Hauptstadt. Das Bündnis Irans mit den Palästinensern ist ein Hauptgrund für Trump, die Revolutionsgarde als Terroristen zu verurteilen. Fatima empfindet dies als schwere Beleidigung. Sie protestierte in einer Massendemonstration gegen den US-Präsidenten auf den Straßen von Isfahan.

Das Forschungszentrum in Partnerschaft mit dem Orient (Center for Applied Research in Partnership with the Orient CARPO) in Bonn setzt auf »inklusive Politik« in Iran, die frei von Vorurteilen und Ausschlussmechanismen ist. Direktor Adnan Tabatabai: »Die feindliche Energie der USA ist nicht nur auf Iran gemünzt, sondern auch auf Europas Kräfte, die Iran im Gesundheitswesen helfen wollen. Indem die USA das iranische System zu Terroristen verurteilen, verhindern sie, dass Hilfsleistungen bei unschuldigen Zivilisten ankommen. Die Menschenrechte werden mit Füßen getreten.«

Wir sitzen vor dem Fernseher und sehen, wie die Revolutionsgarde den Flutopfern hilft, die ihre Häuser verloren haben. Auch Fatima und ihre Mutter werden sich auf den Weg machen: »Wir wollen den Menschen helfen. Mein Vater beneidet uns. Er kann nicht mithelfen, weil er arbeiten muss.« Die Muslimin steckt voller Idealismus. »Das Wichtigste für uns Moslems besteht darin, unsere Mitmenschen wie unsere Familie zu behandeln. Im öffentlichen Leben nennen wir uns Bruder und Schwester.«

Fatima ist zwar kein Mitglied, aber sie reisen im Namen der Freiwilligenmiliz Basidsch zum Katastrophenschutz. Die Basidschi haben zwei Seiten: Einerseits verbergen sich unter ihnen viele regimetreue Spitzel. Andererseits sind sie auch karitativ engagiert. Im Handumdrehen haben sie an Universitäten, im öffentlichen Leben und über den Rundfunk den nationalen Notruf gestartet. Überall sind ihre landesweiten Aktivitäten spürbar.

Wir fahren im Snap-Taxi an einer Straßenkreuzung vorbei. An einem Stand werben die Basidschi mit Megafon um freiwillige Helfer und Spenden für die notleidende Bevölkerung: Ein Aufruf im Namen Allahs. Khomeini und Khamenei starren, überlebensgroß plakatiert, auf die Straße herab. »Weil wir sie lieben« – so sind ihre Porträts untertitelt.

Die Basidschi haben Tausende von ehrenamtlichen Einsatzkräften aus dem ganzen Land zusammengetrommelt. Sie bringen die vornehmlich jungen Helferinnen und Helfer in Turnhallen und improvisierten Lagern unter: »Es sind unglaublich viele Menschen da. Jeder ist herbeigeeilt, um in der Not zu helfen«, berichtet mir Fatima per WhatsApp aus der Kleinstadt Pol-e Dokhtar. Ihre Unterstützung bestand vor allem darin, für ihre obdachlos gewordenen Landsleute Brot zu backen.

Die junge Iranerin ist sichtlich bestrebt, ihr Leben der Nächstenliebe zu widmen. Sie betet viel alleine, meistens dreimal am Tag. Zur Freitagspredigt geht die Vielbeschäftigte höchstens einmal im Monat: »Die Moschee ist nicht nur ein Ort des Gebets. Die Moschee ist ein Ort der Lehre und des Lernens. Hier unterrichte ich Kinder in Kunst und arabischer Sprache.« Persisch ist die offizielle Nationalsprache, aber Arabisch ist Pflichtfach in der Schule. Im Vielvölkerstaat Iran lebt eine Minderheit von schätzungsweise 4,5 Millionen Arabern. Der Koran ist in Arabisch geschrieben. Der Aufruf des Muezzins zum Gebet schallt in allen muslimischen Ländern auf Arabisch durch die Gassen.

Muslimin zu sein bedeutet für Fatima, sich ständig fortzubilden: »Ich will wissen, warum ich Muslimin bin. Deshalb verbessere ich meine Kenntnisse durch Studium und Lektüre der islamischen Literatur.« Selbst das konservative islamische Regime will die Iranerin nicht hinter den Herd verbannen. Im Juli 2018 hat das Ministerium für Frauen und Familie neun Gesetze verabschiedet. Das Ziel: Die Frau soll in Politik, Wirtschaft und Technologie gefördert werden. Hauptsache, sie trägt Hidschab im Dienst.

Bildung und der Einstieg von Frauen ins Erwerbsleben sind sogar auf höchster Ebene im Kurs: »Khamenei befürwortet, dass die Frauen arbeiten. Aber seine Gattin Mansoureh erscheint nie in der Öffentlichkeit. Rohanis Frau Sahabeh hat ebenso kaum jemand gesehen.«

Beide First Ladys gehören zur älteren Generation. Sahabeh Rohani, die ihren Cousin geheiratet hat, engagiert sich karitativ und hat zehn Kindergärten gegründet.

»Das Kopftuch soll die Familie schützen!«

In Zeiten von #MeToo ein überraschendes Statement aus Iran, das wegen seiner Kopftuchpflicht permanent im Zentrum feministischer Kritik steht. Fatima dreht den Spieß einfach um. Bei ihr steht der Westen in der Kritik: »In Iran sind die Frauen überhaupt nicht unterdrückt. In Europa sind die Frauen unterdrückt. Warum nutzt ihr im Westen die Frauen für die Werbung aus, nur um ein Produkt zu verkaufen?! Warum tut ihr ihnen das an?! Das versetzt sie in eine minderwertige Position.«

Wir sitzen auf ihrem weißen Sofa im Wohnzimmer. Natürlich bekennt sich die junge Muslimin zu Schleier und Verhüllung. Überraschend sind eher ihre Aussagen über die »Enthüllung« der westlichen Frau: »Wir Iraner sind in der Position zu fragen: Warum zerstört ihr eure Familien? Eure Gesellschaften handeln nicht im Namen der Menschlichkeit. Ich kenne viele Europäer, die über ihr soziales Leben nicht glücklich sind. In den USA ist jedes vierte Kind unehelich. Ein Amerikaner hatte achtzehn Partnerinnen in seinem Leben. Das habe ich in einem amerikanischen Journal gelesen. Was soll das?! Es ist das Ergebnis davon, dass die Frauen im Westen kein Kopftuch tragen.«

»Warum tragt ihr Hidschab in Iran?«

»Wir wollen der Familie Macht geben. Wir verhüllen uns, um unser soziales Leben stabil, gesund und sauber zu erhalten.« Fatima legt über ihren dunklen bodenlangen Umhang ein rot geblümtes Kopftuch um. Das ist ihr Tschadorstil. Niemals geht sie ganz in schwarz. Ihr kunterbuntes Outfit sieht fröhlich aus.

Im Snap-Taxi fahren wir quer durch Isfahan. Iranerinnen, vollverschleiert, kaum verschleiert, ziehen an uns vorüber. Neben mir höre ich Fatima philosophieren: »Wir Iranerinnen sollen vor fremden Männern nicht singen und tanzen, weil das unsere Schönheit betont. Wir wollen die Frau als Menschen betrachten. Sie soll ihre Schönheit nur in der Familie zeigen, weil wir unser Eheleben intakt halten wollen. Genauso empfiehlt der Koran: Auch die Männer sollen sich dezent anziehen. Es ist unser Respekt vor Gott.« Der Taxifahrer verweigert Trinkgeld, obwohl er nur einen Obolus von 70 Cent verlangt. Am Imam Square steigen wir aus.

Gespräch mit einem Mullah

Warum müssen alle Iranerinnen Schal trage, auch die Frauen, die ihr Haar nicht verschleiern wollen? »Wir müssen der Nation eine Identität geben.« Im Innenhof der Imam-Moschee treffe ich Saeed. Sein Auftrag ist »Öffentlichkeitsarbeit«, das Gespräch mit Interessierten über den Islam. Der dreißigjährige Mullah schreitet mir in majestätischer Haltung entgegen: weißer Turban, langer Talar bis auf den Boden, freundliches Lächeln. Saeed wirkt mild und sanftmütig. Wir nehmen Platz in einem Seitenpavillon und sitzen uns gegenüber. Meinen weißen Schleier behalte ich im Angesicht des Geistlichen über mein Haar gezogen: »Warum will der iranische Islam, dass die Frau immer ein Kopftuch tragen muss?«

»Die Gründung der Familie ist sehr wichtig. Was immer die Familiengründung und den Erhalt der Familie bedroht, möchten wir ausschalten. Im Islam ist es nicht in Ordnung, sich von seiner Familie zu trennen. Es lenkt uns zu sehr ab, wenn eine Frau ihre Haare offen trägt. Es ist, als wenn dir jemand gutes Essen vor die Nase setzt. Du bist sehr hungrig, und du darfst nicht essen. Wenn die Frauen keine Haarbedeckung tragen, geht davon eine Gefährdung des Mannes aus. Es gibt so viele schöne Frauen. Ich zum Beispiel bin zehn Jahre verheiratet. Auf der Straße sehe ich dann diese Schar schöner Frauen. Dann komme ich nach Hause und betrachte meine Frau, die ich schon zehn Jahre sehe. Ich könnte enttäuscht oder gelangweilt sein und mich gedanklich zu einer fremden Frau hingezogen fühlen. Wenn wir das Kopftuch abschaffen, bedroht es die Gründung und den Erhalt der Familie. Das Kopftuch ist das Symbol dafür, dass eine Beziehung mit einer Frau immer nur ernst gemeint sein darf. Es führt zum Zusammenbruch der Familie, wenn eine kurzlebige, lockere Beziehung nach der anderen folgt. Die Familie steht im Zentrum der iranischen Gesellschaft. Sie ist ihre Säule. Wir müssen sie erhalten und schützen.«

Saeed ist jahrelang an der höchsten theologischen Universität in Qom ausgebildet worden. Sein Englisch ist ausgezeichnet. Sein weißer Turban bedeutet, dass er ein einfacher Geistlicher ist. Der Mullah ist Schiit, wie 89 Prozent der Iraner: »Wenn du meiner Lehre folgst, wirst du niemals irregeführt.« Mit seinem weißen Turban wirkt er auf mich wie der Weise aus dem Morgenland.

Islamische Führer mögen nach unserer westlichen Betrachtung umstritten sein. Dabei sind die Ansichten iranischer Ayatollahs hinsichtlich der Politik vielschichtig. Das Spektrum reicht von erzkonservativen bis zu regierungskritischen Geistlichen. Das Studium eines Ayatollah umfasst auch westliche Religionen und Ideologien. An der Madrese, der schiitischen Hochschule, die der Imam-Moschee angeschlossen ist, studieren die Moslems Jura. In Anlehnung an die Scharia, der islamischen Gesetzgebung, widmen sie sich in ihrem jahrelangen Studium der Auslegung des Korans.

Rohani hat die Wende, besonders seit dem Nuklearabkommen, vorangetrieben. Was ist Saeeds Meinung zur Öffnung Irans gegenüber dem Westen? »Es ist eine große Chance für uns. Unser Problem ist, dass wir den Amerikanern nicht trauen können. Die USA halten ihre Versprechen nicht. Sie wollten die Wirtschaftssanktionen im Gegenzug dafür abbauen, dass wir unser Nuklearprogramm herunterfahren. Aber sie haben es nicht getan. Amerika ist Partner von Saudi-Arabien. Im Jemen töten sie Menschen. Wie können wir ihre Freunde sein? Iran verteidigt die unterdrückten Muslime. Die Palästinenser sind keine Schiiten. Dennoch verteidigen wir unsere moslemischen Brüder.«

Fatima holt mich an der Mosche ab. In einem Geschäft am Imam Square lächelt uns Putin entgegen. Sein Antlitz ist in einen Teppich eingewoben. Umso mehr Europa ausfällt, desto mehr profitiert Russland von den Geschäften mit Iran. In Syrien kämpfen Russland und Iran auf einer Seite. »Als Putin anreiste, besuchte er direkt vom Flughafen aus Khamenei, erst danach Rohani«, berichtet Fatima kundig. »Wir haben einen Putin-Teppich weben lassen, weil es so viele russische Touristen in Isfahan gibt.« Fatima dolmetscht für den Teppichhändler. Sie bedauert: »Ich habe so viele Anfragen von Russen, aber ich konnte sie nicht beherbergen, weil sie alle Männer sind.«

Eine muslimische Couchsurferin erobert die Männerwelt

Nachdem ich am nächsten Morgen unter Khomeinis Antlitz schlaftrunken aufwache, frage ich mich: Wo lernt sie Männer kennen angesichts der getrennten Welt in Iran? Ich lerne von ihr: »Hanging out« mit ausländischen Couchsurfern ist erlaubt, aber übernachten nicht erwünscht: »Es ist mir zu anstrengend, immer den Schleier anzulassen«, erklärt sie mir beim Frühstück mit offenem Haar. »Dann müssen meine Mutter und ich auch noch zu Hause Tschador tragen.« Ihre Mutter Mahnaz schüttet uns frisch gepressten Orangensaft ein. Fatima zwinkert mit den Augen: »Wenn wir Probleme haben, ist es eine Wohltat, im Privatleben den Hidschab abzunehmen. Die Probleme sind in dem Moment verschwunden.«

Mit ihrem Fatima-Lächeln öffnet sie die Tür. Heute trägt meine Gastgeberin, ganz und gar polyglott, ein Kopftuch mit Weltkarte überm Tschador: »Mein polnischer Gast war wirklich beeindruckt von meinem Schleier. Er hat mich bewundert.« Sie lacht. »Er sagte mir: ›Du bist eine würdige Frau.‹ Sogar als er in Warschau zurück war, hat er mir geschrieben: ›Ich habe keine Frau in Polen gefunden, die so schön ist wie du.‹«

»Hast du dich auch in ihn verliebt?«

»Ich habe mich nicht in ihn verliebt.« Sie kichert. »Ich bin nicht so beeindruckt von Europäern. Ich weiß auch nicht, warum. Normalerweise verlieben sich Europäer in Iranerinnen. Ich beobachte es dauernd. Zuerst ist der Unterschied zwischen den Kulturen das Spannende, dann die Schönheit unserer Frauen, ihre Freundlichkeit«, erzählt die Couchsurferin. Sie blickt auf eine Erfahrung von vier Jahren zurück: »Ein Tscheche, den ich übers Internet kenne, hat eine Iranerin geheiratet. Die Menschen in Iran sind wirklich warmherzig. Sie lächeln immer, sie kümmern sich immer um dich. Ich glaube, die Europäer sind nicht daran gewöhnt.«

Offiziell darf eine Iranerin keinen Andersgläubigen heiraten. Ein Muslim kann jedoch laut Gesetz eine Christin oder sogar Jüdin heiraten, weil die Religionen denselben Ursprung haben. Eine kleine jüdische Minderheit lebt im Land. In Iran gibt es keinerlei antisemitische Anschläge.

Der Soffer, der Hausberg von Isfahan, liegt in der strahlenden Sonne. Wir begeben uns auf eine kleine Bergwanderung unterhalb des mächtigen roten Felsgipfels. Ob sie hier auch mit einem jungen Iraner entlangschlendern würde? »Ich würde nie alleine mit einem Mann im Park spazieren gehen, wenn er mich nicht heiraten würde.«

»Wo lernst du deinen zukünftigen Ehemann kennen?«, frage ich sie.

»Ich habe keine Rendezvous mit Männern, aber ich treffe sie. Das ist ein Unterschied«, sagt sie klar: »Zweihundert Männer wollten mich heiraten.«

»So viele! Aber in der getrennten Welt in Iran, woher kennst du diese Männer?«

»Aus dem Netz, durch Instagram. Meistens lerne ich Männer an der Uni kennen. Am College studieren wir zusammen. Wir gehen auf Exkursionen. Wir lernen uns sehr gut kennen, weil wir viele Projekte zusammen durchführen und über die Wissenschaft diskutieren. So habe ich viele Heiratsanträge bekommen.«

Fotoshooting auf dem Felsplateau: Fatima schwingt ihren Tschador wie eine Flamencotänzerin. Klick. Der Tschador wird zum Tanzgewand – natürlich nur »unter Frauen«. Wer wird wohl der Glückliche sein, der sie im Tanz auf dem Felsplateau filmen darf? Um Fatimas Hand halten die Männer an wie bei einer Prinzessin aus dem Orient.

»Zuerst werben die Heiratskandidaten bei meiner Familie um mich. Bei uns heiraten zwei Familien, nicht nur zwei Individuen. Die jungen Männer erkundigen sich bei meiner besten Freundin nach der Telefonnummer meiner Mutter. Dann ruft seine Mutter meine Mutter an. Sie tauschen sich aus. Meine Mutter hat sieben Geschwister. Alle meine Cousins haben mich gefragt, ob ich sie heirate.« Bei Mahnaz klingelte das Telefon Sturm. Unter zweihundert Brautwerbern hat Fatima 25 junge Männer in die engere Wahl gezogen und persönlich getroffen. Sie wählt ihren Zukünftigen aus. Nicht die Familie wie in alten Zeiten. Die Mutter ist Fatimas engste Beraterin. Sie übernimmt auch den nicht ganz einfachen Part, Fatimas Brautwerbern abzusagen.

»Zweihundert Heiratsanträge?! Ich habe noch keinen einzigen bekommen«, sagt Sharzad mit einem Anflug von Neid. Wieder telefoniere ich mit der Rebellin des Weißen Mittwoch aus Teheran, der Hochburg des liberalen Lebens: »Bei uns heiratet sowieso keiner mehr. Die jungen Leute ziehen einfach so zusammen.«

Das Häusermeer der Zweimillionenstadt liegt uns zu Füßen. Isfahan ist konservativer als Teheran. Fatimas Eheanbahnung ähnelt einem ausgeklügelten Bewerbungsverfahren: Von 25 Heiratskandi-

141

daten habe sie achtzehn Verehrer ein zweites und elf ein drittes Mal getroffen. »Mit zwei Männern stand ich kurz vor der Verlobung.«

»Warum kam es nicht dazu?«

»Vieles passte mir nicht. In der Schule meines Bekannten fand ich heraus, dass er nie an Ausflügen teilnahm. Das war für mich ein Zeichen, dass er nicht gesellig ist.«

»Sie geben dir an einer Schule solche Auskünfte über eine Person preis?«

»Ja, sie dürfen es dir erzählen, wenn du heiraten möchtest. Auch die Männer holen umfassende Auskünfte über uns Frauen ein. Es ist wirklich selten, schön, intelligent, wohlhabend zu sein und noch an Allah zu glauben.« Sie lacht über sich selbst. »Alle, die ich getroffen habe, waren gute Männer.«

»Warum hast du dennoch nicht geheiratet?«

»Weil ich meinen Idealmann noch nicht gefunden habe.« Sie wird nachdenklich. »Es ist ein Problem, wenn die Frauen gebildet sind. Ihre Ansprüche, sind so hoch, dass sie ihren Mann nicht finden. Die Männer dagegen sind heutzutage so modern. Alle Iraner, die ich getroffen habe, waren derartig tolerant. Sogar wenn sie nicht gebildet sind, haben sie gar keine Probleme mit einer gelehrten Frau.«

Fatima beschäftigt sich in ihrem Philosophiestudium mit den Gedanken von Aristoteles über den Menschen: »Ich habe viele Bewunderer, die mich gerade wegen meiner Bildung verehren.« Die Achtsprachige beschreibt sich selbst als überdurchschnittlich begabt: »Es ist schon ein Problem, dass ich mich oft intelligenter als die Männer fühle.«

»Wie soll denn dein Idealmann sein?«

»Ich möchte gerne einen Partner auf Augenhöhe finden. Ich will nur, dass er ehrlich und sozial ist. Bergklettern soll er. Ich habe viele Männer beim Bergklettern kennengelernt. Weil ich so viele Sprachen sprechen kann, haben sie mich gefragt, ob ich ihnen darin Unterricht geben könnte.« Sie schmunzelt.

»Waren sie alle religiös?«

»Mehr oder weniger. Ich würde natürlich lieber einen religiösen Mann heiraten, aber es muss nicht sein.«

Sie eilt hoch zu den Schwebenden Vögeln, einer Märtyrer-Gedenkstätte. Auf dem Felsplateau betet sie für die Gefallenen des Iran-Irak-Krieges.

»Warum studiere ich? Ich studiere für Gott. Das ist das Ziel meines Lebens. Die Warmherzigkeit ist so wichtig. Atheisten haben nur Geld im Kopf. Wenn du religiös bist, trägst du schöne Gedanken in dir. Normalerweise sind Religiöse von guter Gesinnung. Sie heiraten dich nicht nur wegen deines Geldes. Die Religiösen behandeln dich als Frau im Allgemeinen besser. Sie sind treu.«

»Bis du denn damit einverstanden, dass der Mann in Iran laut Gesetz über dich bestimmen kann, dass er dir verbieten kann zu reisen oder zu arbeiten?«

»Die Ehe ist keine Einbahnstraße. Sie ist ein Wir. Der Mann überlässt der Frau sein Geld. Die Frau kann bei uns ihr Gehalt oder Vermögen behalten. Der Mann muss die Familie ernähren. Ich denke, wenn der Mann alles bezahlen muss, kann er auch bestimmen.«

Fatimas Denken ist einerseits patriarchalisch geprägt, andererseits weltoffen und modern. Ihr Vorbild ist ihre Mutter. Mahnaz, die anfangs Jura studierte, ist Kupferschmiedin geworden. Im Atelier im Isfahaner Bungalow kreiert sie Vasen, Kannen und Obstschalen mit türkisfarbenen Einlegesteinchen. Diese verkauft sie über das Internet.

Sieben Kupfergefäße habe sie diesen Monat verkauft, übersetzt Fatima die Worte der 42-jährigen smarten Künstlerin, die in Pferdeschwanz und gelbem T-Shirt vor uns steht. Leben muss die stets zurückhaltend freundliche Frau von ihren Kunstwerken nicht. »Arbeiten und Kinder großziehen schließt sich nicht aus«, meint Fatima: »Ich möchte eine Familie haben und Filme drehen.«

»Was für einen Film möchtest du drehen? Vielleicht über Couchsurferinnen?«

Sie lacht schallend: »Ja, ich könnte ein Buch darüber schreiben. Wir hatten eine vegane Rumänin zu Gast und saßen drei Tage nur vor Spaghetti mit Tomatensoße. Vegetarische Ernährung ist in Europa in. Wir Kebabliebhaber finden das äußerst merkwürdig.«

»Möchtest du in deiner Heimat bleiben im Gegensatz zu vielen deiner jungen Landsleute, die Iran verlassen wollen?«

»Ja, ich möchte mein Land verbessern, statt für die anderen zu arbeiten. Aber natürlich will ich nach Übersee reisen.«

»Kommen deine Gäste nur aus Europa?«

»Nein, auch aus Asien. Mein letzter Gast war ein Hongkong-Chinese. Er hat Neujahr mit uns gefeiert. Ich habe auch viele koreanische Freunde, Studenten von der Universität Teheran. Unsere Institute liegen nebeneinander. Sie sprechen mit mir Farsi, und ich antworte ihnen auf Koreanisch. Ich kann fließend Koreanisch sprechen.«

Mit sechzehn begann die weltoffene Fatima als Touristenführerin, weil sie schon in dem Alter Englisch und Arabisch sprechen konnte. Mit achtzehn wurde sie Couchsurferin: »Ich liebe es, Freunde aus aller Welt zu finden. Als Touristenführerin wurde ich bezahlt. Ich hatte zielgerichtet meine Arbeit zu leisten. Touristen sind aber eigentlich nicht daran interessiert, Freundschaften zu schließen. Sie wollen Sehenswürdigkeiten ansehen. Bei Couchsurfern ist das anders. Sie haben Interesse an einer zwischenmenschlichen Beziehung.«

Couchsurfer sind jung. Aus der Altersgruppe der Mitte Zwanzig- bis Mitte Dreißigjährigen falle ich komplett heraus und bin unter ihnen die Älteste. Meine Gastgeber gehen mit großer Neugierde und Warmherzigkeit auf mich zu, dennoch nehmen sie mich als eine besondere Art Spezies wahr. Von Lady, Engel bis Geheimagentin, der Fächer dessen, was sie in mir sehen, ist weit gespannt: »Du bist meine zweite Mutter aus Europa«, sagt mir Fatima. »Weil du bei mir zu Hause wohnst, sind wir uns wirklich nahegekommen.«

Mit Schleier unterm Sonnenhut

Der Zayandeh Rud fließt mitten durch Isfahan. Aufs Fahrrad traut sich nur die »Mutter aus Europa«, nicht die »Tochter aus Iran«: »Ich habe Angst, in der Öffentlichkeit Rad zu fahren. Wenn ich die Balance verliere! Ich bin bisher nur in Frauenparks gefahren.«

Dabei ist es nur ein Radweg durch die Natur am Fluss entlang. Also starte ich alleine meine Radtour durch Isfahan. Einsam bleibe ich nicht. Was die Seine in Paris ist, ist der Zayandeh Rud in Isfahan. Die Menschen leben am Fluss.

Die Si-o-se-Pol-Brücke spiegelt sich morgens im glitzernden Wasser. Unter ihren sandfarbenen Arkaden leihe ich mir ein lilafarbenes Fahrrad aus. Mit Schleier unterm Sonnenhut: So düse ich vierzig Kilometer am begrünten Ufer entlang. Am Ende der Tour radelt eine junge Iranerin an mir vorüber. Erst jetzt bemerke ich, dass ich mit Ausnahme von ihr und einem Weißhaarigen fast die Einzige auf dem Drahtesel bin. Radfahren hat sich als Volkssport in Iran noch nicht durchgesetzt. Frauen erlauben es sich eher, in progressiven Städten wie Teheran zu radeln. In der konservativen Metropole Isfahan kann es riskant sein, sich den Wind um den Schleier wehen zu lassen.

2013 wurde zwar ein Gesetz verabschiedet, demzufolge Iranerinnen öffentlich Radfahren dürfen. Dagegen hat Ayatollah Khamenei 2017 aber eine Fatwa, ein religiöses Gutachten, erlassen: Frauen sei das Fahrradfahren untersagt, weil sie nicht von fremden Männern gesehen werden dürften. Die Moslems sind in dem Punkt zerstritten. Die Radfürsprecher berufen sich auf die Karawanenhistorie: Da Frauen schon immer auf Kamelen reiten durften, sollen sie jetzt analog auf Rädern sitzen dürfen. Doch Fatima ist und bleibt auch im 21. Jahrhundert der Drahtesel nicht geheuer. Auch Fußball findet sie nicht feminin. Sie versteht nicht, warum sich Frauen darum reißen, in ein Stadion zu gelangen. Da ist Fatima eben doch noch ganz die Prinzessin aus dem Orient.

Die Idealistin und die Wutentbrannten

»Sie war mein Lieblingsgast«, schreibt Fatima in ihre Referenz: »Wir fühlten uns wie Mutter und Tochter.« »Sie war eine Spionin«, schreiben dagegen Mohadese und Rahil über mich: »Lade sie nicht in dein Haus ein.«

Drei regimetreue Musliminnen – zwei grundverschiedene Beurteilungen. Welche Wahrheit spricht aus den Gefühlen der Musliminnen? Fatima steht für das positive Bild einer idealistischen jungen Muslimin. Welche Politik die Machthaber im Namen der Religion machen, ist eine ganz andere Seite der Medaille. Sie hinterfragt das nicht. In Fatima sehe ich die sympathische »naive Idealistin«. Rahil und Mohadese scheinen, ebenso wie Fatima, keine Ahnung vom Unrecht zu haben, das vom iranischen Regime im Namen Allahs ausgeübt wird. Sie geben sich genauso naiv. Die drei Musliminnen haben eins gemeinsam: Ihre Naivität rührt auch daher, dass sie nicht im Lebenskampf stehen. Sie kommen aus begüterten Verhältnissen, müssen sich nicht selbst ernähren, sind abgesichert. Dass eine immense Arbeitslosigkeit im Land die jungen Leute umtreibt, braucht sie nicht zu beunruhigen. Als systemtreue Bürgerinnen bekommen sie zudem immer leichter Arbeit.

Im Gegensatz zu Fatima sehe ich in Rahil und Mohadese die »naiven Wutentbrannten«. Sie haben Angst. Angst vor mir, die ich den »bösen Westen« repräsentiere, der sie ihres Schleiers und damit ihrer »Überlegenheit und Erhabenheit als Frau« beraubt. Angst vor unserem westlichen »Verfall«, vor unseren nachlässigen Sitten, die ihnen ihr »gutes Iran«, ihre in ihren Augen sozial intakte Heimat nehmen, wenn dieses »Lotterleben« jemals über sie hereinbrechen würde.

Fatima dagegen sieht im Westen in erster Linie nicht den Feind, sondern den Freund. Das ist ihre Stärke. Sie lässt sich nicht persönlich von der Propaganda ihres Regimes infiltrieren. Sie ist offen geblieben. Fatima ist eine rechtschaffene Religiöse – im Gegensatz zu Personengruppen, die den Islam instrumentalisieren.

Kurdinnen:
Freiheitskampf in Iran

Malihe – die kurdische Rebellin

Kermanschah: 1 100 000 Einwohner, nahe der Grenze zum Irak, ein Zentrum der Kurden. Malihe wohnt mitten in der Altstadt, um die Ecke vom Basargetümmel, wo schillernd bunte Kurdenkleider in dem uralten Gewölbe angepriesen werden. Malihe ist iranische Kurdin. Sie gehört zur größten Minderheit ihres Landes: Elf Millionen Kurden leben in Iran. Sie gehört zudem der religiösen Minorität der drei Millionen Yasari an. Im Nachbarland Irak sind sie unter dem Namen Jesiden bekannt.

Als Erstes checkt meine Gastgeberin, ob ich ein Journalistenvisum habe. Für mich sei es weniger gefährlich als für sie selbst, wenn der Geheimdienst entdecke, dass ich bei ihr arbeite: »Ich führe meine Interviews ohne Mikrofon«, antworte ich. Sie reagiert erleichtert. Erst daraufhin lädt sie mich ein, bei ihr zu wohnen.

Die 29-jährige »Start-up-Unternehmerin« hat einen Doktortitel als Wirtschaftsingenieurin. Die aufstrebende Kurdin will in der Provinz Kermanschah ein Kupferbergwerk mit dreißig Angestellten erschließen lassen. Im Internet stellt sie sich als »Director manager« vor: »In der Situation, in der ich aufgewachsen bin, musste ich schon immer für meine Rechte und meine unkonventionelle Einstellung kämpfen.«

Zu Nouruz, dem iranischen Neujahrsfest im März, sendet mir Malihe ein Video. Ich sehe eine hübsche junge Frau im schwarzen Hosenanzug und mit Kurzhaarfrisur. Kaugummi kauend tanzt sie barfuß und filmt sich selbst im Spiegel. Neben ihr bewegt sich ihre Schwester im Takt, ein Mädchen in Jeans und Ringelpulli. Die Videoszene erweckt den Anschein, als wäre sie in Europa gedreht. Dabei stammt sie aus dem Gebiet nahe der Grenze zum Irak.

Ali – Die Mitbewohnerin

Am Fuße des Taq-e Bostan fällt der Blick auf Kermanschah. Von einem idyllischen Bergsee aus gelangt man durch einen Pinienwald zu den mächtigen, ockergelben Felskliffen. Iranerinnen, an Seilen hängend, klettern wagemutig den senkrecht in den azurblauen Himmel ragenden Hausberg der Stadt hoch – immer mit Schleier. Das Bergsteigen der Frauen war den muslimischen Geistlichen noch nie ein Problem, Zuschauerinnen im Fußballstadion aber schon. Ganz logisch ist das nicht.

Kermanschah, die Metropole ganz im Westen Irans, liegt nur 190 Kilometer entfernt vom Irak. Eingebettet in eine Traumlandschaft des Zardkouh-Hochgebirges mit seinen schneebedeckten Gipfeln und grünen Almen, auf denen Nomaden ihre Schafe und Ziegen weiden lassen, legten Bomben Kermanschah im Ersten Golfkrieg in Schutt und Asche. Mit seinen großen Ölraffinerien war die Stadt wichtiges Ziel der irakischen Eroberung. Iraks Präsident Saddam Hussein ließ 1980 in der ölreichen Nachbarprovinz Khuzestan nach dem wertvollen Rohstoff graben. Er hatte behauptet, das iranische Gebiet gehöre historisch zum Irak. Seine Rechnung ging nicht auf. Sie führte zu acht Jahren katastrophalem Iran-Irak-Krieg. Heute ist Kermanschah wie der Phönix aus der Asche zu einer modernen Stadt auferstanden. Im sogenannten Luxusviertel mit seinen amerikanisch wirkenden Einkaufsmeilen türmen sich Hochhäuser, die mit Neonreklame beleuchtet sind.

Als Frau in Iran führt Malihe einen außergewöhnlichen Lebensstil: »Ich habe eine Mitbewohnerin«, eröffnet sie mir, als wir abends Seite an Seite über den neonbeleuchteten Al Agha Boulevard schlendern: »Ach, du wohnst nicht alleine.« Ich war vor einer Stunde in ihrer Wohnung angekommen: »Schläft deine Zimmernachbarin in dem Raum nebenan, wo du die Katzen eingeschlossen hast?«

»Nein, Ali schläft im Wohnzimmer.«

»Ein Mann?!«, rückversichere ich mich überrascht.

»Ja, niemand weiß es. Selbst vor meinem besten Freund halte ich es geheim.«

»Ist Ali dein Boyfriend?«, wage ich zu fragen.

»Nein, Er ist 43 Jahre alt. Er ist mein Lebensgefährte und Geschäftspartner, aber wir haben keine Beziehung.«

Ob es stimmt?, frage ich mich sekundenschnell.

»Ali kocht, ich nie. Mein Vermieter denkt, wir sind verheiratet.« Sie zwinkert mit den Augen, während ich sie von der Seite aus anblicke. Wir steuern auf einen Coffeeshop zu.

Unterstützt von Ali, einem Elektroingenieur, möchte Malihe die Kupfermine erschließen lassen. Iran hat das zwölftgrößte Kupfervorkommen der Welt. Außer dem iranischen Markt bietet sich für die junge Unternehmerin der nahegelegene Irak als Exportland an. Malihe hat zusammen mit Ali erst kürzlich ihr Start-up-Unternehmen gegründet.

In ihrem Ein-Raum-Büro mit zwei PCs erarbeitet sie die unternehmerischen Konzepte. Für ihr Bergwerk mit anfangs dreißig Angestellten muss sie Businesspläne erstellen, Investoren finden, bei Banken Kredite beantragen. Zuerst hat sie bei der Regierung um Genehmigung gebeten, auf die sie sehnlichst wartet. Mit den eigens von Modefotograf Sina fabrizierten Kerzen macht sie den Regierungsbeamten Werbepräsente. Malihes bester Freund hatte gerade in ihrer Küche die pinkfarbenen Kerzen gegossen, als ich ankam. Eben setzte er uns noch ab, um sich auf die Suche nach einem Parkplatz zu begeben.

Im Coffeeshop zieht Mahile lässig an einer schmalen Zigarette. Doch nicht nur sie, fast alle Frauen in dem Szenelokal, das auch in New York oder Hamburg existieren könnte, haben einen Glimmstängel in ihrer Hand. Malihe lacht: »Es ist ein Jammer, dass wir hier keinen Wein trinken können. Wir trinken ihn nachher zu Hause. Wir haben ihn selbst gekeltert.«

Im fancy Ashkan Coffeeshop gibt sich die liberale Großstadtjugend von Kermanschah ein Stelldichein. An solchen Orten, genauso wie im Remington in Teheran, ist Iran im Trend: Die Männer tragen Pferdeschwanz, die Haare der Frauen sind fast immer blond gefärbt. »Hier fühle ich mich sicher«, sagt Malihe, während sie sich ein paar überbackene Nachos zu Gemüte führt: »Wenn ich woanders als Frau alleine sitze, fragen mich die Männer nach meiner Telefonnummer. Sie wollen nur Sex.«

Sina ist inzwischen eingetroffen und setzt sich zu uns an den Tisch. Er telefoniert ständig über Bluetooth. Mit Kopfhörer über den Ohren, murmelt er auf Persisch vor sich hin. Nur so viel erfahre ich von dem Modefotografen: »Von wegen nur Tschador! Ich fotografiere alles – hinter den Türen.«

In Malihes Wohngemeinschaft hat es sich Ali bereits auf dem Sofa gemütlich gemacht, als wir zurückkehren. In seine Decke gewickelt winkt er mir zu. Barfuß durchquere ich das wenig aufgeräumte Wohnzimmer, während Malihe sich ein Lager auf dem Boden vorbereitet. Ich balanciere zwischen einer Gitarre, leeren Bierflaschen und orientalischen Sofarollen Richtung Malihes Schlafzimmer. Meine Gastgeberin hatte es mir angeboten.

Am nächsten Morgen beim Frühstück reicht mir Malihe ein Stück Fladenbrot mit Honig herüber. Sie vertraut sich mir an. Es klingt wie die Beichte ihres Lebens: »Eine Frau in Iran zu sein, wenn du lebst wie ich, ist wirklich hart. Ich kämpfe für meine Rechte. Ich bezahle dafür. Ich habe Depressionen. Ich nehme Medikamente. Iran ist ein Land der Machos. Hier herrscht der Maskulinismus.« Während sich iranische Feministinnen, zu denen sich auch Malihe zählt, um ein intellektuelles Profil bemühen, reduziere die Gesellschaft die Iranerin auf eine Rolle: »Sei schön, sei sexy, koche gut, sei eine gute Hausfrau und Mutter.«

Malihe ist ein Freigeist, der sich mit dieser Rolle noch nie identifizieren konnte: »Obwohl ich in liberalen Kreisen lebe, ist es trotzdem hart für mich. Die Regierung ist es nicht, die Menschen sind es. Gerade die Kurden sind noch sehr patriarchalisch. Ich erfülle ihre gesellschaftlichen Erwartungen nicht.«

Malihes Familie hält zu ihr und toleriert ihre Lebensweise, anfangs mit Bauchschmerzen, nun mit liebevollem Verständnis: »Ich habe zwölf Jahre alleine gelebt. Das ist sehr ungewöhnlich in Iran. Anfangs haben meine Eltern Angst gehabt, dass ich einen Boyfriend haben könnte. Jetzt hat es sich zum Gegenteil entwickelt. Sie beten: ›Wenn sie nur endlich einen Freund hätte!‹«

Alis hübsche WG-Genossin mit dem kurz geschnittenen Bubikopf lacht. Dann wird sie nachdenklich: »Ich möchte schon einen Partner haben, aber ich kann einfach nicht den richtigen Mann finden. Das Dilemma: In frei denkenden Kreisen wollen die Männer zu achtzig Prozent nur Sex und keine ernsthafte Beziehung. Unter den Gläubigen findest du schon einen Mann. Ich bin aber nicht religiös.«

Die gut gelaunte Mutter mit Baby auf dem Arm, neben der ich in der Moschee saß, fällt mir in der Sekunde ein. Malihe gießt uns Tee nach: »In religiösen Kreisen bist du sehr eingeschränkt. Wenn du alt und krank bist, entscheidet im Extremfall der Mann sogar darüber, ob du eine Operation haben darfst. Sie lassen dich noch nicht einmal in eine andere Stadt reisen. Das passt überhaupt nicht in mein Leben.«

Bildung ist die stärkste Kraft zur Freiheit

»Die Frauen sind die echten Revolutionärinnen in Iran. Ich zähle mich auch zu den Rebellinnen, aber ich gehe es nicht radikal an. Ich versuche es auf die demokratische Art.« Malihe ist ehrenamtlich in der Wohlfahrtsschule aktiv. In der Nichtregierungsorganisation Imam Ali Popular Student Relief Society gibt sie Kindern der armen Bevölkerung Englisch- und Kunstunterricht: »Du musst die Menschen bilden. Das ist die stärkste Kraft, die Regierung zu stürzen und den Frauen Freiheit zu verschaffen.« Sie führt ausführliche Gespräche mit jungen Mädchen, damit diese anders werden als die Durchschnittsfrau: »Die meisten Iranerinnen denken nur an Männer, Make-up, Modemarken. Sie gehen in keine guten Filme, setzen sich mit nichts auseinander. So können sich die Frauen in unserem Land nicht entwickeln. Mein Ziel ist es, dass die Mädchen über die Probleme in der Gesellschaft nachdenken.«

Nasrin Sotudeh ist führende iranische Feministin. Die Rechtsanwältin tritt gegen Kopftuchgebot und Todesstrafe ein. Sie wurde zu einer schweren Haftstrafe verurteilt: »Ich liebe Sotudeh«, bekennt sich Malihe zu ihr. »Sie hat aber zu radikal gegen die Regierung gekämpft. Das war undiplomatisch. Und was hat es ihr gebracht? Nur eine Handvoll Menschen macht sich ernsthaft Gedanken um sie. Meine Devise lautet anders: Bildung vor allem der Benachteiligten in den unteren Klassen ist das Zauberwort! Erst wenn die Menge denkt, ist das eine ernsthafte Bedrohung fürs Regime.«

In der Schule musste Malihe leiden, weil sie Yasari ist. Sie wurde schief angesehen, wenn herauskam, welcher Religion sie angehörte. Konservative Moslems wollten nicht, dass Yasaris gemeinsam mit ihren Kindern zur Schule gehen: »Vor zwanzig Jahren war es schrecklich«, erinnert sich die Kurdin an ihre Kindheit: »Viele Yasaris haben ihre Religion versteckt. Das islamische System hat so viel Druck auf uns ausgeübt. Heute ist es viel besser geworden.«

Der lange Schnurrbart ist das typische Kennzeichen der frommen Yasaris, die sich die Barthaare nicht schneiden lassen dürfen. »Daddy trägt einen gezwirbelten Schnurrbart«, lacht Malihe. »Mein Bruder auch.« Kennzeichen, dass ihre Familie noch religiös ist – im Gegensatz zu ihr. Sie, die moderne Kurdin, hat sich vom Yasarismus losgelöst.

In Iran können die Kurden inzwischen im Großen und Ganzen friedlich leben. Dennoch müssen sie erhebliche Nachteile in Kauf nehmen: »Bei der Regierung in Teheran stehen wir nicht im Fokus. Sie geben uns weniger Geld. Das Rathaus in Kermanschah verfügt über wesentlich geringere Mittel als beispielsweise in Isfahan.«

Malihe ist eine überzeugte Kurdin. Sie ist in ihrer Heimat verwurzelt: »Hier sind meine Familie und Freunde. Hier will ich leben und arbeiten.« Die zierliche promovierte Wirtschaftsingenieurin hat zwei Jahre Management in London und Rom studiert. Nie mehr würde sie auf Dauer in den Westen gehen. »Ich kenne Europa. In Rom war es noch in Ordnung. In London war es schrecklich. Sehr rassistisch. Wenn sie gehört haben, dass ich Iranerin bin, war es sofort aus mit dem Kontakt. Sie haben sich plötzlich ganz anders verhalten. Ich will nicht in Europa leben.«

Ihr persönlicher Einsatz für Iran ist ihr eine Herzensangelegenheit. »Ich will mein Land aufbauen. Die Iraner, die in den Westen gehen, wissen nicht, was sie tun und was sie vor sich haben. Es ist ein Traum vom Unbekannten. Und wenn alle mein Heimatland verlassen, wer kämpft dann für unsere Freiheit?! Wir müssen hier unsere Revolution vollbringen, damit es mit Iran vorwärtsgeht.«

Mond und Sterne schillern im Dunkel der Nacht.

Am Himmel von Iran: Malihes Traumland.

Schwarzer Tanz: »Wir müssen die Revolution auslösen«

Der Rebell: Er kämpft auf den Straßen. Wird von der Polizei niedergeschlagen. Steht wieder auf. Verteidigt seinen Protest in die Welt hinaus. Voller Stolz. Will seinen Namen bewusst nicht geändert haben, als einziger Iraner auf meiner Reise zu den Kindern der Islamischen Revolution. Es entsteht eine unheimliche Nähe zwischen uns. Er, Kurde, 28, stehe zu seinem Hass auf das Regime und auf die Revolutionswächter: »Mach dir keine Sorgen um mich«, sagt der Todesmutige.

Aus Personenschutzgründen bin ich dennoch verpflichtet, seinen Namen zu ändern. Ich taufe ihn: Abdulrahman. Nach dem kurdischen Freiheitskämpfer Abdul Rahman Ghassemlou. Der Vorsitzende der Demokratischen Partei Kurdistan-Iran (DPK-I), ein in Prag promovierter Sozialwissenschaftler, machte ab 1973 diesen Slogan zum Parteiprogramm: »Demokratie für Iran, Autonomie für Kurdistan.« Nach der iranischen Revolution wurde Ghassemlou 1989 von Vertretern des Regimes ermordet. »Wir verehren ihn. Man munkelt, Ex-Staatspräsident Ahmadinedschad sei in das Attentat verstrickt gewesen«, bekennt mein Gastgeber.

Schon von der Geschichte seines Volkes her hat Abdulrahman das Rebellische im Blut. Im Kampf für eine bessere Zukunft demonstriert er gegen das Regime. Dabei ist er im privaten Umgang zurückhaltend-höflich, sensibel und immer einsatzbereit für seine Besucherin aus Deutschland.

»Meine Tante ist der Boss«

»Du solltest ein Buch über Männer schreiben!«, ruft Abdulrahmans Onkel mit Verve aus. Fayegh Khaneh-ye-Asef ist ein Original. Tea Time in seinem Schmuckladen mitten in Sanandadsch, den er auch als Wechselstube nutzt: »Meine Frau macht überhaupt nicht, was ich will. Sie ist total unabhängig!«

Eine erstaunliche Aussage. Denn Kurden sind Sunniten. Sie gelten als besonders patriarchalisch im Vergleich zu den Schiiten. Die Wirklichkeit zu Hause sieht anders aus: »Meine Tante ist der Boss. Was mein Onkel sagt, stimmt. Ich habe es selbst erlebt. Er kann einfach nicht ›Nein‹ zu seiner Frau sagen.« Abdulrahman muss lächeln.

Offiziell, vor allem für die Repräsentation nach außen, werden bei den Kurden aber immer noch bestimmte Regeln eingehalten. Die Gastfreundschaft obliegt traditionell dem Mann. Deshalb konnte ich für mich in Sanandadsch, der Hauptstadt von Iranisch-Kurdistan, nur einen männlichen Gastgeber finden. Mangels Angeboten von Frauen auf dem Portal musste ich von meiner Devise abkommen, nur Iranerinnen anzuschreiben: »Eine Frau würde unter uns Kurden schief angesehen, wenn sie fremde Gäste, gar Männer, in ihrem Elternhaus unterbrächte. Wir Kurden sind bekannt als besonders gastfreundlich«, stellt mein Gastgeber sein Volk in ein sympathisches Licht: »Bei uns wirst du das kurdische Leben kennenlernen. Eine Frau wächst bei uns immer noch sehr behütet auf. Erst gibt der Vater den Ton an, dann lebt sie in der Obhut ihres Ehemannes.«

Trotz traditioneller kurdischer Sozialstruktur: Die Kurdin ist auf Emanzipationskurs. Abdulrahmans Mutter trägt zum Einkommen der Familie bei. Zu Hause zu sitzen ist der 47-jährigen Mutter von drei Kindern zu langweilig. Yasaman führt eine Bäckerei. Das wäre vor dreißig Jahren für eine Kurdin noch ein Tabu gewesen. Arbeiten war für eine Frau generell nicht erlaubt.

Die Ironie in der jüngsten Geschichte, ausgelöst durch das Dilemma der US-Sanktionen: Die anwachsenden finanziellen Probleme fördern geradezu die Emanzipation der Frau. Auch sie muss nun mitarbeiten. Nebenbei bewirtet Yasaman noch jede Menge Gäste ihres Sohnes aus dem Ausland.

Abdulrahmans Hotel Mama ist im ganzen März schon ausgebucht. In seinem Online-Kalender ist jeder Tag gestrichen. Der kurdische Couchsurfer ist Profi. Er kann auf die Unterstützung seiner

Mutter rechnen. Weil ich mich früh anmelde, habe ich Glück und komme bei ihm unter.

Abdulrahman lebt, wie fast alle unverheirateten Iraner, mit seiner Familie zusammen. Das finde ich für meinen Besuch unproblematisch. Auch beruhigt mich, dass er seinen Gästen den Hinweis »Eigenes Zimmer« gibt. Sonst weiß ich nichts über mein Quartier – wie immer. Auf die Biografie meiner Gastgeber kommt es an, nicht auf meine Unterkunft.

Abdulrahman spricht fließend Englisch mit leicht amerikanischem Akzent – von den Movies, die er sich auf YouTube herunterlädt. Auch er gehört zu den vielen gebildeten Akademikern im Land, die keine Stelle finden. Der Psychologe mit Bachelor-Abschluss lässt mich wissen: »Ich habe viel Zeit.«

Der Kurde hat auf dem Foto im Netz eine bourgeoise Ausstrahlung. Pechschwarzes Haar umrahmt ein schmales, ausdrucksstarkes Gesicht. In aufrechter, stolzer Haltung zeigt er sich in kurdischem traditionellem Gewand, einem brünetten Flanellanzug mit Pluderhosen, »unserer schönsten Kleidung der Welt«. Sein Bild hat nahezu offiziellen Charakter. Es wurde auf einer Hochzeit aufgenommen. Heute trägt mein Begleiter Jeans und Turnschuhe im Geschäft seines Onkels. Er kleidet sich modern, wie die meisten jungen Kurden. Die älteren Männer dagegen schwören auch im Alltag auf ihre kurdische Nationaltracht. In grauen Pumphosen und gewickeltem Turban auf dem Haupt ziehen sie scharenweise auf Sanandadschs Boulevard an uns vorüber.

Fayegh Khaneh-ye-Asef stellt ein Tablett mit Tee vor uns auf die Glasvitrine. Mitten in seinem Laden hängt ein großes Bildnis von Jesus Christus, ein Strahlenkranz leuchtet über seinem Haupt. Christus ist ein wichtiger Prophet für die Moslems. Abdulrahman erklärt sich trotz seiner regierungsfeindlichen Haltung als gläubiger Moslem: »Wir Moslems glauben, dass Christus ein von Gott gesandter Prophet ist. Auf Erden sollte er erfüllen, was Moses gesagt und gedacht hat. Der Koran lehrt, dass die Weltreligionen Christentum,

Judentum und Islam dieselben Wurzeln haben.« Abdulrahman ist auch in dieser Hinsicht gebildet: »Diese Religionen wurden nur von verschiedenen Propheten gelehrt. Sie lebten in unterschiedlichen Epochen. Gemeinsam war ihnen, dass sie Segen über die Menschheit brachten.« Zu schade, dass islamfeindliche Politiker und ihre Anhänger unsere Gemeinsamkeiten mit den Moslems mit Füßen treten. Wahrscheinlich kennen sie diese noch nicht einmal.

Auf Einkaufsbummel in dem Gewimmel des historischen Basars. Für die Hochzeit, zu der wir eingeladen sind, finde ich einen lichtblauen Seidenstoff für meinen Schleier. Zufällig steht eine Schneiderin neben uns an der Kasse. Sie führt uns zwei Gassen weiter in ihre kleine Schneiderei. Ihre drei Angestellten sitzen in dem winzigen Laden im Basar an ihren Nähmaschinen. Abendkleider, mit schillernden Pailletten bestickt, hängen hinter ihnen. Von den Schneiderinnen lasse ich mir einen Schal nähen, der farblich zu meinem Manteau passt – dem leichten Mantel, den Frau in Iran zu tragen hat. Der Basar ist in Iran ein traditionell männliches Geschäft. Dass eine Frau sich sogar auf diesem Terrain selbständig machen kann, ist ein wichtiger Meilenstein auf dem Weg der Kurdin in ihre Unabhängigkeit.

Die Kurdin muss traditionell keinen Schleier tragen. Aber die Islamische Republik hat den Frauen ihrer vielen Völker »Einheitlichkeit« verordnet. So wurde auch die Kurdin unter den Schleier verdammt. Die farbenfrohen, langen Kleider der sunnitischen Kurdinnen geben jedoch – im Gegensatz zum strengen schwarzen Tschador der Schiitinnen – ein fröhliches Straßenbild ab.

Schwarzer Tanz

Abdulrahman tanzt. Die ganze Hochzeitsnacht. Der schöne Kurde mit den rehbraunen Augen und dem sanftmütigen und zugleich rebellischen Wesen: Seine Freunde reden ihm zu, dass er sich als Model in Teheran bewerben soll. In kurdischer Nationaltracht bewegt er sich im Takt mit den Männern in einer Reihe. Die Kurden, sämtlich in Pumphosen mit Bauchschärpe, führen den Tanz an, gefolgt von den Kurdinnen in ihren schillernd langen Roben. Ihre Kinder halten sie an der Hand, herausgeputzt wie Erwachsene, in Tüll und Spitzenabendkleidchen gehüllt, mit Blumen im Haar und auf Plastiksandälchen stolzierend. Die Kleinsten sind die Größten, sie gehören zu den Hauptpersonen der Festgesellschaft.

Dreihundert Kurden sind eingeladen. Glühende Augen sind auf die Bühne gerichtet. Frauen und Männer tanzen zusammen im Kreis. Im Gegensatz zu den Schiiten: Beim Hochzeitstanz herrscht bei ihnen Geschlechtertrennung. Der kurdische Hochzeitsbrauch ist frei von den Gepflogenheiten der Islamischen Republik. Das Brautpaar, sie mit Reifrock und Paillettenkleid, er mit Schnurrbart, schauen aus ihrer orientalischen, vom Baldachin gekrönten Prachtloge dem Tanz stundenlang zu, ohne sich selbst aufs Parkett zu begeben. Ihre Hochzeit gleicht, wie immer in Iran, eher einer hochrepräsentativen Angelegenheit als einem rein persönlichen Vergnügen. Bei Eheanbahnung ist ausschlaggebend, ob die Familie des Partners passend ist.

Ein kleines Orchester spielt ohrenbetäubend laute Musik. Ein Sänger singt Chansons auf Sorani, der Sprache der Kurden. Abdulrahman tanzt um sein Leben. Kämpft um ein gutes Leben. Um eine angemessene Arbeit, die er, ein studierter Psychologe, sich sehnlichst wünscht. Damit er täglich das Brot essen kann, den Schwarzen Tanz. So heißt das Fladenbrot mit dem schwarzen Gewürz im kurdischen Volksmund. Täglich sieben Stunden lang backt seine Mutter dieses Brot auf dem Boden sitzend in ihrer kleinen Bäckerei. Sein Vater baut Staudämme. Für die Fahrt zu seiner Baustelle braucht er eineinhalb Stunden. Dennoch: »Er ist immer gut gelaunt«, charakterisiert der Sohn seinen Vater.

Abdulrahman ist der intelligente junge Mann aus dem Volke. Sich hochzuarbeiten ist für den Akademiker eine schwere Aufgabe. Er muss auf mehreren Hochzeiten tanzen: Einerseits setzt er auf den Export von Eisenwaren nach Irak, andererseits will er sich als Touristenführer versuchen. In dem Land, in dem es angesichts verschärfter

Sanktionen kaum noch Perspektiven gibt, müssen die jungen Leute extrem flexibel sein.

In einem Wohnviertel von Sanandadsch besuchen wir Abdulrahmans Mutter in ihrer Bäckerei. Yasaman, eine Frau von herber Schönheit, heute in tannengrünem Kopftuch, lässt ihren schwarzen Haaransatz sichtbar werden. In Windeseile stanzt sie mit einem Brett Kreuzmuster aus, streicht mit einem großen Pinsel Eimasse über den Teig, streut eine Menge schwarzes, sesamartiges Gewürz auf die runden weißen Fladen und wirft sie resolut in den großen, glutheißen Ofen, wo sie sie, an der Wand klebend, durchbacken lässt. Sie reicht mir ein bullwarmes Brot herüber: den Schwarzen Tanz. Zweihundert Stück verkauft sie davon täglich. Vierzig Euro verdient sie monatlich.

»Manchmal macht es mich traurig, wenn ich zusehen muss, wie viel Geld meine Gäste ausgeben und wie wir kämpfen müssen.« Abdulrahman sitzt neben mir auf einer einfachen Holzbank an der Wand. Uns gegenüber arbeitet seine Mutter unermüdlich weiter. Die »Carpetsurfer« aus Europa, die auf ihren Perserteppichen übernachten, bekocht Yasaman zusätzlich zu ihrer fünfköpfigen Familie: »Ich bin nicht begeistert. Aber weil mein Sohn es möchte, mag ich es auch«, antwortet sie diplomatisch. Yasaman ist selbständige Unternehmerin. Die Bäckerei gehört ihr. Damit trägt sie entscheidend zur Ernährung ihrer Familie bei: »Mein Mann ist froh, dass ich etwas dazuverdiene«, erzählt die Kurdin selbstbewusst. Von ihrer Mutter hat sie, die auf dem Lande aufgewachsen ist, das Brotbacken gelernt. Sie spricht Sorani, die Sprache der Kurden, die sie von Kind auf zu Hause lernen. Abdulrahman, der für uns dolmetscht, beherrscht noch nicht einmal die Schrift seiner Muttersprache. Sorani wird in den Schulen nicht gelehrt. Nur Persisch kann er schreiben, die Nationalsprache.

Früher durften Kurdinnen nicht zur Schule gehen. Deshalb kann Yasaman nur spärlich lesen und schreiben. Als Erwachsene wollte sie es aber unbedingt lernen: »Mein Mann und ich sind nicht gebildet. Ich bin froh, dass mein Sohn studiert hat. Auch meine Tochter soll die Universität besuchen, damit sie der kurdischen Gemeinschaft weiterhelfen kann.«

Ein Kurde in Pumphosen lehnt sich in der Bäckerei ans Schaufenster. Der ältere Mann am Stock verfolgt aufmerksam unser Gespräch. Er scheint Zeit zu haben. Er ist Yasamans Vermieter. Für den kleinen Bäckerladen bekommt er acht Euro pro Monat. Das entspricht zwölf Millionen Rial. Der Rial, die iranische Währung, hat kaum noch Wert. Sein Kurs im Verhältnis zum Dollar ist enorm gesunken. »Die Iraner verdienen die ökonomische Krise. Sie sitzen nur tatenlos im Stuhl, ohne sich zu wehren. Sie sind vollkommen passiv«, meint Abdulrahman. »Ich ging voriges Jahr auf die Straße und habe gegen das Regime demonstriert. Die Polizei schlug mich nieder. Mir ist es trotzdem lieber, dass ich für meine Rechte gekämpft habe, als still in der Kammer zu sitzen.«

In Iran gibt es keine organisierte Opposition. Die Revolutionsgarde bekämpft mithilfe der Spione aus dem Volke, der Basidschi, systematisch jegliche Regimekritik im Ansatz. Spannend, wie die Kurden dennoch den Aufstand vollbracht haben.

»Bist du in einer Partei?«

»Nein, nicht wirklich. Wir waren eine Gruppe junger Leute, die zum Protest aufgerufen haben – für eine bessere Zukunft. Die Demo wurde über die sozialen Medien organisiert. Wir müssen uns vereinigen. Wir müssen einen Oppositionsführer finden.«

»Glaubst du, dass es wieder eine Revolution gibt?«

»Ja, es ist nur eine Frage der Zeit. Übrigens, wenn die Regierung erfährt, was ich hier erzähle, wird sie mich ins Gefängnis bringen.«

Stille. Ich komme mir vor wie in einer geheimen Verschwörung. Wir sind umgeben von einer Gruppe staunender Kurden, die sich schweigend vor uns versammelt haben. Gespannt hören sie Abdulrahman zu. »Die Machthaber sind korrupt und sie müssen gehen!«, sagt er mit Entschiedenheit.

»Sind die Sanktionen nicht das große Problem?«

»Die Korruption ist noch schlimmer als die Sanktionen. Wir haben so viele Bodenschätze. Wir könnten viel Einkommen generieren, wenn die Korruption nicht wäre. Aber durch die Sanktionen wird der Druck auf die Bevölkerung immer härter. Es wird sie motivieren, endlich zu rebellieren.«

Zu Hause bei Abdulrahman stehen wir mitten im persischen Salon. Er ist ganz traditionell eingerichtet ohne ein einziges Möbelstück. Es wirkt großzügig – frei. Es ist ihr Stil, ihre Wahl. Es hat nichts mit Sparen zu tun. Auf dem Perserteppich im Wohnzimmer essen und schlafen sie. Auf dem Boden sitzend hat Abdulrahman sogar studiert. Er schreibt und liest auf einem kurzbeinigen Podest, das er vor sich ausklappt: »Am Tisch bekomme ich Kreuzschmerzen«, lacht er. Überall, wo ich auch hinkomme, ist der Teppich – wie im alten Persien – das Symbol des familiären Zusammenlebens.

Abdulrahman holt seinen Laptop aus einem separaten Zimmer und schiebt Beethovens Neunte, mein Geschenk aus Deutschland, in sein Notebook auf dem Perserteppich. So bald wird mein Gastgeber meinen Besuch nicht erwidern können. Denn solange er den iranischen Militärdienst nicht geleistet hat, steht ihm kein Pass zu. Er hofft, sich eines Tages mit Geld vom Militär freikaufen zu können. Dann kann auch Abdulrahman das Land verlassen. Eine Option, die Iranern eingeräumt wird, sofern sie 5000 Euro Kaution auf den Tisch legen, eine unerschwingliche Summe für das Gros der Bevölkerung: »Ich hoffe, dass ich eines Tages so viel Geld habe. Sonst muss ich auf die nächste Revolution warten. Die Revolution wird kommen. Wir müssen sie auslösen.«

Beethovens Freiheitssinfonie schallt durch das Wohnzimmer des kurdischen Rebellen.

Verzicht auf Posten beim ungeliebten Regime

Abdulrahman verabscheut den iranischen Militärdienst zutiefst. Er verweigert ihn. Das kostet ihn Opfer. Er hat trotz abgeschlossenen Psychologiestudiums keine Aussicht auf einen sicheren Arbeitsplatz.

Doch Abdulrahman zeigt sich als standhafter Rebell. Er verzichtet lieber auf einen Posten, als einem ungeliebten Regime zu dienen. Abdulrahmans Weg zum Erfolg ist daher eine besonders große Herausforderung. Er setzt auf die Selbstständigkeit. Gute Arbeitsplätze sind ohnehin äußerst rar und schlecht bezahlt. Mehr als jeder vierte Jugendliche ist arbeitslos. Der Durchschnittsverdienst liegt nur um die 400 Euro monatlich. »So können wir nicht überleben«, beklagt sich der Rebell.

Kurdistan gehört zu den ärmeren Provinzen in Iran. Aus ihrer Geschichte heraus und wegen ihrer aufmüpfigen Unabhängigkeitsbestrebungen fürchtet das Regime die Kurden und behandelt sie nachrangig: »Solange die Regierung so schrecklich ist, müssen wir ums Überleben kämpfen. Die Machthaber tun einfach nichts für uns. Um zu bestehen, müssen wir alle unsere Lösungen selber finden.«

Die vorläufige Lösung hat Abdulrahman in der Eisenwarenfabrik Rolepe gefunden. Im Team mit vier Kolleginnen und Kollegen entwickelt er hier ein Exportprojekt für den Irak. Die jungen Leute arbeiten im Vorfeld ohne Verdienst. Erst wenn der Export in Gang kommt, verdienen sie pro verkaufter Bratpfanne, Zange oder Taschenmesser drei Prozent Provision. Lediglich ein Arbeitsraum mit entsprechendem Equipment wird ihnen zur Verfügung gestellt.

Wir suchen Abdulrahmans helles Gemeinschaftsbüro im zweiten Stock der Firma auf, mit Blick auf die umliegenden Berge. In dem Büro empfängt mich eine aufstrebende, motivierte und überaus gebildete Jugend, die momentan zum Nulltarif arbeitet. Lediglich ihre Hoffnung auf Erfolg verspricht ihnen Lohn für ihre Mühe. Sie sind Mitte bis Ende zwanzig. Alle vier Mitarbeiter, darunter zwei Kurdinnen, haben einen Studienabschluss. Am weißen Sideboard an der Wand haben sie mit blauem Filzschreiber ihr ökonomisches Konzept notiert. »Wir wollen uns in internationaler Business-Sprache üben«, erklärt eine Kurdin auf Englisch. Sie trägt offizielle Bürokleidung, das heißt pflichtgemäß engumschlossenen Hidschab. Mohammad begrüßt mich mit strahlendem Lächeln am Computer: »What a surprise! Can I offer you a French coffee«, sagt er in gepflegtem Oxford-Englisch.

Wir ziehen in die Teeküche der Firma um, wo wir rund um einen eckigen Holztisch Platz nehmen. Während Mohammad Kaffee kocht, kommen wir über private Dinge ins Plaudern. Die jungen Leute leben alle noch bei ihren Eltern, das ist typisch für Iran.

»Wollt ihr nicht alleine wohnen?«, frage ich.

»Tatsächlich können wir es uns nicht leisten«, antwortet der 26-jährige Mohammad und blickt mir offen in die Augen. »Meine Eltern wollen einfach nicht, dass ich ausziehe«, fügt Abdulrahman hinzu. »Wir sind zu sehr mit unseren Familien verbunden. Es ist geradezu gefährlich.« Mohammad, der Kurde mit dem British accent, zeichnet sich durch einen überaus intelligenten Humor aus: »Es ist so gemütlich zu Hause. Kein Gefühl von Einsamkeit. Kein Wunsch nach einem Partner.«

»Du suchst also nicht nach einer Freundin?«

»Sagte ich das?!«, antwortet er gedehnt. Seine Augen leuchten.

»Es gibt genug Iraner, die heiraten.«

»Das ist wahr. Tatsächlich ist es eher unsere Pflicht. Die Familie puscht uns in die Ehe.« Er muss lächeln.

»Selbst wenn ich wollte: Ich habe nicht genug Geld zum Heiraten«, trägt Abdulrahman zur Diskussion bei und beißt in einen Kokos-Cookie: »Eine Familie können wir beide momentan nicht ernähren.«

Mohammad und Abdulrahman müssen nun zusehen, dass sie bei Rolepe Profit machen. Mit dem Irak haben die Kurden die besten Verbindungen, weil es ihr Nachbarland ist. Außerdem sind die iranischen und irakischen Kurden naturgemäß Verbündete. Sie sprechen auch dieselbe Sprache, Sorani. Dennoch birgt das Exportprojekt erhebliche Unsicherheiten. Werden sich die Eisenwaren im Irak verkaufen lassen?

Die durch US-Präsident Donald Trump verhängten Sanktionen treffen die Fabrik schwer. Die ökonomische Situation erlaubt der

Direktion nicht, Geld in das Nachwuchsteam zu investieren, den Thinktank des Unternehmens. Die Direktion hat bereits viele Wege ausprobiert, um mit Firmen in der Europäischen Union Handel zu treiben, aber es ist misslungen. Was ist also die Lösung aus der Krise?

»Statt mit Europa müssen wir nun dringend den Handel mit China aufbauen. Das ist am wichtigsten, weil es der größte Markt ist«, meint Mohammad: »Wir müssen auch Wege zu Russland und den Vereinigten Arabischen Emiraten finden.«

Natürlich würden junge Iraner wie Abdulrahman und Mohammad lieber mit der stabilen europäischen Wirtschaft kooperieren. Es bleibt ihnen aber keine andere Wahl. Sie müssen sich auf die Länder besinnen, die sich vom Trumpismus nicht so sehr beeinflussen lassen. Die Europäische Union muss auf der Hut sein. Ansonsten werden ihr wichtige Wirtschaftsbeziehungen mit einem jungen, gebildeten und proeuropäischen Volk in Iran entgehen.

Abdulrahman hatte mich zuvor gebeten, ausnahmsweise ein Hotel aufzusuchen. Seine Großmutter sei schwer erkrankt. Natürlich würde er bezahlen. Das erkenne ich als Taarof, die iranische Art der Höflichkeit. Sein Angebot lehne ich dankend ab. Seine Großmutter lebt im Hause seines Vaters mit in der Familie. In Iran werden ältere Herrschaften nicht alleingelassen. Niemals. »Das ist bei uns tabu«, bekennt der junge Mann.

Es gibt weder Altersheime, noch fristen Obdachlose ihr Dasein auf Irans Straßen. Durch den engen Zusammenhalt der Angehörigen fällt kaum ein sozial Schwacher durchs Raster. Die Familie ist das Auffangbecken. Sie ist das große Plus in Iran. Sie übernimmt Aufgaben, die im Westen dem Staat überlassen bleiben und die Menschen oft in Verlassenheit und Depression führen. »In Iran dagegen ist Depression eine seltene Krankheit«, bestätigt der kurdische Psychologe.

Im Shadi tauschen Abdulrahman und ich kurzfristig die Rollen. Im Hotel lade ich meinen Gastgeber, der mich durch Kurdistan führt, zum Abendessen ein. Alle gemeinsamen Mahlzeiten und Fahrten gehen auf meine Kasse. Dies sei, so erfahre ich, noch lange keine Selbstverständlichkeit bei meinen Surfkollegen, die auf seinem Teppich schlafen. Fazit: Als ich Abdulrahmans überraschendes Echo im Netz lese, sehe ich mich erstmals im Leben als »Lady« und »Engel« tituliert.

Er sei zum ersten Mal im Shadi, dem besten Hotel von Sanandadsch, bekennt mein kurdischer Gast. Im Dachrestaurant serviert man uns Lammschmortopf. Vor uns eröffnet sich ein Panorama auf das schneebedeckte Zagros-Gebirge im Sonnenuntergang. Überall in Kurdistan sind seine Berge präsent.

Ein Einzelzimmer in dem Viersternehotel kostet umgerechnet 18 Euro. Vor drei Jahren zahlte man für dasselbe Zimmer noch das Vierfache. Daran lässt sich konkret der Währungsverfall ablesen, unter dem die Iraner seit Trumps Aufkündigung des Atomabkommens im Mai 2018 zu leiden haben.

Das vergessene Volk?

Eine Reise zu den Kurden ist ein Geheimtipp der besonderen Art. Dem legendären Volk, das weltweit in den Schlagzeilen steht, weil seine Autonomiebestrebungen nach einem eigenen Staat bis heute nicht erfüllt worden sind, gehören schätzungsweise vierzig Millionen Menschen an. Die Kurden sind das größte Volk ohne eigenen Staat. Sie sind über Iran, den Irak, Syrien und die Türkei verstreut.

»Lass mich dir das wirkliche Kurdistan zeigen«, sagt Abdulrahman, zückt sein Smartphone und legt es auf Khaneh-ye-Asefs Glasvitrine. Wir beugen uns über die Karte des vier Staaten übergreifenden Gebiets: Kurdistan. Die heftig umkämpfte Region im Nahen Osten hat etwa die Größe von Frankreich. »Natürlich bin ich auch Anhänger von Abdullah Öcalan.« Der Führer der Kurdischen Arbeiterpartei (PKK) ist in der Türkei, seinem Heimatland, inhaftiert. Er hat sich den Kampf für einen eigenständigen kurdischen Staat auf die Fahnen geschrieben. Die PKK hat ihren Parteisitz im Kandil-Gebirge im iranisch-irakisch-türkischen Grenzgebiet: »Sie werden uns aber nie die Unabhängigkeit geben«, meint Abdulrahman realistisch.

Öcalans Vorstellung von einer sozialistischen Revolution bezog sich nicht nur auf die nationale Befreiung der Kurden. Er strebte auch einen Strukturwandel zugunsten der Frauen innerhalb der kurdischen Gesellschaft an. Öcalan ist daher ein wichtiger Wegbereiter für die Unabhängigkeit der Kurdin. Er verfasste nach seiner Verhaftung 1999 im Gefängnis wegweisende Schriften zur Emanzipation der Frau, die auch in Iranisch-Kurdistan Verbreitung fanden. Sein Ziel war es, das traditionelle, feudale Clansystem der Kurden aufzulösen. Deshalb erfuhr die Arbeiterpartei PKK nicht nur Zustimmung, sondern auch erheblichen Widerstand im eigenen Volk.

Rund elf Millionen Kurden leben an der nordwestlichen Peripherie Irans an der Grenze zum Irak und der Türkei. Staatspräsident Rohani hat einen Staatsbesuch in Sanandadsch angemeldet. Sind die Kurden also nicht das vergessene Volk?

Noch nirgends auf meiner ganzen Reise habe ich so oft Rohani überlebensgroß erblickt wie in Sanandadsch, der Hauptstadt der iranischen Kurden mit ihren 380 000 Einwohnern. Wir fahren an seinen Plakaten vorüber. Auf dem Rücksitz vom Kollektivtaxi gibt Abdulrahman seinen Kommentar ab: »Die Regierung tut einfach nichts für uns, sie investiert nicht in die Industrie. Dabei haben wir so viele leer stehende Fabriken, die erneuert werden müssten. Sie kurbeln auch nicht den Tourismus an. Deshalb haben wir keine Arbeitsplätze.«

Ihr Existenzkampf ist hart. Aber ihre Landschaft ist ein Traum. Die Kurdinnen und Kurden leben in den Tälern gigantischer Bergmassive. Auch das vom Menschengetümmel brodelnde Sanandadsch liegt am Fuße des Abidar. Stolz überragt der knapp 2600 Meter hohe Hausberg die Stadt. Sein schneebedeckter Gipfel leuchtet in der Sonne.

Staatspräsident Hassan Rohani wird am nächsten Tag im Hotel Shadi erwartet. Seine Rede vor dem kurdischen Volk wird er in zwei Tagen im großen Fußballstadion halten. Der Rezeptionist kündigt mir aus heiterem Himmel und mit Entschiedenheit an: »Morgen müssen Sie Ihr Zimmer verlassen. Präsident Dr. Rohani hat das gesamte Hotel reserviert.«

Abdulrahman springt sofort ein und will mich zu sich holen. Schüchtern erkundige ich mich am nächsten Morgen erneut bei dem gestrengen Rezeptionisten, ob er mir nicht mein Zimmer lassen könne: Rohani wolle doch gute Beziehungen zur Bundesrepublik Deutschland aufbauen, versuche ich es auf diplomatische Art.

»Präsident Rohani hat abgesagt«, antwortet mir der Rezeptionist mit einem blassen Lächeln und tut so, als wäre es das Normalste von der Welt: »Sie können bleiben.«

»Hat abgesagt?«, frage ich ungläubig: »Warum?«

»Wegen des schlechten Wetters!« Der distinguierte Rezeptionist in Schlips und Kragen verzieht keine Miene.

»Deshalb hasse ich sie so.« Abdulrahman braust auf. »Sie verschwenden eine Unmenge Geld für nichts. Sie plakatieren die Straßen – und dann kommt er nicht! Was soll das?! Es ist nur dumm. Was die Plakate kosten! Alles für die Tonne. Das Geld hätte man in sinnvolle Projekte investieren müssen.«

»Wie ist das möglich?«, frage ich Abdulrahman.

»So ist es eben in Iran!« Er zuckt mit den Achseln.

»Aber Rohani gilt doch als Förderer der kurdischen Gebiete?«

»Es ist eine Lüge«, erwidert Abdulrahman aufgebracht: »Es waren leere Wahlversprechen. Rohani ist rhetorisch gut in Form, das ist alles. Er verspricht viel und hält nichts. Das siehst du ja an seinem angekündigten Besuch.«

Vor dem Hotel wartet Abdulrahmans Cousin auf uns mit seinem Taxi. Miro fährt uns quer durch Sanandadsch. Alle 500 Meter blickt Irans Staatspräsident mit weißem Turban erhaben vom Plakat auf uns herab: »Präsident Dr. Rohani gibt sich die Ehre, morgen um 9.30 Uhr vor den Kurden zu sprechen.« Abdulrahman übersetzt vom Rücksitz aus den Slogan zur Politpropaganda.

Wir halten an einer Ecke und googeln das Wetter. Heute, an dem Tag, als der Staatspräsident aus Teheran anreisen sollte, regnet es, und oben auf dem Abidar schneit es. Aber morgen früh zu Rohanis Termin im Fußballstadion ist strahlender Sonnenschein angekündigt.

Es ist die Zeit, als US-Präsident Trump die Revolutionsgarden zu Terroristen erklärt hat. Gemäß seiner Politik des maximalen Drucks lässt er seine Flotte am Persischen Golf verstärken. Die US-Truppen sollen iranische Angriffe auf die für den weltweiten Ölhandel wichtigen Schifffahrtsrouten am Golf verhindern. In der Region stehen rund 45 000 amerikanische Soldaten den hochgerüsteten Revolutionsgarden gegenüber.

Ob die Krise am Persischen Golf der Grund für Rohanis Absage war? Nachdem der Mitgestalter des Nuklearabkommens einmal seinen Termin gestrichen hatte, erschien er überhaupt nicht mehr bei den Kurden. Ohne Begründung.

Cousin Miro holpert mit uns eine steile, schlecht gepflasterte Straße nach oben. Das Regenwasser quillt aus den Schächten über. »Hier sollten sie investieren, in den Straßenbau statt in nutzlose Plakate!« Abdulrahman protestiert.

An Infrastrukturmaßnahmen hapert es im Gebiet der Kurden überall. Die Ursache des Problems liegt an ihrer mangelhaften politischen Vertretung. Das Volk an der Peripherie des Landes ist vorwiegend sunnitischen Glaubens. Die Sunniten sind die größte religiöse Minderheit. Zu ihnen gehören mehr als zwölf Prozent der Bevölkerung. Dennoch vertreten nur zwei Abgeordnete die sunnitischen Kurden im iranischen Parlament, das 288 Sitze zählt. Mehrere kurdische Kandidaten wurden von den Parlamentswahlen im Jahr 2016 ausgeschlossen. Teilweise führte das zu Wahlboykott auf kurdischer Seite.

Die iranische Volksvertretung verfügt – im Gegensatz zum Deutschen Bundestag – keineswegs über eine entscheidende Macht. Ihre Rechte sind eingeschränkt. Die Beschlüsse der Parlamentarier können Staatsoberhaupt Ayatollah Khamenei und der zwölfköpfige Wächterrat rückgängig machen. Es ist bekannt, dass die Hardliner auch den Reformisten Rohani knebeln. Abgesehen von seinem buchstäblich »ins Wasser gefallenen« Auftritt in Sanandadsch unterstützt der Staatspräsident die Rechte der Minderheiten. Deshalb hatten diese vor seiner Wahl auf ihn gesetzt. Abdulrahman ist jedoch ein Repräsentant jener Mehrheit unter den Kurden, die Rohanis Versprechungen mit Skepsis betrachten.

»Die Gleichberechtigung der kurdischen, armenischen und nomadischen Minderheiten ist gescheitert. Die Idee der Islamischen Revolution war ja, ein Parlament zu haben, in dem diese Vielfalt repräsentiert wird. Was aber dann passiert ist: Die religiösen Fundamentalisten haben die Bewegung übernommen. Sie haben sich mit den Themen der Minderheiten nicht mehr auseinandergesetzt«, sagt Judith Albrecht, Iran-Anthropologin an der Freien Universität Berlin.

Das geheime Paradies

Das wilde Kurdistan erinnert an eine norwegische Fjordlandschaft. Steil fallen seine Bergschluchten in Seen hinab, seine Gipfel leuchten im Schnee, verträumte Dörfer hangeln sich an Felskliffen hoch: »Uraman Takht ist das schönste Dorf von Kurdistan.« Ein ehemaliger irakisch-kurdischer Minister, längst nach Australien ausgewandert, hat sich hier im Berggasthof einquartiert. Kurdistan ist sein geheimes Paradies.

Abuldrahman will sich als Touristenführer selbständig machen. Das ist sein Plan B. Der Rebell setzt seine Zukunft nicht allein auf die Eisenwarenfabrik, in der er momentan noch nicht einmal etwas verdient. Er lässt Gäste auf seinen Persertteppichen übernachten, weil er die Bewohner des Westens und ihre Mentalität kennenlernen will. Doch Geld verdienen kann er mit den Backpackern nicht.

Die Regierung investiert weder in den Fremdenverkehr noch in die Werbung für Kurdistan. Abdulrahman muss selbst das unternehmerische Risiko tragen. Er plant eine Website. Seine Hoffnung setzt er auf Touristen aus dem Westen, die ihn im Internet finden.

Nachts kehren wir nach Sanandadsch zurück. Weiß gegipste Heldenstatuen sind inmitten von Straßenkreiseln angestrahlt, iranisch-kurdische Guerillas, die in den Achtzigerjahren im Ersten Golfkrieg gegen den Irak für die Islamische Republik gefallen sind. Das Kriegstrauma nutzten die Revolutionswächter taktisch, um bei den rebellischen Kurden die nationale Einheit mit Iran zu beschwören. »Nur Märtyrer des iranischen Kriegs – kein einziger kurdischer Freiheitskämpfer mehr auf unseren Straßen. Ihre Denkmäler wurden radikal abgerissen«, beschwert sich Abdulrahman im Fond des Autos. Die kurdischen Rebellen wurden nach der Revolution von 1979 hingerichtet. Verschwiegen wird bis heute ihre Auflehnung gegen Khomeinis Machtergreifung: »Unsere Geschichte wird in den Schulen nicht gelehrt.«

Dennoch behalten die Kurden ihre Vergangenheit in ihren Herzen vergraben wie einen Schatz: »Im Unterricht sagen sie uns: ›Ihr seid Iraner.‹ Natürlich sind wir Iraner. Wir haben das Land regiert. Kaiser Kerim Khan-e Zand von Persien war ein Kurde. Aber jetzt wollen sie die Macht mit uns nicht teilen.«

Die Kurden sind eines der ältesten Kulturvölker der Erde. Schon vor 4000 Jahren erwähnten die Sumerer sie. Ihre Geschichte ist geprägt von einer glanzvollen frühen Vergangenheit, von tiefer Zerrissenheit, Leid und Verfolgung.

Kurdistan heißt übersetzt »Land der Kurden«. Der Ölreichtum auf ihrem Gebiet ist ein wichtiger Grund dafür, sie nicht in einen eigenen Staat zu entlassen. Allein Irakisch-Kurdistan verfügt über reichste Ölvorkommen in Mosul und Kirkuk. »Saddam Hussein hat über 150 000 Kurden auf dem Gewissen und ließ sie zum Teil lebendig begraben. Allein in Halabdscha ließ er in einer halben Stunde 5000 Kurden durch Giftgasanschläge zu Tode kommen«, erinnert der irakisch-kurdische Ex-Minister an »Anfal«, den geplanten Völkermord Saddam Husseins an den Kurden.

Iran verfügt über die viertgrößten Erdölvorräte der Welt. An dem Tag, an dem in Iran die Kurden ihre Unabhängigkeit erlangen würden, haben sie Zugriff auf die Raffinerien in der benachbarten Provinz Kermanschah.

Sie könnten die Quellen der Reichtümer, die Ölfelder im Persischen Golf, anzapfen. Schon 1945 hatten kurdische Aktivisten aus Iran, dem Irak und der Türkei den Plan für ein Groß-Kurdistan entwickelt. Der neue Staat hätte den Küstenstreifen nördlich der Großstadt Buschehr am Golf eingeschlossen.

Den Zugriff auf die Ölindustrie wird sich die iranische Regierung aber niemals freiwillig nehmen lassen: »Die Machthaber verteilen die Einnahmen von den Ölfirmen und den Erz-, Kohle- und Uranminen unter sich. In dem korrupten System fließt viel zu wenig ans Volk zurück«, wirft der Rebell dem Regime vor.

»Oft denke ich daran, den Iran illegal zu verlassen – und nie wieder zurückzukommen.«

Abdulrahman blickt nachdenklich in die Ferne.

»Das Problem ist die Ungewissheit. Ich bin nicht sicher, ob die Gastländer mich akzeptieren werden.«

Schmuggler –
Auf Grenzgang zwischen Leben und Tod

Hoch oberhalb einer kurvenreichen Straße gleiten Menschen, von ferne so klein wie Marionetten, quer über den Sattel eines verschneiten 4000er-Gipfels und verschwinden wieder hinter einem mächtigen Felsen. Wir bleiben am Straßenrand stehen. Der gigantische Berg, den wir vom Auto aus hochblicken, ragt klaffend zwischen Iran und dem Irak empor. Das ist die grüne Grenze zwischen Iranisch- und Irakisch-Kurdistan. Ob es Skifahrer sind, fragen wir uns – und doch erscheinen uns ihre Bewegungen anders. Wir überqueren den Pass. Als wir den Berg hinunterfahren, sehen wir die Menschen auf einem Steilhang gegenüber wieder. Sie scheinen auf Plastikbobs die extreme Steigung hinabzurodeln. Oder sitzen die Rodler etwa auf Plastiktüten? An der Grenze zwischen Iran und dem Irak im Wintersport?

Kurz vor dem Dorf Uraman Takht stecken wir in einer Schlange von Lastwagen fest. Keinen Schritt vor, keinen zurück. Nun können wir erkennen, dass die Menschen tatsächlich auf bloßen Plastiktüten auf dem Schnee hinabrutschen. Ihr Tempo den steilen Berg herunter ist halsbrecherisch.

»Es sind Schmuggler«, ruft Abdulrahman plötzlich aus. »Sie schmuggeln unverzollte, billigere Ware über die grüne Grenze vom Irak nach Iran und verkaufen sie teurer in ihrer Heimat. Die Laster warten auf ihre Ware. Es bleibt den Männern nichts anderes übrig, um ihre Frauen und Kinder zu ernähren. Sie finden auf dem Dorf keine andere Arbeit.«

Abdulrahman, vorne am Beifahrersitz, zieht seine Sonnenbrille ab. Hinten öffne ich die Autotür und steige aus. Was sich vor meinen Augen abspielt, ist der Kampf ums nackte Überleben. Mit Steigeisen unter den Schuhen schleppen sich Hunderte von Männern mit sonnenverbrannten, bärtigen Gesichtern, schwerstens mit Schmuggelware beladen, zum Straßenrand hinauf. Sie tragen Turban und Pluderhosen, das Markenzeichen der Kurden. Langsam bewegt sich die

Menschenschlange auf dem niedergetretenen Pfad durch den Tief-schnee. Weit leuchten die orangenfarbenen riesigen Pakete, welche die Bergbezwinger auf dem Rücken durch das grandiose Hochge-birge Kurdistans tragen. Ihr Grenzgang ist ein Wagnis zwischen Le-ben und Tod.

Kulbars, so heißen sie: Träger. Sie betreiben ein höchst riskantes Geschäft: »Was sie tun, ist illegal, aber es sind gute Kerle. Die Poli-zei schießt sie manchmal nieder«, sagt Abdulrahman neben mir em-pört: »Ich habe Videos in den sozialen Medien gesehen. Es wurden fast jeden Tag Anschläge auf sie verübt. Sie riskieren ihr Leben, nur um Geld für ihre Familien zu verdienen. Sie haben keine Wahl. Ent-weder müssen sie ihre Heimat verlassen oder sie schmuggeln.«

»Wurden die Polizisten nicht vor Gericht bestraft?«

»Das Gericht ist ein Witz hier.«

Ich kann meinen Blick nicht von den rodelnden Schmugglern auf dem Steilhang abwenden. Ständig rücken sie auf, nun unten angekommen, und reihen sich in die Menschenschlange ein, zum Aufstieg durch den grell in der Sonne gleißenden Schnee. Es wirkt wie eine Völkerwanderung über Berg und Tal. Aber es ist ihr Weg zwischen Himmel und Hölle. Unter Lebensgefahr schmuggeln die kurdischen Bergbezwinger Zigaretten, Computer, TV-Geräte und Teppichrollen aus dem Irak in ihre Heimat Iran an den Grenzbeam-ten vorbei. Normalerweise müsste auf die Waren Zoll gezahlt wer-den. Die Kulbars verhökern die so verbilligten Produkte ihren Zwi-schenhändlern, die scharenweise auf der iranischen Passstraße auf sie warten. Die geschmuggelten Güter verladen sie auf ihre uralten verrosteten Karossen und bringen diese nach Sanandadsch oder Ker-manschah und rund 700 Kilometer weit nach Teheran.

Ein besonders heißes Eisen: Alkohol, Drogen, Waffen. Die ver-botenen Güter werden nachts heimlich über den Berg transportiert. Gegen Cash gewährt die Grenzpolizei ein paar Stunden ohne Beob-achtung, aber Eile ist geboten. Es fallen auch Schüsse. Die Kulbars haben immer wieder Tote unter sich zu beklagen.

Wein, Whisky und Champagner aus Europa – alles ist in Iran durch Bestechung erhältlich, wenn man an der Quelle sitzt. Dass für die begehrten Spirituosen, die im islamischen Staat auf der Roten Liste stehen, manch ein iranischer Kurde sein Leben lassen musste, wissen die wenigsten.

Im iranischen Schmuggelgeschäft werden schätzungsweise zwanzig Milliarden Dollar jährlich umgesetzt.[6] Auch iranische Güter werden über den Schwarzmarkt ins Ausland exportiert. Für die Träger, die den Handel erst möglich machen und dabei ihr Leben riskieren, fällt dabei nur ein Hungerlohn von monatlich 100 Euro ab.

»Es ist Irans Fehler«, meint Abdulrahman. »Statt den Dorfbewohnern Arbeit zu geben, lassen sie sie Schmuggler werden. Manchmal erscheint die Polizei tagelang nicht. Sie wissen es ganz genau. Sie werden bestochen, damit sie stillhalten. Nach einer Weile verfolgen sie sie wieder. Der Willkür sind keine Grenzen gesetzt«, klagt Abdulrahman. »Dabei würde die Arbeit auf der Straße liegen. Die Regierung denkt nicht daran, die gefährlichen Bergrouten erneuern zu lassen.«

Unsere extrem kurvenreiche Strecke im Hochgebirge wird zum unbeschreiblichen Schotterweg. Schnell wende ich meinen Blick vom steilen Abgrund ab. Eine Leitplanke ist nicht vorhanden. Man kann es nicht mehr »fahren« nennen. Miro manövriert uns geschickt durch die Schlaglöcher. Auch der 28-jährige Taxifahrer hat früher in einem kurdischen Bergdorf gewohnt. Er war ursprünglich Bauer. Doch die Feldarbeit war hart und sein Einkommen so niedrig, dass er nicht mehr davon leben konnte. Das Schicksal der Schmuggler ist ihm erspart geblieben. Der geschiedene Kurde ist wieder zu seinen Eltern zurückgezogen: »Mit Taxifahren in Sanandadsch komme ich einigermaßen durch.«

Im Dorflokal in Uraman Takht spricht mich ein gut gekleideter Herr, Typ Grandseigneur, in gepflegtem Oxford-Englisch an. Augenblicklich habe ich das Gefühl, dass er nicht hier lebt, aber aus dieser Gegend stammt. Er stellt sich uns als ehemaliger irakisch-kurdischer Bauminister vor. Abdulrahman spricht ihn augenblicklich mit »Sir« an. Die respekteinflößende Person an unserem Nachbartisch lebt seit 22 Jahren in Sydney, wo er als Bauingenieur arbeitet. In Iranisch-Kurdistan mache er mit seiner Familie Urlaub, die mit am Tisch sitzt. Iran sei in der Weltpolitik auf der Topagenda. Das Land sei militärisch kaum einnehmbar, weil es auf einem Hochplateau liege, also strategisch günstig: »Die Iraner wollen den Irak, ebenfalls von Schiiten regiert, als Hinterhof nutzen. Der Irak ist unglaublich korrupt«, bekennt der nach Australien ausgewanderte Kurde. Er sei damals der einzige Minister gewesen, der nicht bestechlich gewesen sei.

Der ehemalige Politiker bestätigt, dass Schmuggler erschossen worden sind. Abdulrahman googelt in seinem Smartphone einen irakisch-kurdischen Sender, der über die Schmuggler berichtet. Im iranischen TV wären solcher Art kritischer Berichte verboten.

Im Irak herrschen in der Autonomen Region Kurdistan andere Verhältnisse. Die Kurden haben dort ein eigenes Parlament und mit der Peschmerga ihr eigenes Militär. In dem Fernsehsender sehen wir eine Reportage über die Anschläge iranischer Grenzpolizisten auf die Schmuggler. Der Moderator spricht Sorani, die gemeinsame Sprache der irakischen und iranischen Kurden. Ein Reporter interviewt einen Schwerverletzten, der am Boden auf einer Matratze liegt. Abdulrahman übersetzt, was der iranische Träger aussagt: »Ich wurde von der Polizei angeschossen und kann nicht mehr laufen. Ich muss nun mein Leben im Rollstuhl fristen.«

Abdulrahman sucht einen zweiten Bericht heraus. Auf einer mit Worten unterlegten Fotomontage werden die iranischen Kulbars im Schnee gezeigt, so wie ich sie selbst beobachtet habe. Auch eine heldenhafte Kurdin schleppt Ware über den Berg. Was ich nicht gesehen habe, erblicke ich nun auf den Fotos: Ein toter Schmuggler liegt auf dem Boden, sein Antlitz ist zur Erde gerichtet, auf seinem Rücken zeichnen sich deutlich die Blutspuren der Schüsse ab. Ein Toter hängt reglos über seiner riesigen Last, die er auf seinem Rücken über die Berge trug. Hier in dem Dorfgasthaus, so nah an dem Tatort, sind diese Bilder besonders makaber.

Mein Blick fällt aus dem Fenster auf diese berückende Berglandschaft, in der sich diese schaurigen Tötungsdelikte abspielen. Es ist ein dunkles Kapitel, das sich im wilden Kurdistan abspielt. Das Schicksal seiner Bewohner ist ergreifend.

Die Narrenfreiheit
der Nomadinnen

Die Fee von Persien

Unter den vielen Gastgeberinnen im Netz sticht sie durch ihre gold-rot durchwirkte orientalische Kleidung heraus. Meine Wahl fällt auf Farzane: Kein Schleier, ein knappes rotes Käppchen ziert ihr Haar. »Traditionelles Kostüm«, untertitelt sie ihr Foto. Sie trägt das Gewand ihres Nomadenvolks. Sie stammt von den Qaschqai ab: »Mein Vater war Nomade!« Er wuchs im Zelt auf. Sie wurde in einer modernen Millionenstadt geboren: Schiras. Um 1920 lebte die Mehrheit der Iraner als Bauern oder Hirten. Im Laufe von nur einem Jahrhundert hat sich der rapide Wandel von der Land- zur Stadtbevölkerung vollzogen. Heute leben jedoch immer noch zwei Millionen Nomaden in Iran.

Selbst wenn Farzane sich den Qaschqai noch sehr verbunden fühlt, vom Nomadenleben ist die 27-jährige Großstädterin binnen einer Generation weit entfernt. Das zeigt schon ihre Selbstbeschreibung im Netz. Farzane könnte glattweg im Poetry-Slam-Zelt der Frankfurter Buchmesse auftreten: »Ich liebe spontane Witze, Gespräche, Trips, Abenteuer. Lass es Trommeln, Jam Sessions, Bungeejumping oder Skydiving sein, dann zähle auf mich. Ich liebe Essen, typisch Iranisch. So – irgendeine Einladung zu einem Buffet?«

Barfuß auf dem Perserteppich: Wir sitzen im Kreis um safrangelb gefärbte Reisberge mit Huhn. Nouruz ist das größte Fest der Iraner, vergleichbar mit unserem deutschen Weihnachten. Zum Neujahrsdinner hat Ali, Farzanes Schwiegervater, seinen Clan in sein Wochenendhäuschen in einem schönen Mandelbaumgarten eingeladen. Sie spielen Karten, rauchen, singen, debattieren.

Ali, 65-jähriger pensionierter Gymnasiallehrer, und seine Schwester Fatemeh, 58-jährige Schuldirektorin, sind als Sozialisten für die islamische Revolution auf die Straße gegangen: »Aber Khomeini hat uns betrogen! Nichts ist bei der Revolution herausgekommen.« Fatemeh lacht schallend und wirft die Hände über dem Kopf zusammen. »Wir müssen diese Sanktionen überstehen, weil sie unsere Regierung, die wir nicht mögen, abschaffen könnten«, politisiert Ali.

»Wie seht ihr die Rolle der Frau?«, frage ich in die Runde. Zwanzig Iranerinnen und Iraner diskutieren wild durcheinander. Ali macht sich lustig: »Wir tyrannisieren die Frauen.« Alle lachen. Die Frauen rauchen entspannt Schischapfeife und reichen diese Fatemeh: »In unserer Familie sind Frauen und Männer gleichgestellt.«

Die Sozialistin erlebt seit der Revolution 1979 die iranische Frauenbewegung mit: »Was haben sie Nasrin Sotudeh getan?! Sie werfen unsere führende Feministin ins Gefängnis.« Sie ist empört: »Unsere Gesetze sind altertümlich, aber die Gesellschaft ist für die Frauenrechte. Es ist der Einfluss von Medien und Internet. Vor fünfzig Jahren waren die Männer die Stimme der Frauen. Jetzt hat eine neue Ära für uns Iranerinnen begonnen.«

Schleier versus Beautysalon

Ihr hübsches Gesicht ist umrahmt vom pastellgrünen Schleier. Locker ums dunkelblonde Haar geschlungen, verleiht er der jungen Iranerin mit den mandelförmigen Augen etwas Märchenhaftes. Farzane hält lächelnd eine gelbe Rose in der Hand. Für mich ist sie die Fee von Persien.

In Iran boomen die Schönheitsinstitute. Für ihr Aussehen investiert die Großstadt-Iranerin viel Zeit und Geld. Der Schleier soll die Schönheit verbergen. Der Beautysalon hat einzig und allein das Ziel, die Frau herauszuputzen.

Im Beautysalon Azin in Schiras: Die Fee von Persien sitzt vor einem barock vergoldeten Spiegel wie ein Hollywoodstar vor ihrem Filmdreh. Etliche Schönheiten lassen sich neben ihr herrichten. Make-up-Artistinnen und Friseurinnen sind am Werk. Es wird gelockt, gezupft, Lidstrich gezogen, Augenbrauen gefärbt, Maniküre durchgeführt, geschminkt und toupiert. Farzanes Gesicht ist bereits gepudert. Die blondierten Haare, mit Klammern gehalten, stehen ab wie bei Pippi Langstrumpf, während die Friseurin einzelne Haarsträhnen onduliert. Für die Hochzeit ihrer Kusine lässt sich Farzane zwei Stunden herrichten, eine Turmfrisur zaubern und großes Make-up auftragen. Sechzig Euro ist es ihr wert. Für ihre eigene Hochzeit verbrachte sie fünf Stunden im Schönheitssalon und legte dafür 400 Euro auf den Tisch der Kosmetikerinnen. »Es ist eine Operation«, sagt Vahid, Farzanes Ehemann, mit einem Augenzwinkern: »Nachher erkennst du sie nicht mehr wieder.« Bei ihrer eigenen Hochzeit ließ sich Farzane nicht nur für ihren Mann und die Gäste verschönern, sondern auch für den Fotografen. Schließlich hängen die plakatgroßen Traumfotos, auf denen die gut retuschierten Ehepaare überirdisch schön aussehen, zumeist für die Ewigkeit in Irans Haushalten.

Eine Iranerin im Hochzeitskleid hebt im Brautraum ihren Reifrock an. Durch die offene Tür fällt der Blick auf das Gestänge, das den üppigen weißen Tüll in Form hält. Nach ihrer fünfstündigen Kosmetiksitzung hat die Braut noch ein rauschendes Fest für 500 Personen »durchzustehen«: »Es hat mich so viel Energie gekostet«, sagt Farzane. Dennoch: Niemals hätte die Iranerin auf das größte Ereignis ihres Lebens verzichtet oder es in kleinem Kreis abgehalten. Die Hochzeit hat in Iran höchste Priorität – für den Gast wie für die Gastgeberin.

Während die Fee von Persien in marineblau-silberdurchwirkter Abendrobe in ihrer großartigen Aufmachung wie eine Diva über den Perser schreitet, wirkt Ehemann Vahid neben ihr wie ein Schuljunge im schwarzen Anzug. Im Hochzeitszelt angelangt, nimmt die Fee von Persien eine kleine Quaste aus ihrem Handtäschchen und pudert sich die Nase. Sie fertigt ein Selbstporträt nach dem anderen. Sie knipst auch Selfies mit Freundinnen. Sie wirkt selbstverliebt in ihre Schönheit.

Offen dürfen wir unser Haar im Tanz wehen lassen – aber nur unter Frauen. Schon einen Abend zuvor hatten wir uns auf dem Henna-Abend zu Hause bei der Braut ausgetobt. Mit Henna schminkte man sich früher in Iran, daher rührt der Name. Das Fest ist in etwa vergleichbar mit unserem Junggesellinnenabend.

Die Gastgeberin scheint aus Tausendundeiner Nacht entsprungen zu sein: In langer, rosaschillernder Spitzenrobe mit kleiner Schleppe tänzelt sie inmitten ihrer Freundinnen auf High Heels verführerisch über den Teppich. Im Alltag arbeitet Zahrah am Flughafen. Sie checkt den Körper von Einreisenden nach Waffen ab. An ihrem Henna-Abend schwingen die Iranerinnen, wie immer, in arabischem Tanzstil ihre Schultern und Hüften.

Schiras ist die Stadt in Süd-Iran, die für das »leichte Leben« steht. Blond ist in. Fast alle jungen Frauen dieser Festgesellschaft sind blondiert. Sie tragen knapp anliegende, körperbetonende und mit Pailletten besetzte Abendkleider. Sie versprühen das blühende Leben. Vergessen sind muslimische Biederkeit und strenges Schwarzvermummtsein. Barfuß oder in High Heels tanzen die jungen Frauen händeklatschend und jodelnd um die Wette und führen vor Augen, dass es in Iran nicht nur die eine Wahrheit gibt.

Welch eine Haarpracht entpuppt sich beim Blick hinter ihren Schleier: schwarze Locken der Braut bis zu den Hüften hier, platinblonde Haarpracht ihrer Kusine dort – aber nicht vor der Kamera! Zahrah wünscht keine Fotos ohne Schleier: »Wir tragen keinen Hidschab. Wenn mein Mann das sieht!«

Gerne posieren die Partygäste später mit einem Hauch von Schleier, der ihre Haare eher symbolisch als wirklich verdeckt. Nun darf es klicken für die Ewigkeit: Mit leuchtenden Augen halten sie die rötlich-braune Henna-Torte in ihrer Mitte. Das mit Pflanzenfarben getönte Backwerk sieht aus wie ein Schokoladenkuchen.

Hochzeitstanz

Im Hochzeitszelt. Vor den Toren von Schiras gelegen, ist es täglich ausgebucht. Auf der Tanzfläche unter Frauen: Eine Kastanienrot-Brünette begrüßt mich überschwänglich. Auch Farzanes Schwiegermutter swingt im trägerlosen Schwarzen über die Tanzfläche. Es geht gerüscht, geschlitzt und Mini oder Maxi zu, gewagt und insgesamt sehr sexy. Alle weiblichen Gäste waren mit Sicherheit im Beautysalon – bis auf die Qaschqai-Nomaden. Ihr Auftritt in ihren bunten langen Gewändern ist so schillernd, dass sie über jeglichen Schönheitswahn erhaben sind. Mit ihren langen schwarzen Zöpfen setzen sie auf natürlichen Charme und beeindrucken durch ihr Temperament. Mit ihren wehenden Schleiern, die sie in den Händen halten, tanzen sie im Kreis. Sie tragen den Schleier nicht auf dem Kopf: »Die Mullahs haben nichts dagegen, dass die Nomadinnen ihre Haare nicht verschleiern. Sie machen nichts aus ihren Haaren«, sagt Farzane. »Wir aber müssen Schleier tragen. Die Mullahs wollen verhindern, dass wir uns durch unsere Haare verschönern.«

Braut und Bräutigam stammen in dritter Generation von den Qaschqai ab. Beide sind mit den Nomadinnen verwandt. Zahrah ist mit ihrem Cousin eine Ehe eingegangen. »In muslimischen Familien heiraten viele untereinander«, sagt Farzane.

Das Brautpaar steht in der Prachtloge. Die Qaschqai-Frauen defilieren an ihren Verwandten vorbei. Zwar stammen sie aus einer Familie, aber zwischen ihrem Lebensstil liegen Welten. Während die Nomaden in der Natur leben, gleicht die Hochzeit von Zahrah und Omid einer Hollywoodshow mit modernster Technik.

Der Brauttanz wird von einer beweglichen Kamera eingefangen, die auf einem Kran verankert ist. Zahrah spielt die Hauptrolle am Set. Tanzend umgarnt sie ihren Bräutigam auf der Bühne. Omid, Besitzer eines Supermarkts, wirft ihr mit smartem Lächeln Geldscheine zu Füßen: »Der Brauttanz gehört zu jeder großen Hochzeit. Er soll die traditionelle Brautwerbung darstellen«, erklärt Farzane.

Während Zahrah die Drei-Etagen-Hochzeitstorte anschneidet, steigen Nebelwolken unter der Bühne empor. Ihr Bräutigam darf als einziger Mann vor der Damenwelt auftreten. Die Herren reden derweil über Business im Männerzelt.

Geschenkedefilee. Hunderte von Frauen überreichen ihre Präsente, vor allem Geld in schönen Kuverts. Denn die Hochzeit ist teuer. Der Bräutigam wirkt ermattet. Ihm wird ein Glas Wasser und ein Taschentuch gereicht, mit dem er sich die Schweißperlen von der Stirn abwischt. Die Braut ist »ganz Lady«. Strahlend wie eine Diva huldigt sie ihren Gästen. Stundenlang steht sie im Scheinwerferlicht, als könne es ihr nichts anhaben. Ihre zierliche Schwester in Rosenrobe moderiert die Parade wie eine Fernsehansagerin.

Erst am Ende der Nacht dürfen sich die Herren an der Haarpracht der Damen weiden, wenn die Bühne für den gemischten Tanz frei wird. Dann beginnt der Heiratsmarkt. Farid, der 24-jährige Schwager von Farzane, noch solo, hat vorab zu Hause eine ausgiebige Siesta gehalten: »Weißt du, wie die Jungen ihre Mädchen zur Heirat auswählen? Bei Hochzeiten suchen sie sich ihre Braut aus.«

Ihr Qaschqai-Vater schlief noch im Zelt. Seine Tochter, die Fee von Persien, lebt im »Märchen«: Parya heißt der moderne Apartmentkomplex mit Lift und Garage, in dem Farzane mit ihrem Ehemann Vahid bei ihren Schwiegereltern wohnt. Die Residenz liegt in einem der besten Viertel der 1,8-Millionenstadt. Farzanes Vater hütete Schafe und Ziegen auf den Weiden des Schiras-Gebirges. Im

Alter von sieben Jahren verließ er sein Nomadendorf. Er wuchs bei seinem dreißigjährigen Bruder in Schiras auf, der schon eine Familie hatte. Der Qaschqai-Junge ging in der Großstadt zur Schule und bekam eine gute Ausbildung. Er wurde Grundschullehrer und heiratete in arrangierter Ehe. Er blieb für immer in Schiras. Seine Tochter verkauft Jeans in ihrer eigenen Boutique in Schiras-City. Den Laden führt sie zusammen mit Ehemann Vahid. Die Iranerin hat zwei Berufe. Sie ist auch Volksschullehrerin auf einem entfernten Dorf.

Farzane ist eine Powerlady. Unterstützung erfährt sie von der Schwiegermutter. Weder waschen noch putzen muss sie, auch kochen nicht, das alles besorgt Felore. Die eigene Wohnung, die das junge Ehepaar nach der Hochzeit bezogen hat, steht fast immer leer. Farzane hat zwar keine Zeit, die Küche zu schrubben, aber für Gäste aus dem Ausland steht das Apartement von Schwiegermama und -papa immer offen. Felore stellt den Rohkostsalat vor uns auf den Küchentisch. Auch Ehemann Vahid hat zwei Berufe. Er ist nicht nur Elektroingenieur, sondern führt schon lange den Jeansshop, in dem auch seine Mutter Felore aushilft. Das Familienbusiness verschafft ihnen das nötige Geld für ein gutes Leben.

»Wenn du dir etwas leisten möchtest, musst du clever sein«, sagt Farzane: »Unsere Gehälter als Volksschullehrerin und Elektroingenieur sind nicht hoch. Unser Jeans-Business bringt am meisten ein.« Vahid stimmt ihr zu: »In Iran kannst du gut leben, wenn du es schaffst, dein eigenes Business zu führen. Den Jeansladen hatte ich zuerst. Meine Eltern wollten aber, dass ich eine Stelle bekleide, die meinem akademischen Grad entspricht.« Unser Gespräch können weder Felore noch Ali verfolgen. Wie immer sprechen die Eltern meiner Gastgeber kein Englisch.

Was ich ihr aus Deutschland mitbringen könne? »Antifaltencreme für Mum«, kommt prompt ihre Antwort. »Eure Kosmetik ist viel besser als die chinesischen Produkte.«

»Made in Germany« steht bei Iranerinnen und Iranern hoch im Kurs. Deswegen könnte die deutsche Wirtschaft hervorragende Geschäfte machen, würde US-Präsident Trump ihr mit seiner Aufkündigung des Nuklearabkommens nicht so viele Steine in den Weg legen.

Der Schwarzmarkt blüht

Vahid nahm eine Stelle als Elektroingenieur in einer mittelständischen Firma an, die Radargeräte produziert. Seit dem US-Wirtschaftsboykott liegt der offizielle Export nach China, Russland, dem Irak und Syrien brach. »Aber der Schwarzmarkt blüht. Nur zahlen die Länder nicht mehr in Dollar. Uns geht es so gut wie vor den Sanktionen.« Sein Bruder Farid wendet ein: »Die Sanktionen sind eine furchtbare Waffe gegen das iranische Volk. Sie bedrohen die Bevölkerung, nicht die Regierung.«

Farzane hält sich aus solcher Art Diskussionen prinzipiell heraus. Sie und ihr Ehemann zählen zur wohlhabenden, säkular eingestellten, eher unpolitischen Schicht. Auch Religion ist nicht ihr Fall. Sie sind fleißig in ihren zwei Berufen und genießen ihr Leben.

Farid, Farzanes 24-jähriger Schwager, ist immer mit von der Partie. Sein Englisch ist das beste der drei jungen Leute. Er macht gerade seinen Master's Degree als Maschinenbauingenieur an der Universität von Schiras. Auch sein Traum: ein Promotionsstudium in Deutschland. Flucht aus Iran. Wie der Kurde Abdulrahman hofft er, sich vom Militärdienst freikaufen zu können – um jeden Preis. Die Ersparnis von 5000 Euro ist sein ehrgeiziges Ziel. Couchsurfing, so lerne ich, ist immer ein Stück weit von Eigeninteressen bestimmt. Bei dem Ausreisehungrigen sind die Gäste auch als Devisenbringer willkommen.

Farid hat für mich sein Zimmer geräumt, in dem ich aus dem Koffer lebe. Meine Sonnenbrille – nicht mehr aufzufinden. Egal. Schließlich bin ich auch zur Nomadin geworden. Zügiger Aufbruch zur Reise zu den Qashqai. Mit Iranern ziehe ich durch ihre Lande. Farzane, Vahid, Farid und ich durchqueren die modernen Vorstädte der Millionenstadt Schiras: Hochhäuser, viele Baustellen überall. Der Zuzug in die Städte lässt sich daran ablesen. Wir tanken an der Autostraße. Das Ölland Iran ist Selbstversorger. Benzin kostet im Mai 2019 umgerechnet nur 16 Cent pro Liter. Für Iraner ist das nicht wenig. Das zeigt sich daran, dass die Benzinpreiserhöhung im November 2019 auf 32 Cent pro Liter zu Massenprotesten führt.

Farzane sitzt neben mir im Fond, Vahid und Farid wechseln sich am Steuer ab. Selbst im Auto sind die jungen Iraner extrem gut digital aufgestellt. Farzane hat auf ihrem Smartphone Radio Javan, Junges Radio, auf einer App heruntergeladen. Sie verbindet die App via Bluetooth mit dem Autoradio. Jede Menge iranische Songs klingen durchs Auto: auch Hayedeh, der angebetete Star. Sie ist die »verbotene Edith Piaf von Iran«. Die inzwischen verstorbene Chansonsängerin nahm zuletzt ihre Lieder in Kalifornien auf. Da sie in ihrer Heimat nicht öffentlich auftreten durfte, emigrierte sie nach Amerika. Hayedehs nostalgische Lieder werden bis heute in ihrer Heimat gehört: von jung bis alt, nicht zuletzt, weil die Iraner in ihr ein Idol des Widerstands sehen.

Die Schlagersängerin Googoosh ist aktuell populär. Schwedisch-blond gefärbt erscheint sie auf dem Display von Farzanes Smartphone. Ihre Musik muss sie in Los Angeles produzieren. Weit weg in ihrer Heimat hat sie ihre Fans. »High Life« auf den Straßen von Iran: Farzane, Vahid und Farid singen Googooshs Songs mit und klatschen zum Rhythmus in die Hände.

Siegeszug der digitalen Revolution

Die iranische Stadtgesellschaft hat viele Parallelen mit der westlichen Welt. Dies ist erstaunlich, weil die strikten Normen in Iran in völligem Gegensatz zum Westen stehen. Es liegt an der digitalen Revolution, gegen die das iranische Regime nicht ankommt.

Das Gebiet der Qaschqai liegt in der Khajei-Region um Firuzabad, einer Kleinstadt, 200 Kilometer südlich von Schiras. Im Leih-

wagen fahren wir durchs Zagros-Gebirge. Überall sehen wir Noma-
denhirten mit Ziegen, weißen und schwarzen Schafen, die auf den
steilen, sattgrünen Bergweiden grasen. Ein friedlich-idyllisches Bild.

Auf einer Wiese am silbrig glänzenden Bergsee schwingen die
Nomadinnen ihre Schleier im Kranz zum Tanz. Sie sind locker drauf.
Eine Impression wie im Spielfilm, aber es ist die Wirklichkeit. Im
zuweilen düsteren Iran, in dessen konservativen Großstädten Yazd
oder Ardabil die schwarz gekleideten Frauen das Bild prägen, erleben wir im Khajei ein buntes Open-Air-Happening. Während Nomadinnen in der freien Natur die Hauptrolle spielen und Qaschqai-
Männer ihnen begeistert zuschauen dürfen, sind Tänzerinnen und
Sängerinnen auf Teherans Bühnen für Männer tabu.

»Wir lieben die Nomaden.« Farzane lacht. »Die Qaschqai-Frauen
sind die Einzigen, die auf den Straßen Irans tanzen dürfen. Alle Nomadinnen tanzen, wo es ihnen gefällt. Das Volk ist begeistert. Die
Regierung kann nichts machen.«

Wenn die Regierung wirklich wollte, könnte sie dagegen ein-
schreiten. Die Ausnahmerolle der Nomaden in der Gesellschaft
macht es den Mullahs offensichtlich leicht, ein Auge zuzudrücken.

Narrenfreiheit in der Islamischen Republik

Ihre Liebe zur Musik, ihre bunten Kleider, ihr Temperament: Besonders die Nomadin hat eine Sonderstellung. Ihr werden freiheits-
liebende Verhaltensweisen zugestanden. Dagegen kann sich die
Iranerin aus der Stadt keineswegs darauf berufen. Dürfen die Nomadinnen auf dem Land mit ihren Kopftüchern wedeln, so werden die
Frauen in den Städten dafür verhaftet.

Die Männer klatschen, johlen und trinken Wein – Alkohol ist
verboten in Iran. Wen kümmert's hier im Khajei?! Natürlich laden
die Qaschqai auch uns auf ein Gläschen ein. Ein Bergnomade im
Dolce & Gabbana-T-Shirt übernimmt die Rolle des DJs: Er klappt
seine Autotüren weit auf und stellt das Autoradio auf höchste Stufe.

Den Qaschqai-Tänzerinnen schallt die Musik um die Ohren. Sie sind frei zu tanzen, zu singen, ihren Schleier vom Haar zu reißen, nicht der allgemeinen Sittenordnung des Landes unterworfen. Wenn die Nomadinnen in die Städte ziehen, müssen sie sich sowohl der modernen iranischen Gesellschaft als auch den vom Staat gesetzten Verhaltensnormen anpassen. Sie verlieren damit die Freiheiten, die ihnen in ihrer Heimat zukommen.

»Das Wandern ist unser Lebensstil. Wir haben es von unseren Vorfahren gelernt.« Sunia strahlt Fröhlichkeit aus. Wir haben sie aus dem Kreis der Tänzerinnen herausgeholt. Farzane dolmetscht Qaschqai-Türkisch, die Sprache ihres Vaters. Sunia erzählt aus ihrem Nomadenleben: »Wir sind bereits auf Wanderschaft, von unserem Winter- zum Sommerlager.« Die Nomaden ziehen hoch in die Berge, wo es kühl ist und die Wiesen noch grün sind. Sie wollen der großen Hitze entfliehen, die bald über die Hügel im Khajei hereinbricht und die das Gras für ihre Schafe und Ziegen, von denen die Nomaden leben, verdorren lässt.

Es ist Anfang April. Die Wanderung der Qaschqai von ihren Winterquartieren im Khajei bis zu ihren nördlichen Sommerlagern im Gebiet zwischen Sedeh und Semirom beträgt bis zu 400 Kilometer. Das ist die längste Strecke, die iranische Nomaden zwischen Winter- und Sommerquartier zurücklegen. Das Khajei liegt um die tausend Meter, der nördliche Zagros zwischen zwei- und dreitausend Meter hoch.

Der Weg dahin ist beschwerlich. Zwischendurch legen sie Ruhepausen ein, immer an Wasserstellen. Stadtmenschen könnten eine solche Lebensweise kaum überstehen. »Wir campieren schon eine Woche am See.« Sunia zeigt auf die provisorischen Zelte, die ihre Clanmitglieder ringsum den Tanzplatz aufgeschlagen haben. Die großen Schaffelljurten werden erst am Ziel aufgebaut. Die Nomaden am See verfrachten ihren Haushalt noch auf dem Rücken von Maultieren, Eseln und Pferden. Die meisten Nomaden ziehen aber heutzutage mit Lastwagen um. »Hier backe ich täglich unser Brot.«

Sunia zeigt auf ihre Kochstelle vorm Zelt. Verkohlte Erde leuchtet schwarz in der Sonne. Gegrillt wird am offenen Feuer, Lammfleisch oder Huhn.

Vahid startet den Motor: »Ich liebe die Landschaft«, schwärmt er. Wir fahren am See entlang. Langsam kommt das Auto in Gang und beginnt gemächlich durch die Weite zu gleiten. Am Horizont ragen mächtige, ockerfarbene Felsen in den azurblauen Himmel.

Farzane zückt ihren Schminkspiegel aus der Handtasche und trägt Make-up auf: heute Lidstrich in Gold und roséfarbener Lippenstift. »Für die Nomadinnen«, sage ich und sehe ihr von der Seite aus zu. »Ja, ich will auf unseren Fotos gut aussehen.« Fee-von-Persien-Strahlen.

Sie pellt eine Zitrone mit den Händen, wie ich es noch nie gesehen habe, und beißt hinein. Irgendwie merkt man ja doch, dass sie von den Nomaden abstammt, denke ich bei mir. »Ich liebe spontane Aktionen«, ruft sie mir zu und beißt wieder ins saure Vergnügen: »Außerdem ist es gut für meine Schwangerschaft.«

»Im wievielten Monat bist du denn?«, frage ich meine hyperschlanke 27-jährige Gastgeberin.

»Im zweiten Monat. Wir wollen nur ein Kind haben. Es ist einfacher. Es ist uns sonst zu viel Arbeit und zu teuer.« Mit der Ein-Kind-Familie liegen Farzane und ihr Mann im Trend der Zeit der modernen Familienplanung in Iran. Die Geburtenrate gehört zu den niedrigsten der Welt. Aus ist es mit der iranischen Großfamilie auf lange Sicht.

Stehen die Nomadinnen, die noch immer vier bis acht Kinder unter freiem Himmel aufziehen, für eine untergehende Zeit? Die Nomadenfrauen, meint Farzane, leben zum Teil noch wie vor fünfzig Jahren. Ihre Gesinnung sei zumeist noch patriarchalisch geprägt. Die Basis des traditionellen Stammeslebens ist die Verwandtschaft. Zum Schutz der Herden und zur Durchführung der komplexen Weidezyklen kooperieren mehrere Familien, die ein Nomadenlager bilden. Die Clans bilden eine kooperative Dorfgemeinschaft. Sie ist herrscherlos und egalitär. Es gibt allenfalls Respektspersonen. Clanführer Bahman Jaffa Beigi, 52, mit Fez auf dem Haupt, ist der Boss von hundert Familienmitgliedern: »Ich entscheide, wann die Jagd startet. Wir Männer bestimmen über die Zukunft unserer Kinder mit. Dabei beraten wir uns mit unseren Frauen.«

In der Nomadenjurte

In Bahman Jaffas schwarzer Jurte am See. Wir sitzen auf dem Varni, dem Nomadenteppich, den seine Frau geknüpft hat. Amber, 45, schreitet ins Zelt. Zwei lange schwarze Zöpfe reichen ihr bis zu den Hüften. Dank ihrer Größe und ihres beigefarbenen, bodenlangen Gewands strahlt sie majestätische Würde aus. Sie stellt sich neben ihren am Boden kauernden Mann. Aufrecht und erhaben steht sie da wie eine Königin, die auf ihr Volk herabblickt. Uns wird Dugh gereicht, ein gegorenes salziges Joghurtgetränk, von Amber selbst zubereitet.

»Wir haben vier Kinder«, berichtet Bahman.

»Welche Rolle spielt die Frau im nomadischen Leben?«, frage ich und blicke sie an.

Er antwortet: »Sie kocht, sie melkt, sie backt das Brot, wir müssen nicht zum Bäcker gehen. Sie erledigt alles im Zelt. Sie ist sehr aktiv. Ich liebe sie sehr.« Er strahlt.

»Haben Sie auch eine Führungsrolle?«, frage ich sie.

Der Clanleader antwortet an ihrer Stelle: »Sie hat zu hundert Prozent eine Führungsrolle. Die Kinder sind ihre Rolle.« Er lacht, zeigt dabei seine Zahnlücke.

Zwei Nomadinnen, die etwas abseits von uns in der geräumigen Jurte Platz genommen haben, rauchen genüsslich ihre Schischapfeife. »Haben Sie eine Funktion als Anführerin unter den Frauen?«, frage ich Amber. Sie schweigt. Bahman antwortet wieder für seine Frau: »Ich fälle meine Entscheidungen nicht alleine. Wir beraten immer gemeinsam im Zelt.«

Jetzt richte ich meine Frage an ihn: »Wie sehen Sie die Zukunft der Nomaden?«

»Khosro Khan war der Führer aller Qaschqai. Nach der Revolution ließ das Regime ihn hängen. Die Revolutionswächter wollten unseren Lebensstil ändern. Sie versuchten uns daran zu hindern, unsere Zelte zu dekorieren. Sie wollten unsere Kunst und Kultur zerstören. Das ist ihnen aber nicht gelungen.« Eine Girlande roter und grüner Quasten baumelt über unseren Köpfen. »Ich hoffe, dass mein Volk weiterhin zusammenhält und unsere Kultur verteidigt.«

Ein kleines Orchester findet sich im Handumdrehen in der Jurte ein. Sie spielen die Musik der Qaschqai. Amber blüht augenblicklich auf. Aus ist es mit ihrem Schweigen. Jetzt ist die Nomadin in ihrem Element. Ausgelassen tanzt und singt sie in der Gruppe. Ein Geiger fiedelt. Zwei kleine Jungen trommeln mit viel Temperament. In jüngstem Alter mit Fez bekleidet und mit ihren dunklen großen Augen sind sie die kleinsten Stars dieses spontanen Konzerts.

Abschied vom Nomadenleben

Im Dorf Jokoon im Khajei-Gebirge übernachten wir in »Qaschqai-Opas Villa«: Das Haus gehört jetzt Farzanes 52-jähriger Tante Nasrin. Sie durfte damals als Nomadenfrau nicht in der Großstadt studieren, anders als ihr Bruder, Farzanes Vater. Während er als Volksschullehrer längst in einem modernen Apartmentblock in Schiras lebt, ist Nasrin auf dem Land geblieben. Die ehemalige Qaschqai-Nomadin hat früh geheiratet und vier Kinder auf die Welt gebracht.

Nasrins Augenbrauen sind rasiert und kunstvoll nachgezeichnet. Der Schönheitskult herrscht auch im Dorf. Die bunten, lang wallenden Kleider der Qaschqai hat die Bäuerin längst abgelegt. Auf Nasrins Bauernhof haben wir zu viert nebeneinander auf dem Boden unser Lager aufgeschlagen, Männer und Frauen gemischt. Das ist komischerweise in Iran überhaupt kein Problem. Selbst im

Schlafwagen übernachten Frauen und Männer in einem Abteil. Die morgendliche Katzenwäsche im Wasserbeckeneck neben der Küche fiel angenehm kurz aus.

Nasrins Haus strahlt Großzügigkeit aus. Das ist immer so im Vielvölkerstaat, egal, wo man hinkommt. Es liegt daran, dass die Iraner bekanntlich auf den Gemeinschaftsraum Wert legen. Er weist immer eine beträchtliche Fläche aus. Zum Frühstück auf Perserteppichen, mit denen Nasrins hallengroßes, komplett möbelfreies Wohnzimmer ausgeschlagen ist, essen wir Fladenbrot mit Schafskäse.

Nasrin hatte ein Nomadenleben geführt, bis sie 26 Jahre alt war. Seitdem lebt sie mit ihrem Mann auf ihrem gemeinsam von der Familie geführten Bauernhof in Jokoon, einem Dorf 200 Kilometer südlich von Schiras. Hier wohnen sesshaft gewordene Qaschqai-Nomaden. Sohn Amin, 33, bewirtschaftet den Bauernhof seiner Eltern. Er wuchs noch als Nomadenkind auf, bis er sieben Jahre alt war: »Ich fand es faszinierend, in der Natur zu wandern. Es war einfach umzuziehen. Wir hatten keine Sofas. Nichts. Das Übernachten in den Bergen und der Wüste war manchmal gefährlich. Wölfe und Räuber überfielen uns.« Vater Faromarz, 53, schwarzbraun gegerbte Haut, schwärmt: »Ich liebe das Nomadenleben. Wir sind so nah an der Natur und ich spüre den Sommer auf der Haut.«

Doch so romantisch war es auf Dauer nicht: »Das ständige Wandern war nicht mehr möglich«, erinnert sich Nasrin. Sie gerieten in eine Trockenperiode und hatten nicht mehr genug Futter für ihre Tiere. Das war der Auslöser, warum sie sich für eine sesshafte Existenz entschieden haben. Außerdem wollten sie ihren Kindern bessere Bildungsmöglichkeiten und ein Studium ermöglichen. Unter den Nomaden ist es üblich, nur einen Lehrer für die Kinder quer durch alle Leistungsstufen zu haben. In der Nomadenschule sitzen sechzehn Kinder, alle in verschiedenem Alter. Nasrins Tochter ist inzwischen Ärztin im Dorf-Krankenhaus. Farzanes Freundin, die im Qaschqai-Zelt aufgewachsen ist, hat mit ihr zusammen in Schiras

studiert. Heute ist sie Grundschullehrerin: »Sie hat mir immer erzählt, wie anstrengend der ständige Umzug für sie als Nomadenkind
gewesen ist.«

Amin würde auch gerne in der Stadt leben wie seine Geschwister, aber ein Sohn müsse ja den Eltern helfen. Die Bauernfamilie
besitzt 107 Schafe und zehn Kühe. Auf dem Hof herrscht Arbeitsteilung. Die Mutter füttert das Vieh im Stall, melkt die Kühe und
Schafe und hilft auch mal auf dem Feld aus. Der Vater zieht mit
den Tieren hinaus auf die Gebirgsweiden. Amin kümmert sich um
den Anbau von Reis, Kartoffeln, Gurken und Wassermelonen. Der
Bauer bearbeitet seine Felder mit Pestiziden. Traktor und moderne
Fräse stehen im Hof. Für die Ernte heuert er zwanzig afghanische
Flüchtlinge an. Sie schlafen auf dem Feld.

Iran hat über drei Millionen afghanische Flüchtlinge aufgenommen. Die Afghanen haben zwar zumeist Hilfsarbeiterjobs und
schrubben auch die Böden in iranischen Haushalten, dennoch ist
ihre Integration leichter als in Europa, weil Sprache und Kultur verwandt sind.

Der Bauer exportiert Melonen in die Arabischen Emirate, nach
Dubai und Rial. Reis, Kartoffeln und Gurken verkaufen Vater und
Sohn im Inland. Der Handel ist generell Männersache. Seit den
Sanktionen hat die Bauernfamilie schwer zu kämpfen. Der Preis von
Saatgut, Dünger und Tiermedizin ist um das Zehnfache gestiegen.
Der Erlös aus ihren landwirtschaftlichen Produkten aber ist gleich
geblieben.

Die Nomaden sind körperlich abgehärteter als die Stadtmenschen. Sie ernähren sich nur von Naturprodukten. Sie heilen sich
mit Kräutern aus den Bergen. Sie sind immer an der frischen Luft.
Sie werden alt. Ihr Leben ist gesünder als das der Menschen inmitten der Zivilisation. Es ist hart, aber mit wenig Stress verbunden. Ob
ihre Kinder später noch so leben wollen? Ihre Nomadenfreundin hat
Farzane eine Antwort gegeben: »Ich habe das nomadische Leben ge-
liebt, aber ein Zurück gibt es nicht mehr.«

Die Nomadin auf Wanderschaft

»Wenn ich die Frauen aus unserer modernen Gesellschaft betrachte, denken sie ständig über ihre Schönheit nach. Dauernd posten sie Selfies auf Instagram oder Facebook und gehen in den Beautysalon. Nomadenladys dagegen arbeiten immer hart. Moderne Ladys bestellen jeden Abend Pizza, behauptend, sie seien müde. Aber Nomadinnen werden kochen, selbst wenn sie müde sind. Sie stehen früher auf als ihre Männer, um Brot zu backen und das Frühstück vorzubereiten. Sie kümmern sich um ihre Kinder, sie melken die Schafe und Kühe, kehren das Zelt aus und weben Teppiche. Moderne iranische Frauen sind das genaue Gegenteil von Nomadinnen. Es sind zwei Welten.«

Saeed Alizadeh, Nomadenführer aus Tabriz

Melika: Eiligen Schrittes wandelt das elfjährige Nomadenmädchen neben mir, läuft behende die saftigen Almen auf und ab, um Berglilien, Klatschmohn und Wiesenblumen zu pflücken. Ihr buntes Kopftuch weht im Wind. Die jüngste Tochter des Nomadenclans kennt hier jeden Hügel in- und auswendig. Sie gehört zu dem Volk der Chalabian-Nomaden. Ihr Dorf liegt idyllisch in den grünen Bergen: Bastamlu in Ost-Aserbaidschan. Voller Stolz zeigt sie mir das herrliche Weideland aus dem Besitz ihrer Familie, auf dem ihre Schafe, Ziegen, Kühe und ein Pferd grasen. Die Chalabian-Nomaden betreiben Weidewirtschaft in der Natur und Feldbau zur eigenen Ernährung, in der Anthropologie Agropastoralismus genannt.

Am Bergkamm eröffnet sich ein weites Panorama über ein Meer grüner Wellen bis hinunter zum Aras-Flusstal. Ein Garten Eden. Was für ein Glück Melika hat, hier zu leben. Das denke ich bei mir, während wir hügelauf, hügelab spazieren. Die Ruhe der grünen Oase überträgt sich auf uns. Auf der anderen Seite des Bergkamms will ich

193

hinunterwandern. »No!«, ruft meine kleine Bergführerin entschieden. Hier scheint das Gebiet der Familie zu Ende zu sein.

Wenn die Weiden Ende Mai von der Hitze gelb und verdorrt sind, hat das Vieh nichts mehr zu fressen. Dann zieht Melikas Familie vom Winterquartier im Haus auf die hoch gelegenen Sommerweiden ins Zelt um. Die Chalabian sind halbsesshaft. Sie gehören zu den Semi-Nomaden in ariden Hochgebirgen.

Auf einem Hügel steuern wir auf eine große Schafherde zu. Die Hirtin in bodenlangem Gewand stützt sich an einen über sie herausragenden Knüppel wie Moses am Berg Kanaan. Die sonnengebräunte, betagte Chalabian-Nomadin ist Melikas Tante. Sie zeigt ihr freundliches Zahnlückenlächeln. Ihr pechschwarzes Haar schimmert unter ihrem leger umgeworfenen Schleier in der Sonne. Sie scheint mir in den Siebzigern zu sein. Später erfahre ich, dass sie erst 58 Jahre alt ist.

Generell wirken über fünfzig Jahre alte Dorfbewohner viel älter als die Städter. Aber die Nomaden sind im Allgemeinen gesund und haben eine hohe Lebenserwartung, viele sterben erst im Alter von 85 oder neunzig Jahren. Ihre gute Ernährung aus hauseigenen Produkten und ihre ständige Nähe zur Natur gewähren ihnen ein langes Leben.

Melikas Tante ist Single. Das ist äußerst selten. Sie lebt mit ihrem Bruder zusammen, der auch unverheiratet ist. Die Nomadin ist zäh. Sie ist inzwischen die einzige Dorfbewohnerin, die die Tierherden der Großfamilie in einer achtzig Kilometer langen, viertägigen Wanderung vom Winterlager in Bastamlu zu den Sommerweiden auf über 2600 Meter Höhe in der Umgebung der Bergstadt Kaleybar treibt. Ihr Bruder hilft ihr dabei. Die restlichen Nomaden nutzen nicht mehr wie früher Esel und Pferde für die Wanderung, sondern blaue Lastwagen mit offener Ladefläche. So ziehen sie samt ihren Tieren und Töpfen um.

Am Hauseingang ziehen wir uns die Schuhe aus. Melika hat für mich in den Bergen zwei Blumensträuße gepflückt. Barfuß überreiche ich die bunten Wiesenblumen ihrer Mutter. Sie stellt den Klatschmohn und die Berglilien in zwei Gläsern auf den offenen Küchentresen, der Salon und Küche trennt. Dahinter bereitet ihre sechzehnjährige Tochter bereits auf dem Boden die Kebabs fürs Abendessen vor.

Die Mutter trägt ein raffiniertes gelb-schwarzes Kopftuch im Stil der Chalabian. Seine lange Schleppe reicht ihr bis zu den Hüften. Ihr Nomadenschleier, den sie künstlerisch um Haupt und Mund drapiert, wirkt wesentlich verwegener als der schwarze Tschador. Goldglitzernde Ohrringe lugen hervor. Dazu trägt sie langwallende Röcke. Die Nomadin strahlt etwas Bohèmienhaftes aus. Wie ich später beobachte, übernachtet die Dame des Hauses auch in ihrem Schleier.

Meine Gastgeberin ist 54 Jahre alt. Ich hätte sie auf Anfang sechzig geschätzt. Während ich ihr Alter kenne, erfahre ich ihren Namen nie. Denn Masoud, mein Nomadenführer, darf nicht danach fragen. Es ziemt sich nicht für einen Fremden, sich beim Ehemann nach dem Namen der Gattin zu erkundigen. Auch Melika kann ich nicht fragen, denn ich spreche nicht Aseri-Türkisch. Masoud übersetzt die ganze Zeit. Er ist eigentlich Maschinenbauingenieur. Aber auch dieser dreißigjährige Akademiker aus Tabriz hatte keine Aussicht auf eine Stelle. Er sei nicht religiös und habe in der Moschee nicht das entsprechende Vitamin B gehabt, bekennt er. Er sattelte auf Tourismus um. Seine Spezialität sind Reisen zu den Nomaden in Ost-Aserbaidschan.

Die US-Aufkündigung des Nuklearvertrags macht ihm zu schwer zu schaffen, weil der Touristenstrom eingebrochen ist. Er hatte 2019 nur die Hälfte an Aufträgen wie 2018: »Wir können unsere Zukunft nicht planen. Der Druck auf unser Alltagsleben ist extrem hoch. Wir müssen sehr viel arbeiten. Der Benzinpreis steigt von gestern auf heute ums Doppelte, aber unser Einkommen bleibt gleich. Unsere Gehälter sind nichts mehr wert.«

Die Existenznot ist bei der Nomadenfamilie, bei der ich wohne, nicht angekommen. Meine Gastgeber sind augenscheinlich recht wohlhabend. Die Chalabian-Familie wohnt traditionell. Ihr großzügiger Nomadensalon, mit Perserteppichen ausgelegt, ist eine freie Fläche ohne jegliches Möbelstück – mit Ausnahme eines Riesen-Fernsehers in der Ecke.

Nachdem die Dame des Hauses uns Tschai und Zucker auf dem Boden serviert hat, verschwindet sie zu ihren Töchtern hinter den Küchentresen. Jafar Karami, ihr 56-jähriger Mann, sitzt vor dem Tresen auf dem Boden und unterhält seine Gäste. Anfangs halte ich ihn für Melikas Großvater, auch er wirkt zehn Jahre älter, als er eigentlich ist. Sein sonnengegerbtes Gesicht hat Charakter, etlichen Zahnlücken zum Trotz. Sein Schnurrbart und seine graumelierte Prinz-Eisenherz-Frisur, seine schlanke Gestalt in kariertem Hemd und marineblauen Stoffhosen erwecken eher den Anschein, er sei ein Geschäftsmann als ein Schafshirte.

Das Ehepaar hat acht Kinder. Ihr ältester Sohn, Aref, sitzt neben seinem Vater und Masoud. Die Frauen bleiben hinter dem Tresen verborgen. Es ist eine Stimmung wie im alten Orient. »Bitte sie nicht her«, sagt Masoud auf meinen Wunsch hin: »Die Nomaden sind sehr konservativ. Bei Fremden erscheinen die Frauen erst einmal nicht.«

Während der ganzen zwei Tage behalten die Nomadinnen im Haus ihren Schleier an: »Sie verhüllen sich wegen mir, nicht wegen dir«, sagt Masoud: »Weil ich ein Na-mahram bin, ein fremder Mann, dem es nicht erlaubt ist, das Haar der Frauen zu betrachten.«

Die Chalabianis sind die einzigen Iranerinnen, bei denen ich in deren Haus mein Kopftuch anlasse. Auch wenn ich keine Muslimin bin, respektiere ich selbstverständlich die Regeln meiner Gastgeberinnen.

Carpetsurfing bei den Chalabian-Nomaden

Ein Besuch bei den Chalabian-Nomaden ist an sich unkompliziert. Die Hausfrau lässt ihre Gäste einfach auf dem Boden übernachten. Ich schlafe in der Matratzenkammer. Auf dem kunstvollen Varni, in

den die Frau des Hauses rote, gelbe und blaue Schafe und Ziegen ge-
webt hat, träume ich von den Tierherden in Melikas Garten Eden.
Ein temperamentvoller Esel, der vor Melikas Elternhaus an einen
Pflock gebunden ist, röhrt wie am Spieß über Berg und Tal. Kurz
nach Sonnenaufgang weckt er mich aus dem Tiefschlaf.

Zum Frühstück serviert uns die Gastgeberin hausgemachten
Schafskäse und selbst gebackenen Fladen. Heute in grünem Schleier
gerate ich in ein Gespräch »unter Männern«. Clanvater Jafar sitzt
mir gegenüber: »Ich habe 57 Kühe und sieben Ziegen. Die Schafe
habe ich gerade verkauft, weil ich Geld brauchte. Aber ich kaufe
neue.«

Die Schaf-, Ziegen und Rinderprodukte in Iran stammen zum
Großteil aus der Landwirtschaft der Nomaden. Wie alle Chalabian
verdienen Karim und seine Frau ihr Geld in erster Linie durch die
Viehzucht. Die Tiere gehören zu ihrem Leben, sie sind ihr Haup-
terwerb. Deshalb spielen sie eine so wichtige Rolle für die Nomaden. Das ist der Grund, warum die Frauen Tiermotive in den Mittelpunkt ihrer Teppichkunst stellen.

Jaref ist das Familienoberhaupt. Offiziell ist die Ordnung im No-
madenstamm patriarchalisch. Mann und Frau arbeiten ständig für
die Gemeinschaft zusammen. Ihre Arbeitsteilung entspricht über-
kommenen Mustern. Dennoch ist die Nomadin durch ihren ständi-
gen, fleißigen Einsatz mit ihrem Mann auf Augenhöhe. Der Mann
betreibt den Handel. Die Frau stellt den Schafskäse und Joghurt
zum Verkauf her. Sie schert auch die Wolle und melkt die Kühe,
Schafe und Ziegen. Jafar verhandelt mit Zwischenhändlern, die aus
den Städten kommen, die Preise vom Vieh und den Tierprodukten.
Die Männer betreiben auch traditionell den Teppichhandel, während die Frau die Kunstwerke zu Hause anfertigt. Nomadinnen sind
Künstlerinnen. Sie gehören zu den wichtigsten Heimarbeiterinnen
auf dem Teppichmarkt in Iran.

Die Gastgeberin sitzt mir still gegenüber. Ihr Mund ist von gelbem Tuch umschlungen. Ich frage sie, welche Rolle das Teppich-

weben für sie spielt. Da springt sie auf und stürzt in ihre Schatz-
kammer. Die Truthahnmutter, die sich an den offenen Hauseingang
gekuschelt hat, gackert erschrocken. Zehn Küken haben sich unter
ihrem Gefieder in Schutz begeben.

In meiner Schlafkammer, in der sich die Matratzen drei Meter
hoch stapeln, wühlt sich die Nomadin mithilfe ihrer Töchter bis zum
untersten Polster durch und stöbert ein wunderschönes Stück auf.
Sie habe den Varni selbst in ihrem transportierbaren Webstuhl »zwischendurch« angefertigt. Zwanzig Tage habe sie dafür gebraucht, sie
nehme dafür siebzig Euro. Gerne kaufe ich ihr den Varni ab.

Das Teppichweben ist eine Wissenschaft für sich. Die darauf ab-
gebildeten Tiere haben symbolische Bedeutung für Ernte, Frucht-
barkeit und Glück. Die Nomadin ist eine begabte Künstlerin: »Für
die großen Teppiche habe ich keine Zeit mehr. Früher schon, aber
jetzt gibt es so viel Landflucht. Die jungen Leute gehen in die Städte.
Sie vergleichen ihr Leben mit der Stadtbevölkerung und wollen
nicht mehr Schafe hüten. Wir sind fast alleine hier.«

Generell müssen Mann und Frau im Nomadenleben enger kooperieren als in den Städten. In ihrer symbiotischen Zusammenarbeit sind sie aufeinander angewiesen. Das ist einer der wesentlichen
Gründe, warum sich Nomaden-Ehepaare kaum scheiden lassen.
Ihre Scheidungsrate liegt im Gegensatz zur urbanen Bevölkerung
bei nahezu null.

Jafars Gattin ist wieder hinter dem Küchentresen erschienen
und setzt sich in gebührender Distanz zu uns an die Wand, sagt keinen Ton und verzieht keine Miene, noch nicht einmal ein Lächeln
huscht über ihr Gesicht.

»Mein Herz gehört diesem Leben!«

Neun Monate des Jahres verbringt die Nomadenfamilie in ihrem be-
bauten Winterquartier in Bastamlu. Das war nicht immer so. Sowohl Jafar als auch seine schweigsame Ehefrau erlebten noch Zeiten,

in denen sie das gesamte Jahr über im Zelt lebten: »Es ist ein so hartes Leben«, meint Jafar. »Wir ziehen es vor, im Haus zu wohnen. Im Zelt lässt die Hygiene zu wünschen übrig. Wir haben weder Dusche noch Toilette. Wir kochen nur heißes Wasser und waschen uns in einem Bottich.« Seine sechzehnjährige Tochter pflichtet ihm bei: »Die drei Monate jedes Jahr im Zelt sind anstrengend.«

»Ich liebe es!« Meine bisher stumme Gastgeberin bricht plötzlich ihr Schweigen. Das Eis zwischen uns ist gebrochen: »Das ist mein Blut!«, ruft sie temperamentvoll aus: »Mein Herz gehört diesem Leben! Die Natur, das Wetter, die wunderschöne Landschaft. Obwohl ich nicht ausruhen kann und sehr viel arbeiten muss, wohne ich für mein Leben gern im Zelt auf den Sommerweiden.«

Vor fünfzehn Jahren sind die Karamis halbsesshafte Semi-Nomaden geworden, wie im Nord-Iran verbreitet. Jafar begründet: »Wir wollten der Kälte entfliehen.« Im Gegensatz zu den Chalabian sind die Qaschqai Vollnomaden. Im Süden mit seinen wärmeren Temperaturen können sie es leichter ganzjährig im Zelt aushalten.

Der Tourismus ist der Nebenerwerb der Familie Karami. Jaref hat ein Geschäft in Kaleybar, der kleinen Bergstadt in der Nähe der berühmten Babak-Burg. Dort verkauft er im Sommer persische Bohnensuppe an Touristen, die seine Ehefrau kocht. Die drei Monate auf den Sommerweiden des Hochgebirges verbringt die Chalabian-Familie in zwei Filzjurten, die mit Schafwolle überzogen sind. Ein drittes Zelt bauen sie für Ökotouristen auf, die besonders aus Tabriz, aber auch dem ganzen Land anreisen. Der Urlaub bei Nomaden ist unter Iranern äußerst populär. Dass Europäer auf Varnis übernachten, ist noch eine Rarität. Denn sie müssen über entsprechende Kontakte zu lokalen Führern verfügen. Couchsurfen via Internet ist daher nicht möglich, Carpetsurfen über Informanten aber schon.

Der Hahn kräht laut durch die Idylle. Von ihren acht Kindern sind nur noch die Jüngsten hier, Melika und ihre sechzehnjährige Tochter sowie ihr vierzehnjähriger Sohn Jefka. Der 24-jährige Aref ist der einzige erwachsene Nachkomme, der Halbnomade geblieben ist. Er widmet sich der Viehzucht und dem Ackerbau: »Einer muss ja den Eltern helfen«, sagt sowohl der Nomadensohn in Bastamlu wie auch der Bauernsohn in Jokoon. Eine Nibelungentreue zum Clanleben in der Natur ist vereinzelt noch vorhanden.

Werden die Nomaden noch lange existieren?

Jaref Karami hat eine Lizenz für die Sommerweiden. Es gibt so viele Nomaden, dass ihnen nicht einfach freier Zugang zur Bergwelt beschert ist.

»Denkst du, dein Volk wird eine Zukunft haben und im Sommer weiterhin im Zelt leben?«

Karami: »Es hängt alles von der Regierung ab. Wir wollen kein hartes, nomadisches Leben mehr führen. Manchmal stürmt es in den Sommerlagern so sehr, dass wir die Augen nicht mehr öffnen können. Die Regierung sollte uns unterstützen, in unserem Camp ein kleines Dorf zu bauen.« Doch mit der Unterstützung sieht es mau aus. Die Regierung erlaubt es aus Gründen des Naturschutzes nicht, die Bergweiden zu bebauen. Sie lässt das Gebiet weder mit Kanalisation noch mit Wasser- und Elektroleitungen erschließen. Strom können die Nomaden immerhin autark produzieren. Durch ihre mobilen Generatoren sind sie unabhängig von einem installierten Stromnetz. Subventionen für eine neue Infrastruktur in den Sommercamps vergibt die Regierung nicht. Die Chalabians gehen leer aus – in etwa vergleichbar mit den Kurden. Sie erhalten nur Kindergeld, das allen Iranern mit Nachwuchs zusteht. Jeden Monat zahlt die Regierung landesweit 400 000 Rial pro Kind, das sind weniger als drei Euro.

»Bist du das Oberhaupt der Familie?«, frage ich Karami.

»Ja, ich bekomme das Geld von der Regierung. Also bin ich der Boss. Ich bin der Khamenei unserer Familie«, witzelt er.

»Was denkst du von eurem geistlichen Oberhaupt?«

»Khamenei ist ein guter Mann, weil er uns in Bastamlu Telefon, Heizofen und Dusche gab.«

Masoud mischt sich ein: »Karami ist nicht gebildet. Er kann noch nicht einmal eine Zeitung lesen. Der Schah versorgte bereits die Dörfer mit Elektrizität, Gas und fließend Wasser, aber er hat es nicht auf einen Schlag geschafft.«

Im Jahr 1925, zu Zeiten von Schah Reza Pahlavi, stellten die Nomaden noch ein Viertel der persischen Bevölkerung. Sein Sohn, Schah Reza Mohammed Pahlavi, heiratete in erster Ehe die Halb-deutsche Soraya. Ihr Vater stammte von einem Stammesfürstenclan der Bachtiari-Nomaden ab.

Als der Schah 1979 fliehen musste, war Karami sechzehn Jahre alt, seine Frau dreizehn . Die beiden sind ihrer Lebensweise treu ge-blieben. In den letzten vierzig Jahren sind aber unzählige Nomaden sesshaft geworden. Der Umbruch in der Gesellschaft schreitet stetig voran. Nicht nur in Farzanes Qaschqai-Familie aus Süd-Iran, auch an Karamis Familie aus Nord-Iran kann man das bestens nachvoll-ziehen: Der 56-jährige Vater und seine Frau sind Analphabeten. Ihre Kinder aber haben Schreiben und Lesen in der Nomadenschule ge-lernt. Von ihren fünf erwachsenen Kindern, sind vier in die Metro-polen gezogen. Ihr Sohn hat ein Versicherungsbüro in Teheran. Die Mutter trägt noch Nomadenlook. Ihre Töchter finden es altmo-disch. In ihren braven Kleidchen und Kopftüchern merkt man den jungen Mädchen auch äußerlich nicht mehr an, dass sie von den Chalabian abstammen.

Lagerfeuerromantik beim Nomadendinner: Aref zündet nachts um 22 Uhr ein loderndes Feuer an und legt einen großen Rost auf zwei Steine links und rechts. Der Chalabian grillt auf Metallstäben Tomaten, Lammfleisch und Geflügel aus hauseigener Zucht.

Zwei Millionen Nomaden leben noch in Iran. Die Gefahr be-steht, dass sie aussterben und ihre ursprüngliche Lebensform dem Untergang geweiht ist. Dann wird das harte und doch romantikum-wobene Dasein der Naturvölker Geschichte sein. Ob es dazu kommt?

»Seit den US-Sanktionen ist der Fleischpreis enorm gestiegen«, sagt Masoud: »Das ermutigt die Nomaden, im Dorf zu bleiben, wo sie mit Viehzucht gutes Geld machen können.«

Der Ökotourismus ist ein Steinchen im Getriebe, der ihr Aussterben verhindern kann: »Ökotourismus ist verantwortliches Reisen in der Natur. Der Wohlstand der Naturvölker soll verbessert werden. Gastgeber und Gäste sollen füreinander ein Gewinn sein und gegenseitig voneinander lernen«, so definiert die studierte Ökotouristin Malihe Pouraskari den Seitenzweig des Fremdenverkehrs in Iran. Statt nur den archäologischen Dauerbrenner Persepolis anzusehen, werben zunehmend auch internationale Anbieter um Kunden für den Besuch bei Naturvölkern. Der »Abenteuerurlaub in der Nomadenjurte« wird allmählich zur neuen Attraktion des zivilisationsmüden Westens. Für den materiellen Wohlstand der Stammesvölker wäre es segensreich.

»Die Chalabian haben ein gutes Leben hier, so nahe an der Natur«, meint Masoud und beißt in ein Stück gegrilltes Lamm: »Sie brauchen nicht viel Geld. Sie haben ihr eigenes Fleisch, backen ihr Brot selbst, fertigen ihren Joghurt an und haben ihre eigene Milch von der Ziege. In den Städten bekommen sie oft Depressionen und verelenden.«

Reiterspiele der Schahsevan-Nomadinnen

In der Islamischen Republik schafft die bunte und schillernde Kultur der Nomaden hohen Unterhaltungswert. Besonders die Nomadinnen sind ein markanter Gegenpol zur konservativen muslimischen Gesellschaft. Eine besondere Attraktion sind die Reiterspiele der Schahsevan-Nomadinnen. Schon im Vorfeld machen sie es spannend. Das Nomadenbüro meldet ein Hin und Her um den Termin der Reiterspiele. Auf keinen Fall wollen die Rennreiterinnen durch einen Wolkenbruch galoppieren. Wochenlange Terminplanung lassen sie sich nicht aufzwingen. Auch darin sind sie Freigeister. Das Datum steht deshalb erst eine Woche vorher fest. Der Zustrom der iranischen Bevölkerung ist dennoch überwältigend.

Die jährlichen Reiterspiele in Qara Qaya sind das größte Volksfest der Nomaden in Nord-Iran. Insbesondere die Frau soll geehrt werden – als starke Persönlichkeit im Stammesleben. Die Nomadin darf nicht nur tanzen. Sie hat auch in puncto Sport eine Ausnahmerolle in Iran. Frauensport wurde unmittelbar nach der Revolution gänzlich verboten. Inzwischen ist es Iranerinnen wieder erlaubt, Schwimmbäder und Sportanlagen zu nutzen. Diese sind jedoch nur für das weibliche Geschlecht zugänglich. Die Nomadin aber darf öffentlich reiten. Ihr Wettkampf leitet die Wanderung zu den Sommerlagern ein. Die Tradition der Reiterspiele stammt aus jenen Zeiten, als die Nomaden noch mit ihren Pferden umhergezogen sind.

In ihren blauen Lastwagen, in denen sie heutzutage ihr Hab und Gut verfrachten, sind die Nomaden aus nah und fern zu den Pferdespielen angereist. Das Open-Air-Festival findet in einem begrünten Tal statt. Die Berge erheben sich malerisch rund um das bunte Getümmel. Am Rande der Pferdebahn backen Schahsevan-Nomadinnen Fladen auf heißen Steinen. Dazu bieten sie ihre dicke Bohnensuppe an. Die Iraner können auch eine große Schaffelljurte bewundern.

Überall an den Straßenrändern sind spektakuläre Plakate von nomadischen Reiterinnen ausgehängt. Mit wehendem Schleier spannen sie auf ihrem Pferd Pfeil und Bogen. In Wirklichkeit sieht die Show so aus: Fünf Nomadinnen sollen dreimal um die Pferderennbahn galoppieren. Über ihrem Kopftuch tragen sie einen Schutzhelm. Sie sitzen in langen Kleidern auf ihrem Sattel, aber nur kurz: Drei Wettkämpferinnen fallen in der ersten Runde vom Pferd. Die Nomadinnen waren wohl heute nicht in Form. Reiten ist aufwendig und teuer. Der nomadische Wettkampf ist nicht mit den perfektionistischen Reitturnieren europäischer Leistungssportlerinnen zu vergleichen. Die Siegerinnen werden dennoch mit einem unglaublichen Rummel und viel inländischer Presse gefeiert. Die zwei übrig gebliebenen Reiterinnen halten strahlend die Gold- und Silbermedaille in die Kamera. Sie erhalten jeweils 100 und 75 Dollar. Bronze fällt aus. Ich rücke ungewollt in die Rolle des »VIP-Gastes aus Germany«. Neben den Sportlerinnen werde ich gefilmt und interviewt.

»Fernsehreporter aus dem Westen bekommen keine offizielle Drehgenehmigung bei den Nomaden«, so die ARD-Auslandskorrespondentin Natalie Amiri. Das Regime will den Eindruck jeglicher »Rückständigkeit« vermeiden. Nur das moderne Teheran darf über die Bildschirme dieser Welt flimmern. Der wahre Hintergrund könnte aber sein, dass die Mullahs weder Reiterinnen noch Tänzerinnen mit wehenden Röcken und fliegenden Schleiern zeigen wollen.

Für die Reiterspiele unternimmt das Regime viel. Es nutzt sie nicht zuletzt, um sich selbst in Position zu rücken. Das Werbefoto der Schahsevan-Reiterinnen ist die einzige Propaganda in ganz Iran, auf dem ich Staatspräsident Rohani als Dritten im »K- und K-Bunde« erblicke: zusammen mit Khomeini und Khamenei. Das Trio im Eck lächelt gönnerhaft neben den verwegenen Reiterinnen von den unzähligen Plakaten herab, die überall an den Straßen Ost-Aserbaidschans ausgehängt sind. Staatspräsident Rohani

ist Schirmherr und Mäzen der Wettkämpferinnen. Einer Champi-
on-Reiterin, die einen Preis nach dem anderen gewann, schenkte die
Regierung sogar ein Pferd.

Die Nomadinnen sind die Freigeister der Nation, ob auf der
Pferderennbahn oder dem Tanzparkett. Das Volk liebt sie. Das Regime schmückt sich mit ihnen.

Die Zukunft Irans

Kommt eine neue Revolution?

Wirtschaftskrise, Arbeitslosigkeit und Korruption bestimmen den Alltag der Iranerinnen und Iraner. Deutet die Unzufriedenheit der Bevölkerung darauf hin, dass sie sich gegen die iranische Regierung erheben wird? Führen die Sanktionen dazu, dass eine revolutionäre Stimmung entsteht?

Die Erhöhung der Benzinpreise im November 2019 um fünfzig Prozent hat die Massen mobilisiert. Das iranische Volk hat in 21 Städten aufbegehrt. 200 000 Menschen gingen auf die Straße und forderten den Rücktritt der Führung. »Ich habe nicht mit ihnen demonstriert, aber ich habe sie beobachtet«, mailt Mehrdokht aus Teheran. »Die Menschen waren wütend, und glaube mir, sie haben das Recht, so zu fühlen.«

Das Regime reagierte gnadenlos. Laut Amnesty International sind mindestens 143 Tote zu beklagen. »Die Regierung hat die Proteste unterdrückt. Die Rebellen konnten nicht erfolgreich sein«, meldet die Studentin Sharzad, ebenfalls aus der Hauptstadt: »Das ist zwar nicht das Ende, aber eine Revolution ist zurzeit nicht möglich. Alle sind der Meinung, dass die nächste Demonstration schlimmer und grausamer ausgehen wird.«

Welche Rolle spielen die Iranerinnen, denen ich begegnet bin, bei den Aufständen? Werden die Frauen es sein, die die Revolution vorantreiben? »Wir Iraner haben vor über vierzig Jahren für die Islamische Revolution gekämpft, aber wir wurden bitter enttäuscht. Deshalb haben wir Angst vor einer neuen Revolution«, meint Sharzad.

»Ich wünsche mir keine Revolution«, sagt auch Mehrdokht. »Revolution bedeutet einen neuen Sturz. Das Resultat wird Terror und Gewalt sein. Ich bin für Gradualismus.« Wofür sich die Wissenschaftlerin ausspricht: Evolution statt Revolution, allmähliche Änderung statt Schocktherapie: »Ich bin für Reformen, die von unseren Familien und uns Individuen ausgehen.«

Der öffentliche Kampf der Iranerin gegen das Kopftuch wirkt wie eine bedrohliche Provokation auf die Mullahs, gerade angesichts des Wirtschaftsembargos. Das Kopftuch ist eine der Säulen der Islamischen Republik. Einerseits wird das Regime durch wirtschaftliche Probleme schwer gebeutelt. Andererseits wird sein Image durch das rebellische Verhalten der jungen Iranerinnen erheblich angekratzt: »Die Konservativen haben davor unheimlich Angst«, meint die ARD-Auslandskorrespondentin Natalie Amiri: »Die Freiheit der Frauen könnte die Machthaber vom Sockel reißen. Sie fühlen sich von der liberalen Frauenbewegung extrem bedroht.«

Deshalb wenden sie bei progressiven Feministinnen radikale Strafmaßnahmen an, die ans Mittelalter erinnern. Rechtsanwältin Nasrin Sotudeh, die führende Menschenrechtsaktivistin in Iran, ist 2019 zu 38 Jahren Haft und 148 Peitschenhieben verurteilt worden. Vorgeworfen wird ihr Spionage und die Beleidigung des Regimes. Dabei kämpft Sotoudeh seit Jahren gegen die Verschleierung der Frau und die Todesstrafe. Die 38-jährige Ikone der Frauenrechtlerinnen war bereits zuvor im Gefängnis und ist dennoch nicht ins Exil geflüchtet. Sie wird von der Bevölkerung wegen ihrer Entschlossenheit zutiefst verehrt.

»Die Frau ist die entschiedenste Rebellin der islamischen Republik«, meint die Auslandskorrespondentin. »Die Frauen sind immer die Mutigsten in Iran.« Wenn es in Iran kriselt, das Atomabkommen platzt oder Wahlen anstehen, ist sie es, die in der Tagesschau vorm Bildschirm steht: Natalie Armiri, Leiterin des ARD Hauptstadt-Studios Teheran: »Es ist eine Selbstverständlichkeit, dass ich den Hidschab trage, wenn ich in Iran zu Gast bin. Es gibt viel wichtigere Themen, vor allem die große wirtschaftliche Not der Iraner nach Trumps Aufkündigung des Atomabkommens.«

»Das Hauptproblem der Männer ist ökonomisch, weil sie, heutzutage oft mit ihren Ehegattinnen, ihre Familien ernähren müssen. Bei den Frauen kommen die Menschenrechte als zentrales Thema dazu«, meint der Ingenieur Masoud: »Die Frauen treten als Revolutionärinnen am meisten in Erscheinung, weil sie noch mehr Schwierigkeiten haben als wir Männer.«

»Die Frauen sind die stärkste zivile Widerstandsgruppe in Iran. Sie sind sehr professionell. Das gilt für die religiösen und nichtreligiösen Frauenrechtlerinnen«, bestätigt auch der iranische Politikwissenschaftler Behrooz Abdolvand.

Die religiöse Frauenbewegung sieht im Feminismus und Islam keinen Widerspruch. Selbst islamische Feministinnen im Tschador setzen sich dafür ein, dass das Kopftuchtragen keine absolute Pflicht mehr ist. Wenn es in Iran frauenfeindliche Gesetze gebe, dann liege dies an den Männern, die den Koran interpretieren, nicht am Koran selber, so sehen es ihre Anhängerinnen. Nicht die Religion sei gegen die Frau, sondern das Patriarchat, das die Religion für seine Ziele nutzt. Die muslimischen Feministinnen plädieren dafür, den Koran neu und für ihre Rechte auszulegen.

»Es ist phänomenal, wie sich die Frauenbewegung in den letzten zwanzig Jahren verändert hat. Früher hätten säkulare und religiöse Feministinnen in Iran niemals zusammengearbeitet. Das ist vorbei. Der Schulterschluss hat sich vollzogen«, sagt Judith Albrecht, Iran-Anthropologin von der Freien Universität Berlin.

Die Wirtschaftskrise stärkt die Emanzipation

Die Rolle der Frau wird durch die ökonomische Existenznot angehoben, weil sie als wichtige Geldverdienerin und Ernährerin der

Familie an Status gewinnt. Viele Ehefrauen arbeiten mit, einige sogar mehr als ihre Ehemänner, ob es die Chirurgin mit Hausmann, die Bäckerin in Kurdistan oder die Managerin im Stahlkonzern ist. Die Frauen haben sich in fast alle Positionen vorgekämpft. Sie sind Ärztinnen, Journalistinnen oder Unternehmerinnen. In den letzten vierzig Jahren hat sich ihre Emanzipation durch einen enormen Bildungswandel vollzogen: 1979, im Jahr der Revolution, betrug der Anteil der Frauen an den Universitäten nur 23 Prozent. Heute studieren dreimal so viele Iranerinnen. Sie geben sich ähnlich selbstbewusst, emanzipiert und freiheitsliebend wie in Berlin, New York oder Paris. Aber sie sind einfach zu modern für das Land. Da die Gesellschaft zu konservativ ist, werden sie oft in ihrem Elan ausgebremst.

»In dem System wird es keine ›Angela Merkel in Iran‹ geben.« Das Ärzteehepaar vom Persischen Golf sitzt vor mir auf dem Sofa. Sie schütteln beide den Kopf.

»Eine Frau kann hier durchaus Staatspräsidentin werden«, meint dagegen Shahin Habibzadeh, die Managerin des Stahlkonzerns INSIG: »Die Iranerinnen haben es in die höchsten Positionen geschafft. Eine Frau ist Chefin von Iran Air. Ich sehe kommen, dass eine unserer Topfrauen Iran regiert.«

»Staatspräsidentin? Nein. Das werden die Machthaber den Frauen nicht zugestehen«, meint Auslandskorrespondentin Amiri: »Solange der Islam Staatsreligion bleibt, ist die islamische Gesellschaft nicht reformierbar. Leider. Ich hätte es dem Iran gewünscht. Politische Zukunftsträgerin kann die Frau nicht werden.«

Die im Oktober 2019 verstorbene Azam Taleghani war die erste Kandidatin, die bei den Präsidentschaftswahlen 2017 zugelassen wurde. Frauen wurden bisher abgewiesen. Der zwölfköpfige »Wächterrat« aus Theologen und Juristen entscheidet, wer als Staatspräsident kandidieren darf. Die Revolutionswächter haben Taleghani aber nicht in die enge Wahl genommen. So musste sie gegen Rohani verlieren. Die muslimische Feministin und Herausgeberin einer Zeitung über Frauenrechte hatte gegen die Haftstrafen von Iranerinnen protestiert. Sie setzte sich für einen modern verstandenen Islam ein, in dem die Frau gleichberechtigt in der Öffentlichkeit auftritt. Ihr erster Lehrmeister war ihr Vater, einer der bekanntesten Ayatollahs. Die Vorsitzende der Gesellschaft »Islamische Frauen von Iran« hatte bereits zum dritten Mal vergeblich als Präsidentin kandidiert: »Ich habe ein Problem damit, dass ich nie eine Antwort erhalte, warum ich nicht in die enge Wahl komme«, sagte sie in der Fernsehsendung Weltspiegel vom 13.5.2017: »Ich gebe nicht auf und kandidiere wieder.«

Die geringe Frauenquote spiegelt sich auch im Parlament wider. Von 288 Abgeordneten sind nur vierzehn Frauen. Dabei hatten 586 Iranerinnen im Jahr 2016 kandidiert. Der konservative Wächterrat hatte allerdings vor der Parlamentswahl viele Kandidatinnen disqualifiziert.

»Die Iranerin kämpft gegen das Establishment, das ihr den Weg zu offiziellen Machtpositionen immer verwehren wird, solange Staat und Religion nicht getrennt sind«, so Amiri.

Ministerinnen sind in der Regierung gar nicht vertreten. Staatspräsident Rohani hat 2017 nur zwei Vizepräsidentinnen ernannt. Mit der Präsentation eines Kabinetts ohne Frauen hat er viele seiner Anhängerinnen aus der jungen Generation enttäuscht. Die Frauen haben es zwar in die höchsten Positionen geschafft, aber in der Regierungsspitze bleiben sie außen vor. Während es in Europa kaum noch ein Thema ist, dass Politikerinnen wie Angela Merkel oder Ursula von der Leyen die höchste Staatsmacht haben, könnten Frauen in Iran nur nach einem Systemwandel an die Regierungsspitze gelangen. Werden die Iranerinnen und Iraner eine Revolution auslösen?

»Ich denke, die islamische Gesellschaft wird zerbrechen«, meint Sharzad noch im Juli 2019, die Rebellin vom Weißen Mittwoch: »Immer mehr Menschen glauben nicht mehr an den Islam. Die Machthaber haben die Religion entfremdet. Sie lassen keine Gerechtigkeit walten. Die Iraner sind wach geworden. Sie schauen dahinter, wie die Regierung sich verhält. Wir Frauen lösen am Ende noch die Revolution aus. Eins ist sicher: Die Revolution wird kommen.«

Die regimekritischen, gebildeten Iranerinnen, die ich getroffen habe, haben durchweg einen rebellischen Geist. Ob sie tatsächlich eine Revolution auslösen? »Ein Grund, warum wir zögern: Es fehlt uns an geeignetem Ersatz für die Regierung. Wir haben keine Ahnung, wer an die Macht käme, wenn wir eine Revolution auslösen«, meint Sharzad im November 2019. Es ist überraschend, wie verunsichert meine bisher so siegesgewisse Gesprächspartnerin nach der blutig niedergeschlagenen Novemberrevolte geworden ist. Offensichtlich wird, wie sehr der Opposition eine Galionsfigur fehlt.

Innere Rebellion führt zur Emigration

Mein Gesamteindruck: Die Frauen zeigen ihren Protest auf stille Art und Weise. Sie leben ihre Freiheit eher im Geheimen aus. Es ist eine Form der inneren Rebellion. Zu groß ist die Gefahr, dass sie bespitzelt werden und dass sie hart bestraft werden: »Ich habe Angst«, gibt Sharzad zu. Jeder kann sie verstehen. Mit eigenen Augen musste sie zusehen, wie ihre Kommilitonen bei einer Demonstration gegen den Hidschab verhaftet wurden. Bei den Novemberprotesten gegen die Benzinpreiserhöhung gab es nicht nur Tote, sondern laut Angaben der iranischen Regierung 7000 Verhaftete.

In drei Monaten in Iran habe ich persönlich unendlich viele Frauen gesehen, die den Schleier »kaum« getragen haben, aber keine Iranerin erblickt, die ihn öffentlich demonstrativ vom Kopf gerissen hat. Meine Gastgeberinnen haben mir nur permanent von diesen mutigen Heldinnen berichtet, die ihre Verhaftung riskieren. Diese sind auch im Internet zu sehen. Ich halte sie für Ausnahmeerscheinungen. Selbst die von meinen Gesprächspartnerinnen vielzitierte Masih Alinejad, ihre geistige Anführerin, musste ins Exil flüchten und hat den Widerstandskampf nicht in Iran auf sich nehmen können.

Meine kurdische Gastgeberin in Kermanschah sowie mein Gastgeber Abdulrahman in Sanandadsch sind die einzigen politisch engagierten Aktivisten, die in ihrer Heimat für ihre demokratischen Ziele eintreten möchten. Ausgerechnet die Kurden. Als hätten sie die Revolution im Blut, für die ihre Vorfahren seit jeher ihr Leben riskierten. Fazit meiner Reiseerfahrungen: Sämtliche Rebellinnen – außer eben jene beiden Kurden – setzen in erster Linie auf die Ausreise in den Westen statt auf den höchstgefährlichen, revolutionären Freiheitskampf in ihrer Heimat.

Und dennoch: Obwohl die Ayatollahs und ihr ziviles Gefolge fast vierzig Jahre lang versuchen, den Frauen ihren Lebensstil aufzubürden, schaffen sie es nicht. Der innere Widerstand der Frauen hält bis heute an. Sie haben sich von der Scharia nicht einschüchtern lassen. Khomeini und die Islamische Revolution haben die Frauenbewegung in Iran nicht kleingekriegt.

Statt in Arbeitsplätze investiert die Regierung seit 1979 viel Personal und Geld für die Kontrolle des Hidschab in der Öffentlichkeit. Die oppositionellen Iranerinnen haben mit ihrer unkonventionellen, farbenfrohen Kleidung und knapp getragenem Schleier eine Gegenkultur zu den Vorschriften der Islamischen Republik entwickelt. Diese wird vom erzkonservativen Regime inzwischen weitgehend akzeptiert. Ihr glasklares Kalkül wird sein, die rebellische Kraft der jungen Frauen auf keinen Fall zur Revolution ausbrechen zu lassen.

Sämtliche meiner Gastgeberinnen rebellieren nicht nur gegen den Hidschab, sondern in erster Linie gegen die dahinterstehende Ordnung. Sie sind gebildet. Sie sind auf Augenhöhe mit ihren Männern. Sie wollen endlich gleiche Rechte haben. Sie gehen dafür nur in wenigen Fällen auf die Straße.

Mein Blick hinter den Schleier von Irans starken Frauen hat ergeben: Die »heimliche Freiheit«, die sie sich nehmen, ist vor allem eine Form des privaten Protests. Wenn die Männerregierung diese nicht absichtlich in Kauf nehmen würde, hätte sie durchaus die Macht, die heimliche Freiheit der Frauen auch noch zu verhindern.

Es wird den Machthabern aber gar nicht so ungelegen sein, dass die Iranerinnen sich insgeheim Rechte herausnehmen, die ihnen offiziell verwehrt sind. Dies nimmt den Druck aus dem Kessel, mindert ihre revolutionäre Energie. Wenn die Iranerin ihre private Freiheit bis zu einem bestimmten Grad hat, wird sie sich in geringerem Maß politisch engagieren, um aus ihrer persönlichen Lebenssituation auch eine gesellschaftliche Befreiung zu erkämpfen.

Ventil zur Verbesserung ihrer Stellung als Frau ist bei den regimekritischen Iranerinnen, die ich getroffen habe, weniger die Revolution im eigenen Land als die Flucht vor den einheimischen Verhältnissen. Ein Leben im Ausland ist für viele von ihnen nicht ein bloßer Traum, sondern ein konkret ins Auge gefasstes Lebensziel.

Von der Biochemikerin über die Architektin bis zur Chirurgin: Gerade Zukunftsträgerinnen mit verantwortungsvollen Berufen wollen ihre kreative Energie nicht im eigenen Land einsetzen, sondern für einen neuen Start im Westen, bevorzugt in Europa. Angesichts des in Mitteleuropa grassierenden Fachkräftemangels sind ihre Aussichten für einen solchen Neustart nicht einmal schlecht – im Gegensatz zur hohen Arbeitslosigkeit in Iran.

Ein halbes Jahr nach meinem Besuch bei der Chirurgin erhalte ich ihre Nachricht, dass sie ein Visum bekommen hat und auswandern wird. Sie hat ihr Ziel erreicht. Sie durchläuft noch ein sechsmonatiges Spezialtraining in medizinischer Fachsprache und wird in Deutschland Ärztin sein. Natürlich ist sie immer noch eine Ausnahme. Nicht alle Iranerinnen können emigrieren, selbst wenn sie es wollen. Sie müssen sich zu Hause einem schweren Existenzkampf stellen.

Flächenbrand – Was der Wirtschaftskrieg mit Iran auslöst

Öl ist Irans Lebensquelle. Die Iraner besitzen das viertgrößte Erdölvorkommen der Welt. Trumps wesentliches Ziel besteht darin, den Ölexport des Landes zu drosseln. Europa importiert keinen Tropfen Öl mehr. Das trifft die Wirtschaft mitten ins Mark. Irans Ölexporte sind wegen der verhängten Strafmaßnahmen der USA bis Anfang Oktober 2019 um mehr als 80 Prozent zurückgegangen. Die Folge: Der iranischen Regierung geht das Geld aus. »Trump hat mit seiner Politik die maximale Verunsicherung in der iranischen Gesellschaft verursacht«, meint Amiri: »Was Amerika vorhat, den Regimewechsel, hat einen Flächenbrand ausgelöst. Meiner Meinung nach ist der Atomdeal passé. Ohne die USA geht es nicht.«

Iran verfügt nach Russland über das zweitgrößte Gasvorkommen der Welt. Iran teilt sich mit dem Nachbarstaat Katar das größte Gasfeld der Welt im Persischen Golf: South Pars – 10 000 Quadratkilometer groß. 51 Billionen Kubikmeter Gas liegen im Meer verborgen. Sie sind nur teilweise erschlossen. Europäische Investitionen wären dringend nötig für die Erhaltung und den Neubau von Gasplattformen.

Europa ist aufgrund seiner geografischen Nähe aus sicherheitstaktischen Gründen immens an der Aufrechterhaltung des Atomabkommens gelegen – im Gegensatz zu den USA: »Nach Trumps Aufkündigung des Nuklearvertrages sehe ich die Zukunft Irans pessimistisch«, meint Amiri: »Das Land befindet sich innenpolitisch in einer extrem schlechten Lage. Das liegt an der steigenden Korruption, den zunehmend unmoralischer eingestellten Revolutionsgarden, am Altern des geistlichen Staatsoberhaupts Khamenei und an der US-Wirtschaftsblockade.«

Die Strategie Trumps, das Regime innenpolitisch zu erschüttern, gehe in die falsche Richtung, bestätigt auch der Arzt vom Persischen Golf. Trump übe Druck auf die Bevölkerung aus statt auf die Regierung.

Die US-Sanktionen treffen die Falschen

Die Wirtschaftsblockade ist in erster Linie für die armen Schichten in Iran bedrohlich. Der Kurde Abdulrahman entstammt aus weniger begüterten Verhältnissen. Seine Mutter ist Bäckerin, sein Vater Bauarbeiter, er selbst ist arbeitsloser Akademiker. Er hält eine Revolution für unausweichlich: »Wir müssen uns vereinigen. Wir müssen einen Oppositionsführer finden.«

Die Revolutionsgarde aber versucht mithilfe der »Spione aus dem Volke«, der Basidschi, systematisch jegliche Regimekritik im Ansatz zu ersticken. Deshalb ist es nahezu unmöglich, dass sich in Iran eine organisierte Opposition entwickeln kann. Abdulrahman ist ein überzeugter Rebell, der selbst demonstriert hat. Er wirft seinen Landsleuten ein passives Verhalten vor. Aber der von Trump durch die Sanktionen angestrebte »Regime Change« ist ein schwerwiegendes Risiko für die Iraner. Er würde viel Blutvergießen hervorrufen. Das hat sich nach den Novemberprotesten bestätigt. Die Chirurgin, bereits in Deutschland, meint: »Eine Revolution kann sich nur entwickeln, wenn wir Iraner uns vereinigen. Aber es ist lebensgefährlich für uns.« Ob eine neue Revolution also der wahre Ausweg ist?

Der friedliche Weg ist mit Sicherheit: die Rückbesinnung auf das Atomabkommen. Der iranische Markt mit 81 Millionen Einwohnern, davon 45 Millionen Menschen unter dreißig Jahren, ist hochinteressant für Europa. Die Iraner sind pro-europäisch eingestellt und kooperieren angesichts des stabilen Wirtschaftssystems gerne mit der Europäischen Union. »Die Situation tut mir unendlich leid, weil Iran eine äußerst gebildete Bevölkerung hat«, sagt Bundespräsident Joachim Gauck bei seiner Buchpremiere »Toleranz« in Berlin.

Der Erfolg des Atomabkommens unterstützt die Frauen

Das Gelingen des Atomabkommens würde das iranische System nicht radikal abschaffen, aber den liberalen Kreisen in Iran Aufwind geben. Die Rede ist fast ausschließlich von wirtschaftlicher Zusammenarbeit. Dabei wird außer Acht gelassen, dass der Nuklearvertrag den Frauen in Iran Macht verleiht.

Adnan Tabatabai, Direktor des »Center for Applied Research in Partnership with the Orient« (CARPO), ist ein hervorragender Analyst der iranischen Politszene: »Wenn Emmanuel Macrons Mission nicht Erfolg hat und die Amerikaner weiterhin Druck auf Iran ausüben, werden wir mehr erleben als einen gestoppten Öltanker. Aber der Kollaps wird nicht stattfinden. Die Zeit ist auf Irans Seite.« Die Iraner wüssten genau, dass »Trump erpicht darauf sei«, wiedergewählt zu werden. Für ein gutes Wahlergebnis müsse der Präsident Amerikas Frieden mit Iran wahren. Trump sei es klar, dass er dafür die Sanktionen zurückfahren müsse. Deutliches Anzeichen: Er gewährte Frankreich bereits 15 Milliarden Euro Kreditlinie für Iran. Er feuerte bereits den erzkonservativen Kriegstreiber John Bolton. Tabatabai prophezeit: »Die Iraner zählen darauf, dass Trump umdenkt und die Sanktionen fallen lässt.«

Der Erfolg des Atomvertrags hat entscheidende Auswirkungen auf das Schicksal der iranischen Frauen. Rücken der Westen und Iran wirtschaftlich und politisch zusammen, hat dies mit Sicherheit positiven Einfluss auf die Situation der Iranerinnen. Frieden mit dem Westen bedeutet auch, dass die Frauen in Iran Freiheit bekommen.

Heimweh nach Iran

Teheran im Regen. Mein letzter Tag in Iran, nachdem ich sechs Wochen auf Achse gewesen bin. Des Kofferpackens müde, fällt mein Blick von meinem Zimmer auf die Skyline unterm Wolkenhimmel. Ich lasse meine Reise Revue passieren.

Von Anfang bis Ende hatte ich keine Angst vor Verhaftung. Wahrscheinlich rührte meine Sicherheit daher, dass ich nichts plante, was Iran ernsthaft hätte schaden können. Selbst wenn ich Stimmen aus der Opposition, vor allem von Frauen, veröffentliche: Ein solches Buch vermittelt am Ende eher den Eindruck, Iran sei ein gar nicht so verschlossenes Land, lasse sogar eine westliche Journalistin in Ruhe Gespräche führen und sie aufzeichnen.

Wenn in Europa dann ein Buch erscheint, in dem iranische Staatsbürger sich kritisch äußern, kann das sogar den Eindruck erwecken, der Iran sei in puncto Meinungsfreiheit nach westlichen Maßstäben ein »normales Land«.

Bei den kosmopolitischen Iranern ist die online angebahnte Gastfreundschaft äußerst beliebt. Denn es ist den wenigsten Iranern vergönnt, selbst ins Ausland zu reisen. Die Begegnung über Couchsurfing ist verboten und doch geduldet.

Es mag gezielte Imagepolitik der Mullahs sein, der eigenen gastfreundlichen Bevölkerung und ihren Gästen Freiheiten zu lassen. Das steigert die Akzeptanz im eigenen Land und schafft gleichzeitig eine gewisse Sympathie im Westen.

Um drei Uhr nachts drehe ich mich von der Flughafentreppe ein letztes Mal um. Mein Blick fällt zurück auf Iran. Eine aufregende Zeit. Jeden Tag etwas Neues in dieser stimmungsvollen Welt des Orients. Was für eine Abwechslung! Wie vielen liebenswürdigen und hilfsbereiten Menschen bin ich begegnet!

Kaum bin ich in Europa gelandet, bekomme ich Heimweh nach Iran. Ich vermisse bereits jetzt die vielen jungen Leute, mit denen ich ein Stück ihres Weges gegangen bin und bei denen ich mich zu Hause gefühlt habe. Und ihr Leben in Iran? Wie soll das weitergehen? Wann werden junge Frauen und Männer wie Ayse, Raya oder Abdulrahman mit einer guten akademischen Ausbildung eine angemessene Arbeit mit adäquatem Einkommen finden? »Am Ende müssen die Iraner sich mit den Amerikanern vertragen«, sagt Mohammadi. Der Berater des Außenministeriums sieht es einfach, aber kaum jemand spricht es noch aus.

Zum Frieden gehört, Parolen vom »feindlichen Iran« fallen zu lassen und Vorurteile abzubauen. Sich mit dem Wesen der iranischen Gesellschaft auseinanderzusetzen hilft mehr als ein Wirtschaftskrieg.

Auch Europas Politiker müssen den Mut haben, dem Trumpismus entgegenzutreten, damit das Atomabkommen aufrechterhalten bleibt. Sie könnten sich ein Beispiel an den mutigen Iranerinnen nehmen, die auf Risiko setzen. Mich haben diese Frauen beeindruckt. Im Flugzeug erinnere ich mich an meine Begleiterin aus Isfahan. Auch sie habe schon ohne Kopftuch mitten auf der tobenden Kreuzung gestanden und vor einer Gefängnisstrafe gezittert. Die junge Unbekannte führt mich durchs Straßengewirr zum nächtlichen Imam Square. Die Mondsichel leuchtet über den türkisfarbenen Moscheekuppeln und Wasserkaskaden auf dem Platz mit der riesigen Wiese.

In Iran bleibst du nie alleine. Die Menschen kommen auf dich zu. Ich frage sie gar nicht. Immer findet sich aus dem Nichts heraus ein freundlicher Helfer, der dich ein Stück deines Weges durch sein Heimatland führt – und es ist immer eine Spur von Galanterie bei den Männern dabei. Als Ausländerin bist du immer die Königin in ihrem Land.

Mein Buch ist ein Plädoyer für Fremdenfreundlichkeit. Die Iraner sind uns ein Vorbild. Wo ich sie auch treffe, sie haben ein großes Talent, die Fremden zu ihren Freunden werden zu lassen.

Iran hat etwas Magisches. Deshalb habe ich Heimweh. Und weil die Menschen, die ich kennengelernt habe, mir so nahe sind.

Die Iranerinnen, mit denen ich auf dem Perserteppich zusammensaß, haben mir den Blick dafür geöffnet, dass Orient und Okzident zusammengehören.

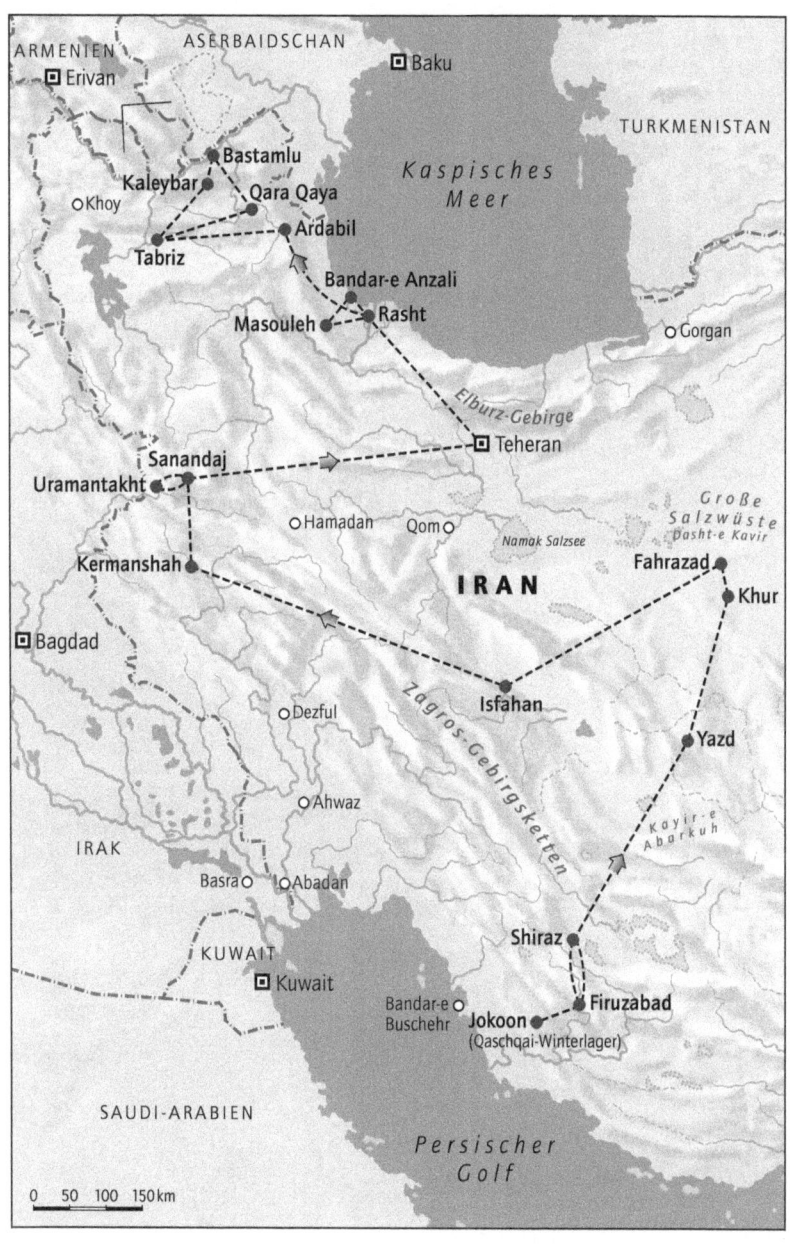

Danksagung

Für die konstruktive Zusammenarbeit bedanke ich mich herzlich bei meinem Lektor Dr. German Neundorfer, bei Carola Müller und Gerhard Roth.

Anmerkungen

1   John Esposito: »Von Kopftuch bis Scharia: Was man über den Islam wissen sollte«, Reclam, Leipzig 2004.

2   »Ich wurde mit Fotos bombardiert«, Interview mit Masih Alinejad in »Emma«, 1.2.2019.

3   »Ich wurde mit Fotos bombardiert«, Interview mit Masih Alinejad in »Emma«, 1.2.2019.

4   John Esposito: »Von Kopftuch bis Scharia: Was man über den Islam wissen sollte«, Reclam, Leipzig 2004.

5   Zitiert nach: Behrouz Khosrazadeh: »Irans Frauen – Die stärkste gesellschaftliche Gruppe gegen die religiöse Diktatur«, Telepolis, 15.4.2018.

6   »Auf Schmuggelpfaden im iranischen Grenzland«, Neue Züricher Zeitung, 23.11.2018.